Allez France!

Third stage French
A BBC Radio course to follow *Ensemble* and *Sur le vif*

Course Writer		John Ross *University of Essex*
Interviewers:	Reims	Solange Collery Patrick Ringeval
	Paris	Elisabeth Bordry Pierre-Paul Hérail
	Puylaroque	Brigitte Suzanne
Course Producer		Alan Wilding

BRITISH BROADCASTING CORPORATION

Allez France! is a third stage French course consisting of:

- 20 half-hour Radio programmes first broadcast from October 1977

- 2 LP records (or tape cassettes), containing much of the interview material in this book, are available through booksellers or from *BBC Publications, P.O. Box 234, London, SE1 3TH*

- A set of *Tutors' Notes* specially prepared by the BBC for use with adult classes and study groups following the course. (See page 6)

Additional programmes will be broadcast during the Christmas holiday period.

Text illustrations by Harley Bishop
Maps and diagrams by Hugh Ribbans

Published to accompany a series of programmes prepared in consultation with the BBC Continuing Education Advisory Council

Published by the British Broadcasting Corporation
35 Marylebone High Street London W1M 4AA

ISBN 0 563 16146 9
First published 1977 Reprinted 1977

Printed in England by Jolly & Barber Ltd, Rugby, Warwickshire
and set in 10pt Univers Medium 689 Monophoto

Contents

Introduction

Allez France!, a third stage radio course of twenty lessons, follows *Ensemble* and *Sur le vif*, and completes a cycle of courses built around real-life conversations and interviews recorded in France. It is intended primarily for those who followed the two previous BBC courses, but anyone with a fair grounding in French will find *Allez France!* useful in extending their ability to speak the language in all kinds of everyday situations.

Allez où?

Our title is a famous slogan shouted at sporting events by the French to encourage their national teams on to better efforts. The aim of this course is to encourage *you* to speak up and be understood in France, to explain what you want, talk about your life and personal experiences, and to take part in everyday conversations on equal terms with French people. Compared with the two previous courses, we have introduced rather less new grammar and have concentrated on revising and developing the basic structures covered in *Ensemble* and *Sur le vif* that will be of most use in helping you make your own contribution to conversations of all kinds. One important thing to remember: the more you use a language, the more words you will need, and learning vocabulary is a long process. We do not suggest, therefore, that you try to remember every single word in *Allez France!* – unless you have the time and energy! The main thing is to grasp the overall message.

We have tried to give as varied a picture of France and the French as possible, and so in the programmes you will hear shopkeepers, farmers, students, a singer, a hall-porter and French speakers from outside France: Belgium, Réunion Island and Guinea in West Africa. The majority of the recordings were made in Paris and Reims, but the last six programmes are all based on recordings made in the tiny village of Puylaroque near Montauban in South West France; you will be taken deeper and deeper into French life and we hope to show that, by the end of the three-year cycle, you can understand – and be understood by – people in rural communities.

The book

Each chapter contains the texts of the week's conversations and interviews, *Explications* – notes on the language, *Informations* – notes in French on aspects of France and French life arising in the interviews; these are designed for comprehension practice, and you may well find a dictionary useful. Finally, there are *Exercices* – practice and revision material for you to do on your own, with answers in the reference section at the back of the book.

The LP records/cassettes

The two LP records (or cassettes) that accompany the course contain a selection of the conversations you will hear in the broadcasts. With them you will be able to familiarise yourself completely – and in your own leisure-time – with the majority of the recordings that form the basis of the course.

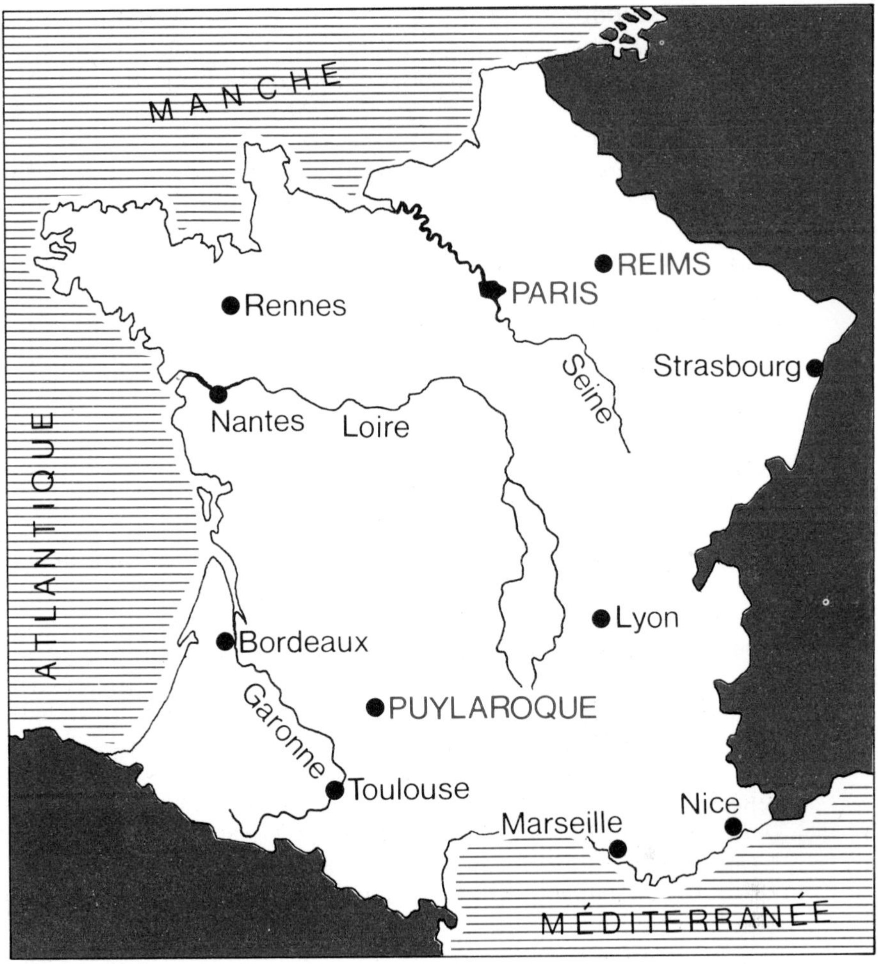

The programmes

Each weekly broadcast contains the interviews and conversations printed in this book, with explanations of tricky points and plenty of opportunities for you to practise aloud what you have learnt. Unlike the earlier courses, we have not stressed interviews for 'gist' comprehension. This is because, at a certain level, all language-learning becomes a question of comprehension – the more you know, the more native speakers will assume you know.

Living with 'Allez France!'

There is no 'best way' to use *Allez France!* – the best way is the one you find best suits your way of learning. But we suggest that you read through the interviews before they are broadcast, so that you won't have to keep your eyes glued to the book during the programmes. Then re-read the texts and listen to the interviews on record or on cassette until you feel at ease with them, then try your hand at the exercises. If you're stuck for a word, you may find it in the short English/French vocabulary at the back. Every fifth chapter has a short self-assessment test so that you can gauge how much progress you have made – and do a little revision if you feel you could have done better.

Further Education classes

Allez France! is designed as a course for listeners studying at home, but since the best way to get a grip on a language is to meet together and speak it, we recommend that, whenever possible, students join a further education class. Such classes are organised by many evening institutes – you can find out whether there is a class in your area by contacting the Local Education Authority. A list of centres understood to be running linked classes will be available on written request to:

Educational Broadcasting Information, (30/CE)
BBC Broadcasting House, London, W1A 1AA

Details of residential courses linked to *Allez France!* may be obtained from the same address. Please enclose a stamped addressed envelope.

Tutors' Notes

One set of multi-lithed Tutors' Notes accompanies the whole course. These notes are available from: Allez France!, The Language Centre, Brighton Polytechnic, Falmar, Brighton BN1 9PH, price £1.50 inclusive of postage. Cheques or postal orders should be made payable to Brighton Polytechnic. Please enclose a large self-addressed envelope.

The optional achievement test, Spring 1981

As with *Ensemble* and *Sur le vif* you can, for your own satisfaction, take a voluntary achievement test at the end of the course administered by the University of Cambridge Local Examinations Syndicate. The test will be held in **Spring 1981** and candidates' individual entry forms and a list of centres at which the test may be taken will be available in October 1980 by applying with a stamped addressed envelope to: The Local Examinations Syndicate, 17 Harvey Road, Cambridge CB1 2EU. An entry fee will be charged. The closing date for entries is **December 31st 1980**.

The French government is offering travel bursaries to the most deserving candidates taking the test.

1

Descriptions

Describing what you want

1

You may want to buy something in France but don't know what it's called. So, no alternative but to describe its shape, size and function. To show how the French do it, Solange asked two girls to describe an object you're unlikely to find in most homes: a plastic cigarette-stubber . . .

Solange	Bonjour mademoiselle. Pourriez-vous me décrire cet objet, s'il vous plaît?
La jeune fille	Euh, oui. Alors, ça a une forme cubique, euh . . . il y a un trou au centre, c'est transparent.
Solange	Quelles sont les dimensions de l'objet?
La jeune fille	Deux sur deux, je crois, et puis un peu plus étroit à la base.
Solange	Oui. Et quelle est la matière de l'objet?
La jeune fille	Euh, en plastique.
Solange	En plastique. Quelle est la couleur?
La jeune fille	Transparente.
Solange	Transparente. Et à quoi ça sert, selon vous?
La jeune fille	Euh, ça sert certainement à mettre un crayon.
Solange	Vous ne voyez pas d'autre utilisation?
La jeune fille	Ça, alors!
Solange	Non? Aucune?
La jeune fille	Non, je n'ai pas d'imagination sur cet objet – je vois pas, non.
Solange	Bon, merci.

un peu plus étroit	*a little narrower*
vous ne voyez pas d'autre utilisation?	*any idea what else it could be used for?*
ça, alors!	*now you're asking!*

2

The second girl got the basic message: "C'est un gadget"

Solange	Pouvez-vous me décrire cet objet, s'il vous plaît?
La jeune fille	Oui, c'est un objet assez petit qui est assez lourd pour sa taille. Il a une surface rectangulaire, la surface du haut étant plus grande que celle du bas. C'est un objet qui est cubique avec un trou cylindrique en son centre.
Solange	Quelle est la matière?
La jeune fille	Je pense que c'est du verre car c'est assez lourd.

Solange	Quelles sont les dimensions de l'objet?
La jeune fille	A peu près un centimètre et demi à deux centimètres de côté.
Solange	Oui, et quelle est la couleur?
La jeune fille	C'est une couleur transparente.
Solange	Oui. Et à quoi sert-il selon vous?
La jeune fille	Alors, là, je n'ai aucune idée. Peut-être à mettre un crayon dedans, mais à mon avis il n'est pas de grande utilité.
Solange	Bon. C'est un gadget?
La jeune fille	Oui, je pense.
Solange	Bon. Vous ne voyez pas d'autre utilisation?
La jeune fille	Ah non, aucune.
Solange	Bon, je vous remercie.
La jeune fille	Je vous en prie.

étant plus grande que celle du bas	*being bigger than the bottom*

3

To see how descriptions work in real life, we sent Patrick out shopping. He knew what he wanted – a tea-strainer – but we told him to pretend he didn't know the French word (un passe-thé). *Here's how he made the shopkeeper understand.*

Patrick	Bonjour madame.
La vendeuse	Bonjour monsieur.
Patrick	Je voudrais un objet, mais je ne sais pas exactement comment il s'appelle. C'est un objet comme une cuiller, avec des petits trous à l'intérieur, pour faire du thé.
La vendeuse	Ah oui, un passe-thé, certainement. Un passe-thé?
Patrick	Est-ce que je peux voir, s'il vous plaît?
La vendeuse	Mais oui, bien sûr, monsieur. Je vais vous montrer.
Patrick	Merci.
	(La vendeuse va chercher le passe-thé et revient)
Patrick	Oui, voilà. C'est exactement cela. Et cela s'appelle comment?
La vendeuse	Un passe-thé.
Patrick	Un passe-thé?
La vendeuse	Oui.
Patrick	Bien. Quel est son prix, s'il vous plaît?
La vendeuse	Alors, celui-ci fait 9 francs 50.
Patrick	Bien. Ecoutez, je vais prendre celui-ci.
La vendeuse	Bien, monsieur.
	(Il paie)
La vendeuse	Merci, monsieur.
Patrick	Voilà.
La vendeuse	Voilà. Je vais vous l'emballer?
Patrick	Oui, s'il vous plaît.
La vendeuse	Voilà monsieur.
Patrick	Bien, je vous remercie. Au revoir madame.
La vendeuse	Au revoir monsieur.

cela s'appelle comment?	*what's it called?*
je vais vous l'emballer?	*shall I wrap it up for you?*

Une quincaillerie

4

One more way of describing what you want when you don't know the name. We sent Pierre-Paul to a hardware store (une quincaillerie) *to buy something for opening bottles – and we told him to pretend that he didn't know the right word.*

Pierre-Paul	Bonjour monsieur.
Le quincailler	Bonjour monsieur.
Pierre-Paul	Je voudrais acheter quelque chose mais je ne sais pas comment ça s'appelle. C'est pour ouvrir les bouteilles.
Le quincailler	Pour ouvrir les bouteilles? En français on dit "tire-bouchon".
Pierre-Paul	Est-ce que vous pouvez me montrer ce que c'est?
Le quincailler	Je vais vous montrer parce qu'il y a plusieurs sortes de tire-bouchon. C'est un article comme ça, voyez-vous.
Pierre-Paul	Ah, ceci c'est un tire-bouchon?
Le quincailler	Ça s'appelle un tire-bouchon.
Pierre-Paul	Ah, mais, ça, c'est pour ouvrir des bouteilles de vin. Mais moi, je cherche quelque chose pour ouvrir les bouteilles de bière, par exemple.
Le quincailler	De bière. Alors, en français nous appelons ça "décapsuleur".
Pierre-Paul	Vous pourriez me montrer un décap. . .
Le quincailler	Alors. Je vais vous faire voir un décapsuleur. *(Il lui en montre un)*
Pierre-Paul	Alors, ceci est un tire-bouchon?
Le quincailler	Voilà!

Pierre-Paul	Ceci est un décapsuleur?
Le quincailler	Voilà!
Pierre-Paul	Est-ce que vous avez un objet pour ouvrir à la fois une bouteille de vin et une bouteille de bière?
Le quincailler	Oui, voilà monsieur, ça vaut 8 francs 50.
Pierre-Paul	Ça s'appelle comment?
Le quincailler	Ça s'appelle un limonadier.
Pierre-Paul	Un limonadier. Et ça sert à ouvrir à la fois . . .
Le quincailler	Les bouteilles de vin avec un bouchon et les bouteilles avec une capsule.
Pierre-Paul	C'est-à-dire que c'est un tire-bouchon et un décapsuleur à la fois.
Le quincailler	Voilà.
Pierre-Paul	Eh bien, je vais en prendre un. Combien coûte-t-il, m'avez-vous dit?
Le quincailler	8,50.
Pierre-Paul	Bon, très bien, voici 10 francs.
Le quincailler	8,50 – 9 – et 10.
Pierre-Paul	D'accord, merci monsieur. Au revoir monsieur.
Le quincailler	Au revoir monsieur. *(A la cliente suivante)* Mademoiselle?

ce que c'est	*what it is*
voyez-vous	*you see*
voilà!	*that's right!*
je vais vous faire voir	*I'll show you*
à la fois	*both/at the same time*
m'avez-vous dit?	*did you say?*

5

In the same shop Patrick ran into Solange. She was buying a couple of engagement presents – and she described them in terms you'll find useful when you go shopping.

Patrick	Bonjour Solange. Qu'est-ce que tu achètes dans ce magasin?
Solange	Eh bien, écoute, j'achète deux cadeaux pour deux amis qui vont se fiancer bientôt. Le premier, tu vois, c'est une planche de bois convexe, sur laquelle est déposé un couteau.
Patrick	Ça sert à quoi?
Solange	Eh bien, ça sert à mettre un saucisson.
Patrick	C'est un article de service de table?
Solange	Oui, oui, oui.
Patrick	D'accord, et l'autre?
Solange	Alors, l'autre, ce sont trois soucoupes en verre, posées sur une armature de bois.
Patrick	Ça sert à quoi?
Solange	Ça sert à mettre les petits gâteaux à apéritif, les cacahuètes, les chips, les olives.
Patrick	C'est pas trop cher?
Solange	Non. Les petites soucoupes en verre valent 52 francs, alors que la planche à saucisson vaut 44 francs. C'est pas très cher.

qui vont se fiancer bientôt	*who are getting engaged soon*
sur laquelle	*on which*
un article de service de table	*an item of tableware*

1
Describing things

The idea behind this chapter is to find out ways of describing what you want to buy when you don't know the names. Apart from *qui*-clauses, and adjectives and the words like *assez* that you can add to adjectives,

e.g. C'est un objet *assez petit qui* est *assez lourd*,

it's useful to be able to describe:

Shape – Quelle est la forme de l'objet?

in two dimensions:	un objet	**rond**	
		circulaire	○
		carré	□
		rectangulaire	▭
		triangulaire	△
in three dimensions:	un objet	**cubique**	⬡
		cylindrique	⬭
		sphérique	○
		conique	△
shaped like something else:	en forme de	**pyramide**	◇
		poire	◯
it looks like something else:	c'est un objet	**comme une cuiller**	⌒

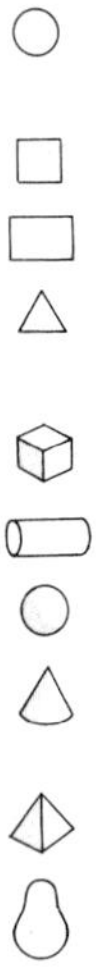

Size – Quelles sont les dimensions?

If you can't cope with metric measurements, hold your hands up and explain:

c'est	**long** **large** **haut**	comme ça

If you *can* use metric measurements, here's how you express how big something is. You use *de*:

L'objet **est**	long large haut	**de** 10 centimètres

Material – Quelle est la matière?

To say what something is made of, use **de** or **en**:

un cube **en** plastique	un pullover **en** laine
une planche **de** bois	un chapeau **de** paille

What's it for? – The vital question you'll be asked is:

à quoi ça sert?
ça sert à quoi?

You can answer in two ways:

ça sert à **c'est pour**	ouvrir les bouteilles

2
Finding out what's available

When you've said what you're looking for, you'll want to see the goods. You can ask to *see* them like this:

Je peux voir, s'il vous plaît?

Or you can ask the assistant to *show* you:

Voulez-vous **Pourriez-vous**	me montrer, s'il vous plaît?

n.b. *Pourriez-vous* is more polite than *pouvez-vous* (just as *je voudrais* is gentler than *je veux*).

3
And making your choice

When you are buying something, you may be faced with alternatives, for instance:

Quel vin préférez-vous?
Lequel voulez-vous?

If you're at a loss, you can always ask for advice:

Qu'est-ce que vous me conseillez?

But if you *know* what you want, the key words for making your choice are:

	singular	plural
masculine	**celui**	**ceux**
feminine	**celle**	**celles**

To say *this one/these ones* add **-ci**
To say *that one/those ones* add **-là**

Quel vin voulez-vous?	**Celui-ci**
Quelle carte prenez-vous?	**Celle-là**
Quels gants préférez-vous?	**Ceux-là**
Quelles chaussettes voulez-vous?	**Celles-ci**

To be even more precise – *'the one in the window', 'the one on the left', 'the ones that cost 10 francs'* – you still use **celui** etc.:

Je voudrais **celui dans la vitrine**
Je voudrais **celle de gauche**
Je voudrais **ceux qui coûtent 10 francs**

4
Finding out people's opinions

Start your question with **à votre avis** or **selon vous**:

A votre avis / **Selon vous** | qu'est-ce que c'est?

To state your own, use **à mon avis** or **selon moi**:

A mon avis / **Selon moi** | c'est un petit objet mystérieux en plastique transparent.

5
Je sais *pas* or je *ne* sais *pas*?

Traditional grammar books tell us that we must always use two words to express negatives: *ne* + *pas, ne* + *jamais*, and so on. This is absolutely true for written French, and for formal spoken styles, but NOT, repeat NOT, for informal, conversational French. Purists will protest about *ne* being dropped, but listen to our recordings and you'll notice that in real life most speakers of French leave it out in everyday conversation. In any case, you still have the other negative word, which is more useful, as it tells you exactly what sort of negative it is (*pas, plus, jamais, personne*, etc.) In *Allez France!*, where speakers have definitely left out the *ne*, we have omitted it from the texts.

Informations

L'objet mystérieux

C'est un petit objet presque cubique en plastique transparent. Au milieu il y a une dépression cylindrique. En théorie, c'est un écrase-cigarette(a), mais il peut également servir aux non-fumeurs (aux personnes qui ne fument pas): on peut y mettre un crayon à côté du téléphone(b), ou une bougie(c).

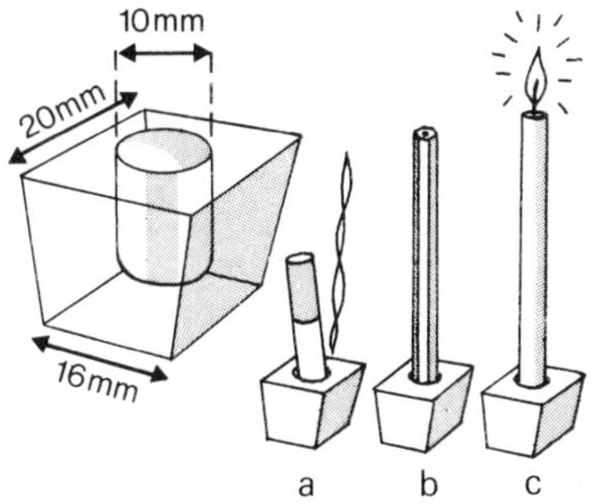

Les petits gâteaux

Cherchez le mot *"gâteau"* dans votre dictionnaire français-anglais, et vous trouverez probablement le mot 'cake'. Mais attention! Les *petits gâteaux* ne sont pas des "little cakes" (là, ce sont des pâtisseries ou des *petits fours*): au contraire, ce sont des petits biscuits. On trouve des petits gâteaux sucrés pour manger avec le thé ou le café; avec l'apéritif, on sert des petits gâteaux salés. Souvent on utilise les petits gâteaux salés pour faire des canapés, c'est-à-dire sur chaque petit gâteau on met du fromage, du jambon, des olives, des anchois ou – si la réception est vraiment élégante – du caviar . . .

Les chips

Il faut bien choisir ses mots: si vous demandez *des chips* en français en pensant aux "chips" anglais, vous aurez une surprise . . .

anglais	*français*
crisps	des chips (m.)
chips	des frites (f.)

Pour ouvrir une bouteille . . .

un tire-bouchon

un décapsuleur

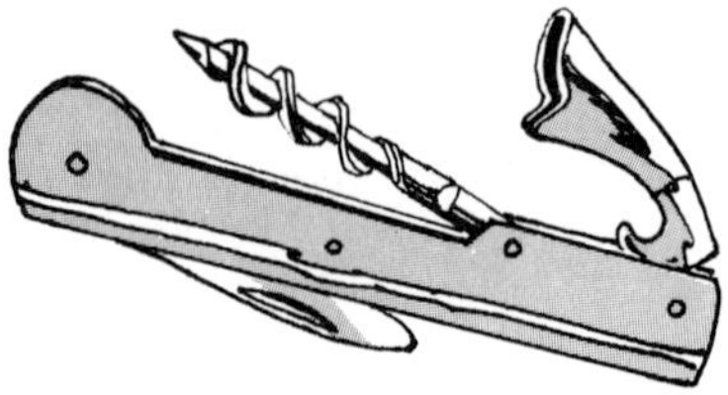

un limonadier

Exercices

1

You've just arrived for a weekend with your friends in France. You've brought them a present . . . but they want to guess what it is first.

Elle	C'est grand ou petit?
Vous	(it's quite big)
Lui	Quelles sont les dimensions?
Vous	(about forty cms high)
Elle	C'est carré?
Vous	(no, it's cylindrical)
Lui	C'est solide ou liquide?
Vous	(it's solid and liquid)
Elle	Mais ce n'est pas possible!
Vous	(but yes!) . . . *(and how are you going to say "yes"?)*

Lui C'est décoratif?
Vous (not specially)
Elle Attendez . . . on peut le manger?
Vous (no, but you can drink it)
Lui Ah! C'est une bouteille de quelque chose?
Vous (yes, it's an enormous bottle of whisky)
Lui / *Elle* A votre santé!

2
You've just won the mystery prize in the local newspaper competition, and your neighbour Mme Baratin is dying to find out all about it. Read through the dialogue first – it will help you with your answer.

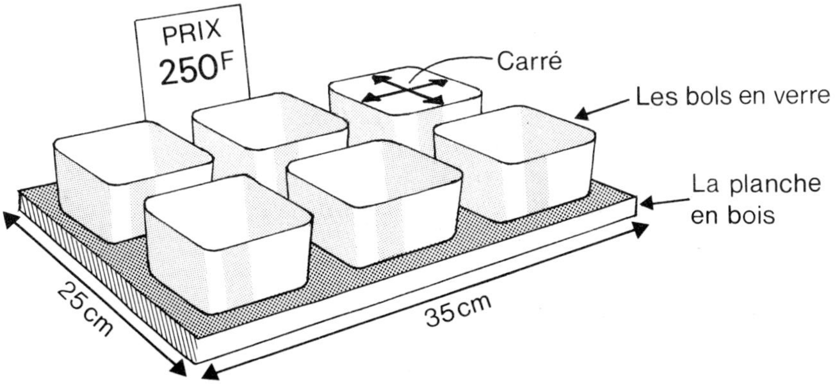

Mme B Alors, vous avez gagné le prix-mystère? Bravo!
Vous (thank her)
Mme B Qu'est-ce que c'est?
Vous (it's something for serving hors d'oeuvres)
Mme B C'est utile, ça. Il est comment?
Vous (it's a big wooden board with six little bowls)
Mme B Ah? Comment sont les bols?
Vous (they're glass)
Mme B Très élégant! C'est grand?
Vous (it's fairly big. Let's see: the bowls are square – about ten cms. The board is about thirty-five cms long).
Mme B Et ça vaut combien?
Vous (it's worth two hundred and fifty francs)
Mme B Ça alors! Vous avez de la chance!

3
How big is it? Make up sentences describing these things:
e.g. la porte (2m10 × 75 cm)

la porte est haute de 2m10 et large de 75 cm

la Tour Eiffel (300m)
la Seine (776 km)
l'arbre (20m)
la rue du Chat qui Pêche (3m)
le tapis (3m × 1m50)
le Mont Blanc (4.807m)

4

You're just back to the hotel. It's very late and you're going to bed when . . . Where's your wallet? Maybe you left it in the café . . . so you ring up to ask. You've just asked *le patron* if he's found your . . . What's it called?

Le patron	Oui. Mais qu'est-ce que c'est exactement?
Vous	(you don't know what it's called)
Le patron	Alors, voulez-vous le décrire un peu? Ça sert à quoi?
Vous	(it's used for putting money in)
Le patron	Alors, c'est un portefeuille?
Vous	(perhaps; you think it's on the little white table near the door)
Le patron	Attendez, je vais voir. *(Il part et revient)* Oui, effectivement, il y a un portefeuille sur la table. Voulez-vous le décrire?
Vous	(yes, it's a leather wallet, and it's black)
Le patron	Qu'est-ce qu'il y a dedans?
Vous	(well, you think there's about fifty francs, a passport and . . . oh yes, a photo of three small children)
Le patron	Oui, votre portefeuille est là, avec le passeport et tout.
Vous	(heave a sigh of relief and thank him)
Le patron	Je vous le garde? Vous pouvez passer demain matin?
Vous	(say yes of course, and ask at what time)
Le patron	Quand vous voulez: le café est ouvert à sept heures.
Vous	(good – eight thirty? All right?)
Le patron	Oui, ça va. Alors, à demain.
Vous	(say till tomorrow, thanks, goodnight)

5

Imagine you're trying to buy things, but you don't know what they're called. So, say what they're used for.

e.g. un ouvre-boîte: *Je voudrais quelque chose pour ouvrir des boîtes.*

un décapsuleur
un tire-bouchon
un stylo
un passe-thé
un limonadier
du dentifrice
un presse-citron
un portefeuille.

2

Précisez, s'il vous plaît

More about people and things

1

To be very precise about what you want, you can link words with à *or* de. *But when to use* à, *and when* de? *We asked Solange to buy some wine glasses and to pretend she didn't know the exact term. So when she tried to buy some* verres de vin *in a china shop, the sales-lady was a little taken aback.*

Solange	Bonjour madame.
La vendeuse	Bonjour.
Solange	Est-ce que vous vendez des verres de vin?
La vendeuse	Euh . . . des verres. Des verres *à* vin.
Solange	Des verres *de* vin?
La vendeuse	Non, nous disons des verres *à* vin.
Solange	Ah, quelle est la différence?
La vendeuse	Euh . . . ça n'est pas correct de dire des verres *de* vin – on dit des verres *à* vin parce que ça sert à boire – à boire – le vin. Un verre *de* vin, ça veut dire – un verre rempli de vin.
Solange	Alors, je voudrais des verres à vin.
La vendeuse	Oui, j'ai . . .
Solange	Qu'est-ce que vous avez comme genre de verres à vin?
La vendeuse	Des verres en . . . en cristal, ou du verre moulé.
Solange	Je peux les voir?
La vendeuse	Oui, bien sûr, je vais vous les montrer.

ça veut dire	*that means*
rempli de vin	*filled with wine*
qu'est-ce que vous avez comme genre de verres à vin?	*what sort of wine-glasses do you have?*

2

If you buy perfume for someone, you'll find that the French are quite particular about matching the fragrance with the person's age, job, personality . . .

Solange	Bonjour madame.
La vendeuse	Bonjour madame.
Solange	Je cherche un parfum pour moi.
La vendeuse	Oui. Vous aimez les choses assez fraîches, assez discrètes? Quelque chose d'un peu plus capiteux?
Solange	Dites-moi, que me conseillez-vous?
La vendeuse	Quelque chose d'assez frais.
Solange	Quelque chose d'assez frais.
La vendeuse	Vous travaillez en collectivité, ou . . . ?
Solange	Je suis professeur.

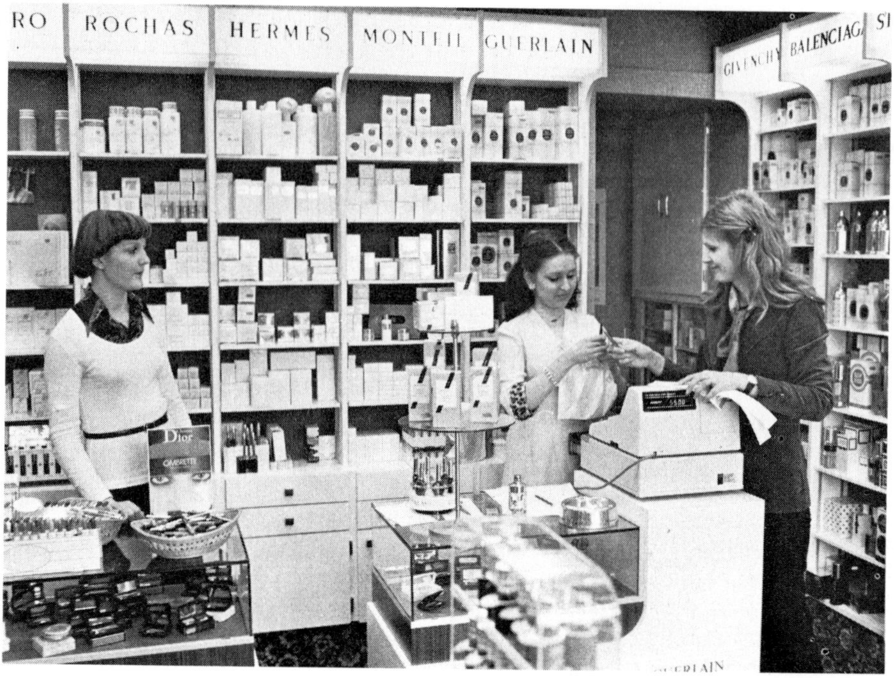

Une parfumerie

La vendeuse Professeur. Alors, il vaut mieux quelque chose d'assez frais, parce que quelque chose d'assez capiteux risque d'indisposer vos élèves, alors il vaut mieux que vous choisissiez un parfum assez frais.

Solange Quelque chose de capiteux – le parfum est plus fort ou il dure plus longtemps?

La vendeuse Il dure plus longtemps, mais il risque d'entêter, hein? Bon, voilà, je vais vous faire sentir "L" de Lubin. C'est un parfum assez léger, fleuri, il sent très bon, et il tient bien.

Solange (*elle l'essaie*) Je peux en essayer d'autres?

La vendeuse Voilà "Eau de Roche" de Rochas. Celui-ci est très frais mais il risque de moins tenir que "L" de Lubin.

Solange Ah bon, alors je crois que je préfère "L" de Lubin.

La vendeuse "L" de Lubin.

Solange Et vous l'avez en eau de toilette et en parfum?

La vendeuse Il existe en eau de toilette, parfum, et le savon. Alors, l'eau de toilette vous fait à partir de 40 francs, mais vous avez le double de contenance à 62. Vous avez le parfum qui tient donc mieux, qui est le complément de l'eau de toilette. Vous avez le premier modèle à 56 et le double de contenance à 100 francs.

Solange Bon, merci. Je prends le modèle à 62, hein, en eau de toilette.

La vendeuse C'est tout, madame?

Solange Eh bien, non. Ecoutez, je voudrais quelque chose pour mon mari.

La vendeuse Oui. Je vais vous faire sentir l'"Eau Sauvage" de Dior, qui est une eau de toilette très fraîche.

Solange Est-ce qu'il y a beaucoup de variétés dans les parfums pour les hommes?

La vendeuse	Beaucoup, hein? Il y a des eaux de toilette poivrées. Puis vous avez des eaux de toilette plus capiteuses comme "Habit Rouge" de Guerlain, et vous avez des eaux de toilette très fraîches comme "Eau Sauvage" de Dior, très citronnée.
Solange	A quel type d'homme correspondent les parfums poivrés?
La vendeuse	Poivrés? Pour un homme . . . oh, tous les types d'homme, un parfum poivré.
Solange	Tous les hommes?
La vendeuse	Ah oui, un parfum citronné pour quelqu'un de très sportif et un parfum plus capiteux pour une personne plus âgée, moins décontractée, si vous voulez.
Solange	Je peux essayer un parfum citronné?
La vendeuse	Mmm, alors, "Eau Sauvage" de Dior.
Solange	"Eau Sauvage" de Dior . . . *(elle l'essaie)* Je peux sentir quelque chose de plus capiteux?
La vendeuse	Mmm. Je vais vous montrer "Paco Rabanne" pour homme, qui est assez poivré.
Solange	*(elle l'essaie)* Oui, oui, il est très poivré.
La vendeuse	Et il sent très bon, "Paco Rabanne".
Solange	Oui, c'est bon, hein, c'est très bon.
La vendeuse	Ah oui, il est très, très agréable.
Solange	Ecoutez, je crois que je vais prendre celui-ci. C'est combien?
La vendeuse	Alors, le premier modèle est à 50 francs et le double de contenance 75.
Solange	Ah oui, en effet.
La vendeuse	En eau de toilette. Vous avez "after-shave" mais c'est plus léger. C'est pour mettre après le rasage. C'est quelque chose de moins parfumé pour ne pas irriter la peau.
Solange	Bon, merci. Ecoutez, je vais prendre le "Paco Rabanne".
La vendeuse	Le modèle à 50?
Solange	Le modèle à 50, pour essayer.
La vendeuse	D'accord. Un paquet-cadeau?
Solange	Vous me faites un paquet-cadeau?
La vendeuse	Voilà.
Solange	Merci madame.
La vendeuse	De rien madame.

quelque chose d'un peu plus capiteux	*something a bit more heady*
vous travaillez en collectivité?	*do you work with other people?*
il vaut mieux quelque chose d'assez frais	*you'd be better off with something quite fresh*
il vaut mieux que vous choisissiez	*you'd be better off choosing*
il risque d'entêter	*it's liable to go to people's heads*
je vais vous faire sentir	*would you like to try*
il tient bien	*it lasts well*
il risque de moins tenir	*it's likely to last less well*
à partir de 40 francs	*from 40 francs upwards*
le double de contenance	*twice the size*
moins décontracté	*less informal*
vous me faites un paquet-cadeau?	*will you gift-wrap it for me?*

3

You might have to be even more precise in describing someone's appearance, dress, and so on – especially if you've got an appointment with someone you've never met. Patrick asked a girl to describe our producer, Alan Wilding.

Patrick	Pouvez-vous me décrire monsieur, s'il vous plaît?
La jeune fille	L'ami qui est à côté de vous?
Patrick	Oui.
La jeune fille	Bon, alors. Il est d'abord blond, aux yeux bleus.
Patrick	Oui.
La jeune fille	Il me paraît assez grand, c'est-à-dire vers l mètre 80.
Patrick	Oui.
La jeune fille	Environ, je pense; s'il faut donner aussi le poids, 90 kilos.
Patrick	Oui.
La jeune fille	Euh, il est vêtu de bleu, un jeans bleu, une veste bleue également. Un blazer également bleu marine cette fois. Cravate assortie, et la chemise à rayures d'un bleu un petit peu moins soutenu. Et puis, d'autre part, des chaussures marron.
Patrick	Et la chemise?
La jeune fille	Alors la chemise, elle est à rayures, rayures blanches et bleues.
Patrick	Quel est son âge, selon vous?
La jeune fille	Alors, selon moi, une trentaine d'années.
Patrick	Oui. Et de quelle nationalité?
La jeune fille	Je dirais le type slave, c'est un peu difficile de préciser la nationalité, mais . . .
Patrick	Oui, mais enfin, à peu près . . .

Alan Wilding

La jeune fille	Nordique . . .
Patrick	Nordique.
La jeune fille	Voilà. Norvégien, enfin.
Patrick	D'accord.
La jeune fille	Suédois, quelque chose comme ça.
Patrick	Bien, je vous remercie.

pouvez-vous me décrire monsieur?	*could you describe this gentleman for me?*
à côté de vous	*beside you*
un bleu un petit peu moins soutenu	*not quite such a strong shade of blue*
je dirais	*I'd say*

4

Another example: we asked a woman to describe Patrick.

Alan	Madame, voulez-vous décrire le monsieur qui est à côté de moi?
La femme	Eh bien, il est assez jeune, je pense, je lui donne entre vingt et vingt-cinq ans. Il est brun, avec des cheveux bouclés, les yeux clairs, gris, foncés quand même – entre le gris clair et le gris foncé. Il a une moustache, une chemise à carreaux blanche et rouge, un pullover bleu marine boutonné . . . euh, en fait les boutons ne sont pas fermés, mais c'est une décoration de trois boutons blancs. Il a également un jeans bleu marine, et des chaussures pointues. Et puis une montre et une gourmette en argent.
Alan	Il mesure combien?
La femme	Il est assez grand, je pense qu'il fait au moins l mètre 80. Il est mince, euh, léger de stature.
Alan	Et son poids?
La femme	Je pense 65 kilos, 67 kilos.
Alan	De quelle nationalité est-il?
La femme	Je pense qu'il est Français.

une gourmette en argent	*a silver identity bracelet*
il est léger de stature	*he's lightly built*

5

Finally, Pierre-Paul asked a visitor, Claire, to describe his wife Françoise.

Pierre-Paul	Mademoiselle, voulez-vous décrire Françoise qui est en face de vous?
Claire	Oui. Alors, Françoise est une jeune fille d'environ l mètre 60, qui a les cheveux blonds, blonds-châtains plutôt, coupés mi-longs. Elle a les yeux bleus très jolis. Elle est habillée d'un pantalon noir, un chemisier blanc et un foulard mauve autour du cou. Elle a un très joli sourire.
Pierre-Paul	D'après vous, combien pèse-t-elle?
Claire	Environ 50 à 55 kilos.
Pierre-Paul	Et quel âge a-t-elle?
Claire	Entre vingt et vingt-cinq ans, je pense.

coupés mi-longs	*cut medium length*

Explications

1

Un verre de vin or **Un verre à vin?**

In French, double-barrelled words (like 'wine-glass' or 'washing-machine') are usually linked with **à** or **de**.

- **à** tells you *what the thing is used for*, with nouns:

un verre **à** vin (i.e. a wine-glass)
une tasse **à** café
un couteau **à** pain
une brosse **à** dents

and with verbs:

une machine **à** laver
une machine **à** écrire
un fer **à** repasser
un couteau **à** découper

- **à** introduces *specific features*:

une chemise **à** carreaux
une glace **à** la vanille

- **de** tells you *the container is full of something*:

un verre **de** vin
une bouteille **d**'eau minérale
une tasse **de** café

and it links *expressions of quantity*:

un litre **de** lait
un kilo **de** sucre

- **de** tells you *where things come from*:

un vin **de** Bordeaux
une robe **de** Dior

and *where they belong*:

un vin **de** table
une table **de** cuisine
une robe **de** chambre

(n.b. In the same way, *le train de Paris* can mean the train coming from or going to Paris.)

- **de** tells you what things are made of (**en** can often be used instead – see also p. 12):

une table **de** verre
une compote **de** pommes
une robe **de** soie

2

Quelque chose de capiteux

'Something special', 'somebody nice', 'nothing important', 'nobody unpleasant', is:

quelque chose **de spécial**	rien **d'important**
quelqu'un **de sympathique**	personne **de désagréable**

'Something'/'nothing' **to** do, **to** eat, **to** drink, is:

quelque chose rien	**à**	faire manger boire

3

Describing people

The main points to concentrate on in describing people are: age, appearance and clothes.

Age

a Use **avoir**:

il **a** 40 ans	il **a** environ 40 ans
elle **a** 22 ans	elle **a** à peu près 22 ans

b Use **être âgé(e) de**:

il **est âgé de** 40 ans
elle **est âgée de** 22 ans

c Be more general:

il a	**une trentaine** **une cinquantaine**	d'années

d Or even more vague:

il est	**âgé** **assez âgé** **très âgé**	elle est	**jeune** **assez jeune** **très jeune**

(n.b.: *vieux* is too brutal)

Appearance

a *Colouring*: il est **blond**/elle est **blonde** (fair hair and colouring)
il est **roux**/elle est **rousse** (red hair, pale skin)
il est **brun**/elle est **brune** (dark hair and colouring)

n.b.: However black and white the hair, *il est blanc* and *il est noir* always indicate ethnic origins.

b *Hair*: Use **avoir**. Hair is always plural.

		COLOUR	SHAPE	LENGTH
il **a** elle **a**	**les cheveux**	blancs gris poivre et sel blonds roux bruns noirs	frisés bouclés raides	longs moyens courts

des cheveux frisés

. . . bouclés

. . . raides

When a man's hair starts to go, *il a les cheveux rares* or *il a les cheveux clairsemés*. When there's none left, *il est chauve*: and in his passport they write *"cheveux: néant"*.

Normally, when you talk about people's hair, you use the definite article *les*. If you say "il a *des* cheveux blonds" it sounds as if the rest of his hair is another colour. But of course if someone is beginning to go grey, you can say "il a *des* cheveux gris maintenant".

c *Eyes*: Use **avoir** and **les**: elle **a les** yeux | gris / verts / bleus / bruns / noirs

n.b.: Where hair and eyes are concerned, you can use **aux**:

c'est une jeune fille **aux cheveux noirs**
c'est un garçon **aux yeux bleus**

d *Height and weight*

In general terms you can say:

il **est** { grand / petit / de taille moyenne *(medium height)*

il **est** { mince (*maigre* sounds like a criticism) / fort (*gros* sounds like an insult)

For height, use **mesurer** or **faire**; for weight, use **peser** or **faire**:

il **mesure** 1 mètre 80	il **fait** 1 mètre 80
elle **pèse** 65 kilos	elle **fait** 65 kilos

e *Clothing*:

To describe what someone is wearing, you can say:

il **a** elle **porte** il **est habillé d'** elle **est vêtue d'**	une chemise blanche

f *Patterns*: Use **à** to introduce the basic patterns:

une chemise **à** rayures (striped)
une robe **à** pois (spotted)
une veste **à** carreaux (checked)

When colours and/or patterns match, the word to use is **assorti(e)**:

un blazer bleu et une cravate **assortie**

4
Jeans

Don't forget that French trousers are singular – *un pantalon*. But as the word *jeans* only recently came into the French language, there is still some indecision about whether the word is singular or plural.

il porte	**un jean** **un jeans** **un bluejean** **des jeans** **des bluejeans**

It is rather ironic that there should be such vacillation, since the *denim* that jeans are made of has French ancestry – it was originally *toile de Nîmes . . .*

Informations

Les parfums

En France, traditionnellement, on produit de bons vins et de bons fromages – au goût et à l'arôme subtils. Il y a également une tradition d'élégance, surtout dans les vêtements.

Les parfums français combinent ces deux traditions: arôme et élégance. Lorsqu'on s'habille, on se met du parfum, de l'eau de toilette ou un après-rasage pour complèter l'effet: suivant les circonstances on choisit un parfum léger et frais pour le travail, et quelque chose de plus poivré, de plus capiteux, pour sortir le soir. On met un parfum "jeune" ou un parfum "sophistiqué": c'est une façon de changer de personnalité.

Les ingrédients des parfums viennent de partout dans le monde – mais l'essentiel, les essences de fleurs, viennent surtout du Sud de la France. La ville de Grasse est considérée comme la capitale mondiale des parfums. Mais on ne porte jamais des essences de fleurs seules – elles sont trop précieuses, et souvent elles ne sentent pas bon. Les parfums que nous achetons sont composés avec beaucoup de soin par des experts, qui font des mélanges d'arômes – un peu comme d'autres experts combinent des alcools et des herbes pour faire des liqueurs. Allez dans une bonne parfumerie: il y a un choix étonnant. Il y a, bien sûr, de nombreuses maisons traditionnelles qui ne font que des parfums – par exemple: Guerlain, Lancôme, Coty et Lubin; mais une tendance assez récente montre le lien entre les parfums et l'élégance: presque toutes les grandes maisons de couture produisent leurs propres parfums – pensez à l'exemple presque historique de "Chanel No. 5".

Vous pouvez choisir entre:

le parfum, qui est très concentré, qui "tient bien", mais qui, malheureusement, est souvent très cher;

l'eau de toilette (ou *l'eau de cologne*) qui a le même arôme que le parfum, mais qui est plus légère – et qui coûte moins cher;

l'après-rasage, qui est, au fond, le nom qu'on donne à des parfums pour homme;

le talc et *le savon*, qui gardent l'arôme typique du parfum original.

A la recherche d'un nouveau parfum . . .

Exercices

1

Your next-door-neighbour has been looking after your house while you're in France, so you'd like to take her back some scent to show your gratitude.

Vous (say good morning to the young salesgirl)
Elle Bonjour. Vous désirez?
Vous (you'd like some scent)
Elle Oui. Vous voulez un parfum capiteux, ou préférez-vous quelque chose de plus frais, de plus discret?
Vous ("capiteux" – what's that exactly?)
Elle Un parfum capiteux . . . c'est un parfum assez fort, très aromatique, qui monte à la tête.
Vous (good. You'd like a heady perfume)
Elle Euh . . . c'est un peu difficile. Attendez. C'est pour qui?
Vous (it's for a friend)
Elle Oui. Elle est comment?
Vous (she's small and fair)
Elle Elle est jeune?
Vous (perhaps she's about 60)
Elle Ah, dans ce cas-là, je vous conseille un parfum plutôt frais. Par exemple, voici "Lisier" de Machin. C'est un parfum très subtil, très naturel, un parfum de campagne. Vous aimez?
Vous (yes, but you're not sure – has she anything else?)
Elle Voici "Eau Plate" de Matou. En voici un flacon.

Vous (what's that big bottle there?)
Elle Ah non, je ne vous le conseille pas pour une dame de 60 ans. Ça, c'est "Hétaïre" de Des Bris. C'est un parfum très capiteux – explosif même!
Vous (agreed: has she got anything else?)
Elle Bon. Essayons "Sueurs Froides" de Cloporte – c'est très frais, mais c'est sophistiqué en même temps.
Vous (mmm . . . that's perfect. How much is it?)
Elle Alors, "Sueurs Froides" . . . vous avez le flacon de parfum à 80 francs, ou vous avez le double de contenance à 150 francs.
Vous (it's a bit dear)
Elle Bon. Il y a l'eau de toilette à 30 francs ou à 50 francs.
Vous (you'll take the toilet water at 50 francs please)
Elle Très bien. Voici.
Vous (will she gift-wrap it please?)
Elle Avec plaisir . . . voici.
Vous (thank her very much and say goodbye)
Elle Merci madame. Au revoir.

2

You're writing to somebody who has agreed to meet a friend at the station.

	1	2	3	4
Sexe	femme	homme	homme	femme
Age	23 ans	45 ans	une trentaine d'années	60 ans
Cheveux	blonds	néant	bruns	gris
Yeux	gris	noirs	bruns	bleus
Taille	1m60	1m70	1m80	1m50
Poids	63 kilos	80 kilos	approx. 70 kilos	approx. 60 kilos
Signes particuliers	lunettes	barbe	cheveux longs, moustache	lunettes en or
Vêtements	robe jaune; manteau gris; chaussures noires	costume bleu marine; cravate à rayures; chaussures marron	pullover blanc; blue jeans; bottes noires	costume noir; manteau de fourrure; foulard vert

1 First say briefly what your friend looks like.

e.g. "C'est une jeune femme. Elle a vingt-trois ans . . . etc."

2 Now write down your descriptions in one or two sentences per person.

e.g. "C'est une femme qui a vingt-trois ans, qui a les cheveux blonds . . ."

3

How would you ask for:

a packet of butter?	some brandy glasses?
a plate to put butter on?	a checked shirt?
a box to put cigarettes in?	something else?
a box of matches?	something to eat?
a toothbrush?	a teacup?
a bread-knife?	a glass of milk?
a table knife?	the train from Lyon?
a cookery book?	a pot of mustard?
a hairbrush?	2 metres of cotton?
a bottle of brandy?	the bus for Lille?

4

It's a gala night out with friends. You've just ordered oysters, followed by *sole Véronique* (fillets of sole simmered in wine, served with a cream sauce with white grapes). Here comes the wine-waiter (*le sommelier*) . . .

Le sommelier	Voici la carte des vins. Voulez-vous choisir?
Vous	(ask him for his advice, and tell him what you've ordered – oysters and the sole Véronique)
Le sommelier	Alors, vous avez tous les vins blancs . . . là.
Vous	(you'd like something dry, please)
Le sommelier	Bien, nous avons un excellent Muscadet.
Vous	(you know Muscadet; it's very good but you'd like to try something different)
Le sommelier	Il y a un Chablis, mais c'est peut-être un peu trop fruité.
Vous	(ask if he has another white wine from Burgundy)
Le sommelier	Mais bien sûr! Voulez-vous du Pouilly-Fuissé?
Vous	(Pouilly-Fuissé? You don't know it)
Le sommelier	Eh bien, c'est léger, c'est délicat, c'est assez sec.
Vous	(that's interesting)
Le sommelier	Je ne veux pas être indiscret – mais c'est une soirée spéciale?
Vous	(yes, it's a very special evening!)
Le sommelier	Alors, peut-être le Montrachet – c'est un grand vin pour des soirées mémorables.
Vous	(that's it; you'll have a bottle of Montrachet, please)
Le sommelier	Un Montrachet. Parfait!
Vous	(and you'd like a bottle of Muscadet with the oysters, please)
Le sommelier	Alors, un Muscadet. Puis, avec le poisson, un Montrachet.
Vous	(that's it; thank him)
Le sommelier	Merci bien.

3

Ça veut dire...?

Asking what it all means

1

What do French people understand by some everyday expressions and abbreviations? Patrick started by asking a girl in Reims.

Patrick	Qu'est-ce que c'est pour vous, une résidence secondaire?
La jeune fille	C'est une deuxième maison.
Patrick	C'est-à-dire?
La jeune fille	C'est la maison où on va pendant le weekend, ou pendant les vacances.
Patrick	A l'extérieur de la ville où l'on habite?
La jeune fille	Euh, plutôt à la campagne, bord de mer ou la montagne, par exemple.
Patrick	La t.v.a.?
La jeune fille	La t.v.a., c'est une taxe sur la consommation. Euh, c'est un impôt indirect.
Patrick	Et le gros lot, qu'est-ce que c'est?
La jeune fille	Euh, c'est sortir le premier prix. Par exemple, à la Loterie Nationale, tirer le premier prix, avoir la chance. Ou bien, par exemple, on peut le dire aussi, quand on est mariée, tirer le gros lot, c'est tomber sur l'homme qu'on aime.
Patrick	C'est-à-dire, c'est la chance?
La jeune fille	Oui, avoir la chance.

sortir/tirer le premier prix	*win the first prize*
tomber sur l'homme qu'on aime	*find (by chance) the man you love*

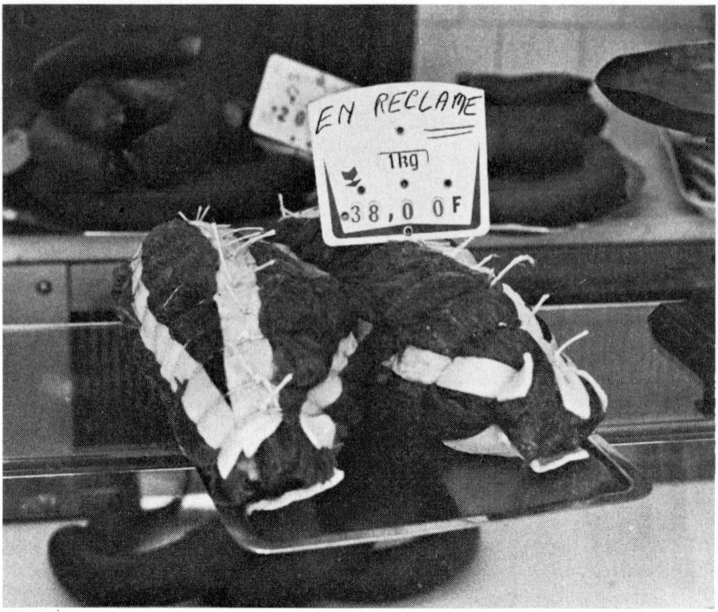

2

Patrick next moved on to notices and abbreviations you often see in shops and restaurants.

Patrick Si, dans une boucherie, je remarque la pancarte "en réclame" sur un morceau de viande, qu'est-ce que cela veut dire?

La jeune fille C'est-à-dire qu'aujourd'hui je peux acheter le morceau de viande moins cher qu'hier et certainement moins cher que demain. C'est une occasion à saisir.

Patrick Et dans un grand magasin, la pancarte "remise 10% sur le blanc", qu'est-ce que cela veut dire?

La jeune fille C'est-à-dire que ce jour-là, si j'achète par exemple du linge comme des draps, le prix marqué est abaissé de 10%.

Patrick Dans un restaurant, les lettres "T.T.C." sur la note, qu'est-ce que cela veut dire?

La jeune fille Alors, cela veut dire pour moi que toutes les taxes sont comprises et que je n'ai rien de plus à payer.

Patrick C'est-à-dire, "T.T.C.", cela veut dire "Toutes Taxes Comprises"?

La jeune fille Exactement.

Patrick Dans une boutique de disques, si je lis "toute audition sans achat un franc", qu'est-ce que cela veut dire?

La jeune fille Cela signifie simplement que si je désire écouter un disque, je peux le faire en payant un franc, sans acheter le disque. Je ne suis pas obligée d'acheter le disque en fait. Autrement dit, si j'écoute le disque mais ne l'achète pas, je dois payer un franc.

en réclame	*special offer*
une occasion à saisir	*a bargain not to be missed*
remise de 10% sur le blanc	*10% reduction on linen*
autrement dit	*in other words*

3

Next, a woman interviewed by Solange.

Solange	Si vous voyez dans une boucherie une pancarte avec les mots "en réclame", qu'est-ce que ça veut dire?
La femme	Eh bien, c'est simple, ça veut dire tout simplement que la viande est vendue temporairement moins cher. Par exemple, le prix normal – 10 francs du kilo – est, exceptionnellement pour la réclame, 8 francs du kilo.
Solange	Et si, dans un restaurant, on vous donne une note avec "T.T.C.", qu'est-ce que ça veut dire?
La femme	"T.T.C."? Ça veut dire "Toutes Taxes Comprises". Alors, je crois théoriquement que ça signifie que le service et tout ce qui va avec est compris. Je crois que c'est ça.
Solange	Et si, dans une vitrine, vous voyez "remise de 10% sur les blancs", qu'est-ce que ça veut dire?
La femme	Eh bien, ça, on le voit déjà au mois de janvier, au début de l'année . . . c'est . . . quelque chose qui arrive périodiquement chaque année. Ça veut dire que les blancs, ce sont, bon, les draps, le linge de maison en général, sont vendus moins cher à cette période-là de l'année. Et tout le monde va acheter ses blancs à cette période-là.
Solange	Vous achetez vos blancs à cette époque-là?
La femme	Pas toujours, non.
Solange	Pas toujours. Et lorsque dans une boutique de disques on lit "toute audition sans achat un franc", qu'est-ce que ça veut dire?
La femme	Mais ça, c'est bizarre. Ça veut dire qu'on peut écouter tous les disques que l'on veut pour la somme d'un franc.
Solange	Est-ce que cette coutume est normale?
La femme	Personnellement, je ne la trouve pas normale, puisque avant d'acheter un disque on peut quand même l'écouter, la connaître, et je trouve que c'est un abus de faire payer un franc pour ça.

tout ce qui va avec	*everything that goes with it*
le linge de maison	*household linen*
est-ce que cette coutume est normale?	*is this custom standard practice?*

4

Some French universities still run elaborate initiation ceremonies for first-year students (les bizuths). *Solange found out a little of what is involved at the Dental School in Reims . . .*

Solange	Bonjour monsieur. Qu'est-ce qui se passe?
L'étudiant	Eh bien, aujourd'hui, c'est la fête de la faculté, c'est le bizuthage.
Solange	De quelle faculté?
L'étudiant	La faculté dentaire de Reims.
Solange	Et qu'est-ce c'est, le bizuthage?
L'étudiant	Le bizuthage, c'est faire rentrer les nouveaux dans la grande famille de la faculté.
Solange	C'est-à-dire, les étudiants de première année?
L'étudiant	Les étudiants de première année, oui.

Solange	Combien d'années durent les études?
L'étudiant	Cinq ans, plus une année de thèse.
Solange	Le bizuthage, c'est un jour de fête?
L'étudiant	Un jour de fête pour toute la faculté, oui. Un jour de congé.
Solange	Et qu'est-ce que vous faites exactement?
L'étudiant	Disons qu'il y a d'abord un défilé avec fanfare en tête, où les bizuths sont enduits de confiture, farine, yaourt, etcétéra. Et ensuite il y a une petite fête interne à la faculté, qui se passe à la faculté.
Solange	Et tous les bizuths acceptent d'être enduits de farine, confiture?
L'étudiant	Oui, et de bon coeur.
Solange	Ça ne gêne pas les flics?
L'étudiant	Eh bien, ils sont prévenus et ils nous accompagnent.
Solange	Ah, c'est bien!
L'étudiant	C'est très organisé et nous avons l'autorisation de la sous-préfecture.
Solange	Ah bon. Et ce soir, vous allez vous soûler?
L'étudiant	Euh, même avant ce soir!
Solange	Même avant ce soir! Merci.

avec fanfare en tête	*with a brass band in front*
de bon coeur	*in good spirit*
ça ne gêne pas les flics?	*doesn't it bother the cops?*

Explications

1
What does it mean?

To find out the meaning of a word, you ask:

qu'est-ce que cela veut dire, **qu'est-ce que c'est,** **que signifie**	"T.T.C."?

The answer given will normally be:

cela veut dire **cela signifie**	"Toutes Taxes Comprises"

or more fully:

cela veut dire **cela signifie**	que toutes les taxes sont comprises

2
What's going on

To find out what's happening (imagine the town is covered in French flags, and you want to know what's going on), you can ask:

qu'est-ce que cela signifie? *Cela signifie que c'est le 14 juillet.*

qu'est-ce qui se passe? *C'est le 14 juillet.*

3
Infinitives

Infinitives (e.g. *manger, faire, finir*, etc.) often combine with other verbs to express a whole range of meanings. For instance:

- To express the future:

qu'est-ce que **vous allez faire** ce soir?

- To express the immediate past:

Louise **vient d'arriver** (a few minutes ago)

- Many other verbs can introduce infinitives. Some can also introduce nouns:

je **voudrais (acheter)** un livre	*I'd like (to buy) a book*
je **désire (écouter)** un disque	*I'd like (to hear) a record*
nous **devons partir**	we *must go*
il **sait nager**	he *knows how to/can swim*

Vouloir dire has two meanings, depending on the context:

Georges **veut dire** quelque chose	(wants to say)
"circulaire" **veut dire** "rond"	(means)

Faire followed by the infinitive doesn't necessarily mean that you're forcing people to do something. For instance:

faire voir – show : je vais vous **faire voir** un limonadier

n.b. 1 *Ne* and *pas* both go together in front of infinitive; for instance, you'll find notices on train windows saying "**Ne pas** se pencher au dehors" ('Don't lean out'); "**Ne pas** cracher" ('Don't spit').

n.b. 2 Pronouns e.g. **le**, **leur**, **en** that normally come before the verb are put in front of the infinitive:

j'**y** vais	BUT	je veux **y** aller
je **le** veux		je veux **l**'écouter

- Infinitives can also be used after some prepositions, including:

pour (in order to) – Les étudiants sont dans la rue **pour fêter** le bizuthage

sans (without . . . . ing) – On peut écouter un disque **sans l'acheter**

avant de (before . . . . ing) – **Avant d'acheter** le disque on peut quand même l'écouter

4
The different meanings of *On*

On can be used with the meaning of 'people in general':

à Paris, **on parle** français

It also represents the vague 'you' – which includes *you, yourself:* à Paris, **on peut** bien s'amuser

But most often of all, in everyday spoken French, it is used instead of *nous*:

on est allé au restaurant hier soir
on y va? (let's go!)

Informations

La t.v.a.

La Taxe sur la Valeur Ajoutée (*value-added tax*) est une taxe indirecte, un pourcentage (%) du prix payé par les clients. Suivant la nature du produit ou du service, il y a différents taux (pourcentages) de t.v.a.

Les impôts

En France il y a de nombreuses taxes indirectes: la taxe directe sur les revenus s'appelle *les impôts*. Les impôts directs n'existent que depuis 1917 – avant cette date, on calculait les impôts à payer selon les possessions de l'individu. D'habitude on reçoit une demande d'impôts une fois par an: il faut payer un tiers (1/3) de la somme tout de suite, et le reste, après négociation, pendant les mois qui suivent. Evidemment, ce système a ses côtés désagréables; voilà pourquoi de plus en plus de firmes et d'employeurs commencent à introduire un système de déductions directes faites tous les mois (comme le P.A.Y.E. en Grande-Bretagne).

Le gros lot

Dans n'importe quel concours, le prix le plus important peut s'appeler "le gros lot". Mais l'expression fait penser surtout à la Loterie Nationale. On peut acheter des billets de loterie dans tous les bureaux de tabac, et dans des kiosques spéciaux. Tous les mercredis il y a *le tirage* – on tire au hasard les numéros gagnants – et les bons numéros sont publiés dans tous les journaux du jeudi. Puisque le premier prix vaut à peu près £40 000, gagner le gros lot est le rêve de la plupart des Français. Mais si on ne gagne pas le gros lot, on peut toujours gagner le dernier prix: un billet pour la semaine suivante; ainsi on peut continuer à rêver . . .

Comme vous voyez dans les interviews, "le gros lot" est aussi devenu une métaphore; on le "gagne" lorsqu'on a beaucoup de chance – ou, ironiquement, de malchance.

Exercices

1

Fill in the missing words:

1 Est-ce que je peux écouter le disque .... l'acheter?
2 .... voyager à l'étranger, il faut avoir un passeport.
3 Excusez-moi, que .... les lettres "s.v.p."?
4 On ne peut pas vivre .... manger.
5 J'achète une petite maison à la campagne .... pouvoir aller y passer mes weekends.
6 Il y a un bruit terrible dans la rue. Qu'est-ce qui .... ?

2

How is a French person going to answer your questions?

Vous	Où est-ce que je vais voir les mots "service compris"?
Elle	(in a café or in a restaurant, on the bill)
Vous	Et qu'est-ce que ça veut dire?
Elle	(it means that the tip is included)
Vous	Et que signifient les initiales T.T.C.?
Elle	(they mean . . . tell her)
Vous	Très bien: quel genre de taxes?
Elle	(for example: V.A.T.)
Vous	Et si, dans un magasin, je vois un article "en réclame"?
Elle	(it means it's cheaper than usual)

3

This time *you* give the answers. You've just been stopped by somebody doing a survey.

Le reporter	Est-ce que je peux vous poser quelques petites questions?
Vous	(yes, of course, with pleasure)
Le reporter	Vous habitez Reims?
Vous	(not exactly: you live in a little village near Reims)
Le reporter	Ah bon. Vous avez une maison ou un appartement?
Vous	(it's a little house with a big garden)
Le reporter	Pourquoi venez-vous à Reims?
Vous	(well, today you're in Reims to do the shopping)
Le reporter	Alors, vous travaillez au village?
Vous	(no: the little country house is your parents' second house)
Le reporter	Ah bon! Et qu'est-ce vous faites comme travail?
Vous	(you're a student)
Le reporter	Ah, qu'est-ce que vous étudiez?
Vous	(you're at the dental faculty at Reims)

Reims: la cathédrale

4

This time the market researchers have caught you in the shopping centre . . . on a Monday, which is pretty unusual for you.

Lui	Bonjour. Je peux vous poser quelques questions?
Vous	(hesitate . . . then say yes, if he wants)
Lui	Merci. Vous venez régulièrement ici pour faire vos courses?
Vous	(quite often, yes)
Lui	Et qu'est-ce que vous achetez aujourd'hui?
Vous	(well . . . bread, two bottles of wine, and some meat)
Lui	Quelle sorte de viande?
Vous	(a leg of lamb)
Lui	Oh là là! C'est cher! Vous en achetez souvent?
Vous	(not very often – but today, it's on offer)
Lui	Qu'est-ce que ça veut dire pour vous, "en réclame"?
Vous	(it means that the thing costs less than usual)
Lui	Vous avez d'autres courses à faire?
Vous	(yes, you're going to the department stores)
Lui	Qu'est-ce que vous allez acheter?
Vous	(you're going to buy some sheets)
Lui	Ah? Pourquoi des draps?
Vous	(because there's 10% off linen this week)
Lui	Très bien. Je vous remercie. Au revoir.
Vous	(not at all; goodbye)

5

You've been asked what a whole lot of things mean. Here are the answers. What were the questions?

e.g. *Réponse*: C'est un monsieur qui vend de la viande.
Question: **Qu'est-ce que c'est**, un boucher?

Depending on the question, you'll need to use:

qu'est-ce que c'est, . . . ?
que signifie(nt) . . . ?
qu'est-ce que cela veut dire, . . . ?

1 C'est une maison que les gens achètent pour y passer leurs vacances.
2 Cela signifie "Société Nationale des Chemins de Fer Français".
3 C'est le premier prix à la Loterie Nationale.
4 Cela veut dire que le prix de l'article est réduit temporairement.
5 Par exemple, une paire de draps coûte 100 francs normalement, mais je paie seulement 90 francs.
6 C'est un parfum assez fort, qui monte à la tête.
7 C'est un objet comme une cuiller, pour faire du thé.
8 Elles signifient "taxe sur la valeur ajoutée".
9 Cela signifie que le pourboire est compris dans l'addition.
10 C'est pour ouvrir les bouteilles à capsule.

4

Au jour le jour

Talking about your daily work and leisure

1

We did a small-scale survey to find out how people relax at home, for example which radio stations they prefer. Solange spoke to a girl with fairly highbrow tastes, who follows France-Musique *and* France-Culture.

Solange	Vous écoutez la radio quelquefois?
La jeune fille	Euh, oui, il m'arrive d'écouter la radio le soir lorsque je suis seule à la maison.
Solange	Quel est le genre d'émission que vous préférez?
La jeune fille	Euh, je préfère la musique classique, donc j'écoute le plus souvent France-Musique ou France-Culture.
Solange	Que préférez-vous sur France-Musique?
La jeune fille	Les programmes qu'ils donnent le soir. C'est-à-dire des concerts.
Solange	Quel genre de musique préférez-vous?
La jeune fille	Ah, la musique du dix-huitième siècle.
Solange	Et en particulier?
La jeune fille	J'aime Mozart.
Solange	Mozart?
La jeune fille	Mozart, oui, beaucoup.
Solange	Vous aimez la musique ultra-moderne?
La jeune fille	Non, beaucoup moins, à part le groupe Pink Floyd que je considère comme un groupe classique presque. Mais sinon, la pop-musique non, je n'aime pas tellement; je ne ressens pas tellement cette musique.
Solange	Qu'est-ce que vous attendez surtout de la radio: des informations, des divertissements, des . . .
La jeune fille	Euh, surtout de la culture, enfin, un enseignement surtout.
Solange	Surtout un enseignement?
La jeune fille	Un enseignement, oui.
Solange	Les informations?
La jeune fille	Et les informations m'intéressent, mais en partie seulement.
Solange	Bon, merci.

il m'arrive d'écouter la radio	*I sometimes listen to the radio*
je n'aime pas tellement	*I'm not too keen*
je ne ressens pas tellement cette musique	*I don't have much feeling for that music*
qu'est-ce que vous attendez de la radio?	*what do you expect to get out of radio?*

2

The next girl interviewed is mainly interested in pop music, so she goes more for Europe Numéro 1.

Patrick	Quelle est la chaîne de radio que vous écoutez le plus souvent?

La jeune fille	Euh . . . le plus souvent j'écoute Europe Numéro 1.
Patrick	Pour quelle raison?
La jeune fille	Ils diffusent pas mal de musique, de bonne musique, de musique pop, de musique moderne. Je n'aime pas tellement la musique classique, et justement sur Europe 1 il n'y a pas beaucoup de musique classique. Ce que je reproche un peu à Europe 1, c'est la publicité – il y a beaucoup de publicité, c'est assez lassant. Enfin les . . . il y a de bonnes émissions également: des émissions d'actualité, des débats qui sont intéressants.
Patrick	Vous écoutez peut-être une autre chaîne de radio quelquefois?
La jeune fille	Oui, quelquefois j'écoute Radio Luxembourg. Il y a de bonnes émissions et ils diffusent de la bonne musique.
Patrick	Vous aimez donc particulièrement la bonne musique?
La jeune fille	La bonne musique, enfin.
Patrick	Qu'est-ce que c'est, la bonne musique?
La jeune fille	La bonne musique? Pour moi, ce sont la musique pop, la musique . . . enfin, surtout la musique pop.
Patrick	Vous avez des chanteurs préférés, des groupes préférés?
La jeune fille	Oui, enfin, en musique pop j'aime bien les Stones, les Pink Floyd également, et . . . les . . .
Patrick	Chanteurs?
La jeune fille	En chanteur, ben, j'aime bien Moustaki, et comme groupe j'aime bien aussi les Beatles.

ils diffusent pas mal de musique	*they broadcast quite a lot of music*
ce que je reproche à	*what I'd criticise about*
des émissions d'actualité	*current affairs programmes*

3

What if you want an evening out – at the cinema? Patrick asked a woman about her tastes.

Patrick	Cela vous arrive d'aller au cinéma?
La femme	Oui, je vais très souvent au cinéma.
Patrick	Souvent?
La femme	Souvent.
Patrick	C'est-à-dire?
La femme	Une fois par semaine, environ.
Patrick	Régulièrement?
La femme	Régulièrement, oui.
Patrick	Quel genre de film préférez-vous?
La femme	Euh, en principe, je vais voir les films, les nouveaux films, les nouveautés. Euh, j'aime les films psychologiques, et j'aime moins d'ailleurs les films comiques, les films d'aventure, les westerns, je n'aime pas tellement.
Patrick	Quel genre exactement? D'amour, d'aventure, policiers, politiques?
La femme	Oui, les films policiers ou politiques me plaisent. Euh, les films d'amour, ça dépend. Il y en a de bons, il y en a de mauvais. Il faut choisir.
Patrick	Vous aimez les films pornographiques?

La femme	Non, pas spécialement, non.
Patrick	Pour quelle raison?
La femme	En principe, ce sont des films commerciaux, très mauvais, et qui n'ont aucun but précis, enfin qui ne sont pas fondés, qui n'ont pas d'histoire, le scénario est très mauvais en général.
Patrick	Qui n'ont pas d'intérêt?
La femme	Ils n'ont pas d'intérêt, c'est exact.
Patrick	Je vous remercie.

cela vous arrive d'aller . . .?	*do you sometimes go . . .?*
il y en a de bons	*some of them are good*
qui n'ont aucun but précis	*which don't have any special purpose*
qui ne sont pas fondés	*which have no base*

4

Solange asked someone else for her views . . .

Solange	Allez-vous au cinéma?
La femme	De temps en temps, oui. A peu près une fois tous les dix jours, enfin c'est pas vraiment régulier, mais . . .
Solange	Oui. Quel genre de film préférez-vous?
La femme	J'aime les films de science-fiction bien faits.
Solange	C'est-à-dire?
La femme	C'est-à-dire que . . . il faut que . . . bon, la science-fiction, c'est l'irréel, c'est l'imagination, mais il faut que ça paraisse vrai.
Solange	Quel film de science-fiction avez-vous beaucoup aimé?
La femme	2001 Odyssée de l'Espace.
Solange	Oui. Pourquoi?
La femme	Pour toutes les raisons que je vous ai données avant, et parce que c'est un très beau film. C'est un petit peu la vie de l'homme au départ. Je crois que je l'ai compris, mais il est très difficile de la raconter.
Solange	Et quels autres genres de film aimez-vous?
La femme	Les films d'humour, mais c'est toujours pareil. Il est difficile d'en trouver de vraiment très bons.
Solange	Qu'est-ce que vous pensiez de la vague pornographique?
La femme	Ah moi, je n'aimais pas du tout. C'est lassant. C'est souvent bête.
Solange	Oui.
La femme	Et puis ça ne me plaît pas.

il faut que ça paraisse vrai	*it has to look realistic*
je crois que je l'ai compris	*I think I understand it*
les raisons que je vous ai données	*the reasons I've given you*
qu'est-ce que vous pensiez . . .?	*what did you think . . .?*

5

If you have ever visited France, you'll have seen at least one street market. What's the daily routine for the stall-holders? Pierre-Paul talks to a lady who runs a fruit and vegetable stall in Paris.

Pierre-Paul	Bonjour madame.
La marchande	Bonjour monsieur.

Un marché en province

Pierre-Paul	Est-ce que vous pouvez me dire tout d'abord ce que vous vendez?
La marchande	Eh bien, je vends des épinards, des oignons, des choux de Bruxelles, des citrons, des courgettes, des tomates, des haricots verts, des artichauts, pamplemousses et des haricots gourmands.
Pierre-Paul	Est-ce que vous pouvez me dire à quelle heure vous vous levez?
La marchande	Ben, vers quatre heures du matin.
Pierre-Paul	Expliquez-moi un peu votre journée de travail sur le marché.
La marchande	Eh bien, nous chargeons le camion chez nous déjà, puisque la marchandise est déchargée chez nous dans la cour, on la recharge, on arrive au marché, on la redécharge au marché.
Pierre-Paul	Quelle heure est-il à ce moment-là?
La marchande	Eh bien, vers cinq heures et demie, six heures moins vingt.
Pierre-Paul	Oui.
La marchande	Et ensuite alors, nous installons la marchandise, nous avons à peu près pour une heure et demie, deux heures d'installation. Ensuite nous vendons quand il y a beaucoup de clients. Ensuite, eh bien, nous remballons la marchandise, remballons le matériel, et ensuite nous partons à Rungis faire nos achats.
Pierre-Paul	Vous faites les achats à Rungis l'après-midi, c'est ça?
La marchande	Oui, oui, pour le lendemain, oui.
Pierre-Paul	Alors, à quelle heure arrivent vos premiers clients?
La marchande	Alors, le matin à peu près vers huit heures, huit heures et un quart.
Pierre-Paul	Et le marché se termine réellement vers quelle heure?
La marchande	Midi, vers midi. Oh oui, midi, il n'y a plus personne. Euh . . . alors là, à ce moment-là, on fait un petit peu de vente, euh, mais on commence à remballer le matériel.

Pierre-Paul Est-ce que ça fait très longtemps que vous exercez votre métier?
La marchande Ah oui, vingt-neuf ans.
Pierre-Paul Est-ce qu'il vous plaît toujours autant?
La marchande Non.
Pierre-Paul Il ne vous plaît pas.
La marchande Non, non, plus maintenant. Nous n'avons plus la foi.
Pierre-Paul Pourquoi?
La marchande Parce qu'il n'y a plus de vente, et puis ensuite on est tellement contraint justement que ça va plus du tout.
Pierre-Paul Les petits marchés parisiens sont en train de mourir, c'est ça que vous voulez dire?
La marchande Oh oui, c'est sûr, c'est sûr, et pourtant ils en ont besoin.
Pierre-Paul Pourquoi en ont-ils besoin?
La marchande Ils en ont besoin parce que la marchandise est d'abord beaucoup plus fraîche.
Pierre-Paul Pourquoi des petits marchés comme ça sont en train de mourir, d'après-vous?
La marchande Ben, c'est . . . nous avons trop de frais, nous sommes surchargés de frais.
Pierre-Paul Si on vous proposait de travailler par exemple dans un supermarché, est-ce que vous accepteriez?
La marchande Oh non!
Pierre-Paul Vous préférez travailler sur un marché?
La marchande Ah oui. D'abord, j'aime pas les grandes surfaces.
Pierre-Paul Euh, quelles sont les qualités que vous trouvez sur un marché?
La marchande Déjà la fraîcheur, puis l'ambiance est très bien, puis les couleurs sont jolies et l'installation est beaucoup mieux faite que dans les grandes surfaces.
Pierre-Paul Vous êtes plus libre, finalement?
La marchande Oui, bien sûr.
Pierre-Paul La dernière question, c'est: est-ce que vous connaissez bien tous vos clients?

Une grande surface

La marchande	Ah oui, puis on parle avec eux, on connaît bien leurs choses de famille, et les clients sont contents aussi.
Pierre-Paul	Combien avez-vous dit?
La marchande	Vingt-neuf, vingt-neuf ans. Incroyable, euh, et c'est pas fini!
Pierre-Paul	Bien, je vous remercie madame.
La marchande	Malheureusement. Au revoir messieurs.

des haricots gourmands	*sugar beans*
nous avons à peu près pour une heure et demie	*it takes us about an hour and a half*
nous remballons la marchandise, remballons le matériel	*we pack up the stock and the equipment*
nous n'avons plus la foi	*our hearts aren't in it any more*
on est tellement contraint	*we're under so much pressure*
d'après-vous	*in your opinion*
si on vous proposait	*if someone suggested*
les grandes surfaces	*big supermarkets*
l'ambiance est très bien	*there's a very nice atmosphere*
leurs choses de famille	*their family affairs*

Explications

1
Everyday routines

It's useful to be able to ask people about the things they sometimes do. First, the most basic question you'd ask:

	écoutez la radio	
est-ce que vous	allez au cinéma	**quelquefois?**
	faites vos courses au marché	

or

il		d'écouter la radio?
	vous arrive	d'aller au cinéma?
ça		faire vos courses au marché?

To tell people how often you do things, you can say:

- vaguely: Oui, ça m'arrive . . .

quelquefois	**souvent**	**régulièrement**
de temps en temps	**rarement**	**fréquemment**

- how often – every day/every 5 minutes – by using **tous** or **toutes**

tous les jours	**tous les ans**
toutes les semaines	**tous les dix jours**
tous les mois	**toutes les cinq minutes**

- how regularly, by using *par*

une fois **par** semaine   deux fois **par** an

2

Depuis combien de temps êtes-vous marchande?

To say how long something has been going on you use **depuis** with the present tense:

elle **habite** Reims **depuis** son mariage
elle **est** marchande **depuis** vingt-neuf ans
je **suis** à Reims **depuis** samedi dernier

With periods of time, you can express the same idea in another way:

ça fait vingt-neuf ans **qu'elle travaille** sur le marché

3

Comment ça va?

To find out how things are, you can ask:

ça va?

Answers will be positive:

ça va	**bien** **très bien** **assez bien**

. . . or negative:

ça **ne** va	**pas** **pas du tout** **plus** **plus du tout**

To ask people whether they like what they do, you can say:

est-ce que vous aimez écouter Europe Numéro Un?
est-ce que ça **vous plaît?**

Answers will tell you just how much or how little, ranging from enthusiasm:

je l'aime ça me plaît	**énormément** **beaucoup** **bien**

through indifference:

je l'aime **assez**
je **ne** l'aime **pas spécialement**

to dislike:

je l'aime **moins** maintenant

je **ne** l'aime ça **ne** me plaît	**pas tellement** **pas du tout**

To find out people's preferences you ask:

quel genre de musique préférez-vous?
qu'est-ce que vous préférez comme musique?

To state your own, say:

je préfère la musique classique
j'aime surtout la musique classique
j'aime particulièrement la musique classique

vous aimez Haydn?	Oui, mais **j'aime mieux** Mozart Mozart est mon compositeur **préféré**

4
Plus/moins

To say 'most' or 'least', use **le plus** or **le moins**:

Quelle est la chaîne de radio que vous écoutez	**le plus** **le moins**	souvent?

Quel genre de film aimez-vous	**le plus**? **le moins**?

n.b.: If the word after **plus/moins** is an adjective, use **le**, **la** or **les**:

La plus belle fille dans la classe
Les livres **les plus** chers

'more and more' is: **de plus en plus**
'less and less' is: **de moins en moins**

5
Ce qui / Ce que

Ce qui and **ce que** can be used where English has 'what':

(Use *ce qui* when it is the subject of the next verb, and *ce que* when it is the object.)

ce qui intéresse Louise ne m'intéresse pas du tout
voilà **ce que** je vais acheter

You will often hear people expanding their sentences using **ce qui** or **ce que**, for emphasis, with **c'est**:

ce que j'aime, **c'est** la musique pop (i.e. J'aime la musique pop)
ce qui me plaît surtout, **c'est** partir à la campagne
ce que je reproche à Europe Numéro 1, **c'est** la publicité

6
Prefixes

Prefixes e.g. *re-* (sometimes *ré*), *dé-* and *sur-* can be added to many verbs to alter the meaning:

e.g.	charger	load
	recharger	reload
	décharger	unload
	redécharger	unload again
	surcharger	overload

Rungis

Le marché principal de viandes et de poissons, de fruits, de légumes et de fleurs se trouvait aux Halles, au centre de Paris, pas trop loin du Louvre: un peu comme Covent Garden, au centre de Londres. C'est une situation assez comparable – et il y avait des problèmes comparables aussi: les petites rues encombrées de camions, des bâtiments anciens et insuffisants, le manque d'espace. Voilà pourquoi, il y a quelques années, on a décidé de construire un nouveau marché parisien à Rungis, dans la banlieue sud de Paris. C'est un complexe vaste et ultra-moderne d'entrepôts, de pavillons de vente, de restaurants, de bureaux, etcétéra, qui a même son propre bureau de poste. D'ailleurs, le marché est très bien placé pour les transports: il est à côté de l'Autoroute du Sud, il a son propre terminus de chemin de fer, et l'aéroport d'Orly est juste à côté.

Les pavillons sont groupés en "rues" et en "avenues" dont le nom fait allusion aux marchandises en question. Par exemple, dans le secteur de Rungis où on vend des fleurs, on trouve Avenue de la Côte d'Azur; du côté des légumes, il y a Avenue de Bretagne – sans doute à cause des artichauts de Bretagne; Avenue de Normandie se trouve dans le secteur "B.O.F." (beurre, oeufs et fromages); et Le Quai de Lorient traverse la section consacrée aux poissons.

La radio en France

Au cours des dernières années, de nombreux secteurs de la vie française ont été radicalement reformés – par exemple, l'enseignement et les média de masse. L'ancien ORTF (Office National de Radiodiffusion et de Télévision Françaises) n'existe plus; à sa place, on a créé trois "Sociétés Nationales", trois pour la télévision et la quatrième pour les chaînes de radio de l'Etat. Chaque Société a son propre style (comme les différentes chaînes de télévision en Grande-Bretagne) et produit ses propres programmes. Mais il y a une autre source d'émissions: une organisation séparée, "Société Française de Production" doit créer des émissions et des séries importantes et les vendre, ou bien à une chaîne française, ou à des chaînes étrangères. "Radio France" recouvre les diverses chaînes de radio d'Etat; chacune a sa spécialité – musique légère, documentaires, musique classique ou émissions culturelles. Il existe également des chaînes de radio commerciales. Les plus importantes sont: Europe Numéro Un (qu'on appelle souvent "Europe Un"),

RTL (Radio Luxembourg) et Radio Monte-Carlo. Ces chaînes "indépendantes" ou "commerciales" sont financées uniquement par la publicité; le plus souvent, ce sont des spots publicitaires directs, mais il y a aussi des jeux et des concours ou les prix sont offerts, par la Société X. En général on écoute les chaînes commerciales pour des émissions de musique légère ou pop, pour des émissions d'opinion publique – allant de l'orientation scolaire jusqu'à l'astrologie – pour l'humour . . . et pour les informations.

Exercices

1

Françoise has strong likes and dislikes. Stress the point this way:

Françoise adore *le camembert* – **Ce que** Françoise adore, **c'est** le camembert

1 Françoise déteste *faire la vaisselle.*
2 *Faire la cuisine* l'intéresse beaucoup plus.
3 Elle aime beaucoup *le vin blanc* . . .
4 . . . mais *le vin rouge* la rend malade.
5 Françoise n'aime pas *regarder la télévision.*
6 Elle préfère *écouter des disques.*
7 *La musique classique* la passionne . . .
8 . . . mais *la musique pop* la laisse froide.
9 Françoise n'aime pas beaucoup *les grandes villes.*
10 *La vie à la campagne* lui plaît davantage.
11 *L'absence de chauffage central* la gêne un peu . . .
12 . . . mais elle aime énormément *se promener dans la forêt.*

2

We've left the verbs out of this thank-you letter. You fill them in. You'll need to use:

aimer, avoir, aller, commencer, continuer, faire, passer, représenter, pouvoir, être, regarder, respirer, réviser, venir, travailler

(and some of the verbs will be used more than once)

Chère Clémentine,

Merci beaucoup pour l'invitation. J'aimerais beaucoup - - 1 - - le weekend chez toi, mais malheureusement je ne - - 2 - - pas - - 3 - - . Dans quinze jours, nous - - 4 - - changer d'appartement, et tu - - 5 - - imaginer le travail que ça - - 6 - -! Une semaine plus tard Georges doit - - 7 - - un nouveau travail – un nouveau bureau, de nouveaux collègues, tout! De mon côté, je - - 8 - - à - - 9 - - pour le bureau de tourisme, et nous - - 10 - - en train de - - 11 - - toutes nos brochures. Alors, tu vois que nous - - 12 - - beaucoup à - - 13 - - en ce moment. Mais peut-être le mois prochain? Après toutes ces activités, j'- - 14 - - beaucoup - - 15 - - deux ou trois jours chez toi à la campagne, - - 16 - - l'air, - - 17 - - la nature. Dis-moi si c'- - 18 - - possible.

A bientôt,

Valérie

3

You want to find out what sort of radio programmes people listen to, so you decide to do a little survey . . .

Vous	(ask him if he sometimes listens to the radio)
Lui	Oui, je l'écoute tout le temps à mon travail.
Vous	(which radio network does he listen to most often?)
Lui	Ça dépend: quelquefois France-Musique, quelquefois Europe Numéro 1.
Vous	(which network does he prefer?)
Lui	Quand j'ai envie d'écouter la musique classique, j'écoute France-Musique.
Vous	(ask him if he likes classical music. What sort?)
Lui	Oh, la musique romantique surtout.
Vous	(which are his favourite composers?)
Lui	Euh . . . Chopin, Schumann, Liszt . . .
Vous	(does he like Brahms?)
Lui	Ah oui, quand même.
Vous	(when does he listen to Europe Number 1?)
Lui	Ah, j'écoute Europe 1 pour la musique pop.
Vous	(does he listen to the news?)
Lui	Eh oui, c'est très important.
Vous	(ask if there's anything he doesn't like)
Lui	Ah oui! La publicité!
Vous	(is there a lot?)
Lui	A Europe 1 oui, mais à France-Musique il n'y en a pas.

4

You've lived in . . . let's call it Chouville for four years, when you have a visit from a reporter investigating the quality of rural life.

Vous	(greet the young lady)
Elle	Bonjour. Vous êtes de Chouville?
Vous	(no, you're from Cardiff)
Elle	Ah? Vous êtes en vacances?
Vous	(no, you live here)
Elle	Depuis combien de temps habitez-vous Chouville?
Vous	(you've been living in Chouville for about four years)
Elle	Et aimez-vous la vie à Chouville?
Vous	(more and more every day. First of all, it's very different)
Elle	Dans quel sens c'est différent?
Vous	(well, it's a small town, and people are very open)
Elle	Ah oui? Plus qu'à Cardiff?
Vous	(yes – it isn't at all the same way of life)
Elle	Qu'est-ce que vous aimez à Chouville?
Vous	(it's a small town, it's clean and it's quiet – and you have a lot of friends here)
Elle	Et est-ce qu'il y a des choses que vous n'aimez pas?
Vous	(well . . . there aren't many shops, and there isn't a cinema, but you aren't far from Dieppe, so that's all right)
Elle	Alors, en somme vous êtes satisfait(e) de la vie à Chouville?
Vous	To sum up, yes, you're very happy with life in Chouville)

5

You're out buying some fish. Business is quiet, and the fishmonger seems ready to chat . . .

Vous (you'd like some fish, please)
Lui Du poisson, oui. Qu'est-ce que je vous donne?
Vous (ask if he has any sole)
Lui De la sole, oui. Combien en voulez-vous?
Vous (it's for four people, please)
Lui Alors, quatre filets de sole. Voilà. Ça va?
Vous (that's fine, thanks)
Lui C'est tout?
Vous (yes, you think so . . . wait, what's that?)
Lui Ça? C'est de la rascasse.
Vous (what's rascasse?)
Lui C'est un poisson de la Méditerranée – on le met dans la bouillabaisse.

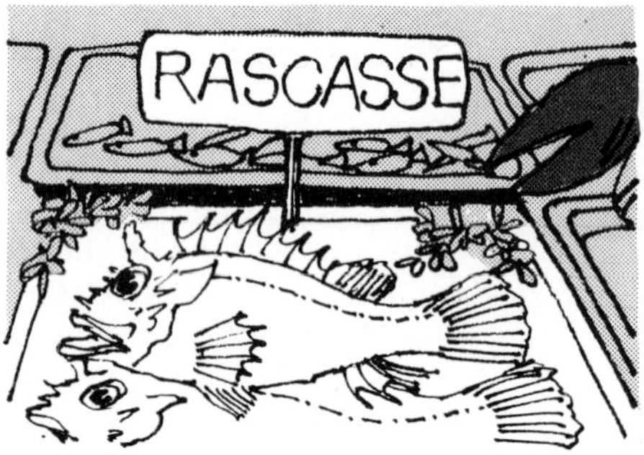

Vous (a fish from the Mediterranean – in Paris? How?)
Lui Oh, on vend du poisson de partout – de la Manche, de la Mer du Nord, de l'Atlantique . . .
Vous (where does he buy his fish?)
Lui Bon, on l'achète à Rungis.
Vous (Rungis? What's that?)
Lui C'est le grand marché au sud de Paris, tout près de l'aéroport d'Orly.
Vous (that's a long way from here, isn't it?)
Lui Bon, c'est pas tout près, mais il y a l'autoroute. Pour y aller, ça prend une demi-heure. A cinq heures du matin, il n'y a pas beaucoup de circulation.
Vous (he starts to work at 5 a.m.! When does he open the shop?)
Lui En général, on ouvre vers huit heures, quelquefois un peu avant.
Vous (does he sell a lot of fish?)
Lui En somme, on vend pas mal de poisson. Surtout le vendredi, évidemment.
Vous (why particularly on Fridays?)
Lui Eh bien, c'est la tradition de manger du poisson le vendredi. Au fond, c'est une tradition religieuse.
Vous (Oh yes, of course; ask if the shop's open every day)
Lui Tous les jours, oui, sauf le dimanche après-midi et le lundi.
Vous (and he stays open till when?)
Lui Le matin, jusqu'à midi et demi, une heure moins le quart, puis on ferme pour le déjeuner. A trois heures on recommence, et ça continue jusqu'à sept heures et demie à peu près.
Vous (that's a long day. Is he there all the time?)
Lui Ah non, quand même. J'ai trois assistants – comme ça tout le monde peut se reposer un peu!
Vous (good – well, thank him and say goodbye)
Lui Au revoir. A bientôt, j'espère.

5

Les Français et le français -1

The French talking about liaisons

Pronouncing the final letter of a word when the following word begins with a vowel is known as "faire la liaison". *Just when do you or don't you make the liaison in French? Grammar books disagree in many cases, so we decided to find out what some French people thought. And as you'll hear, there's a world of difference between what people think they say and what they actually do say.*

(n.b.: For the purposes of these texts, pronounced liaisons are shown thus: beaucoup aimé; no liaison thus: beaucoup | aimé)

1

This girl has a firm idea of what's right – only she doesn't quite live up to it . . .

Patrick	Mademoiselle, pouvez-vous nous lire cette phrase, s'il vous plaît? (*il lui donne une phrase écrite sur un morceau de papier*)
La jeune fille	Oui. Je n'ai pas beaucoup aimé ce film-là.
Patrick	Vous avez fait la liaison: je n'ai pas beaucoup aimé ce film-là.
La jeune fille	Oui.
Patrick	Pour quelle raison?
La jeune fille	Eh bien, à la fin de "beaucoup" il y a un *p* et le mot "aimé" commence par un | *a* – c'est-à-dire une voyelle – et en français on fait la liaison entre le *p* et la voyelle, donc: beaucoup aimé.
Patrick	Vous faites toujours la liaison?
La jeune fille	Oui, je pense.
Patrick	C'est incorrect de ne pas faire la liaison? De dire: "Je n'ai pas beaucoup | aimé ce film"?
La jeune fille	Dans le langage parlé, c'est assez | incorrect. Ce n'est pas | usuel – enfin, généralement, on fait la liaison.
Patrick	Vous la faites toujours?
La jeune fille	Toujours, oui.
Patrick	Avec un autre exemple, est-ce que vous dites: "Il n'est pas arrivé ce matin" ou "Il n'est pas | arrivé ce matin"?
La jeune fille	Je dis: "Il n'est pas | arrivé ce matin".
Patrick	Pour quelle raison?
La jeune fille	Toujours la même chose – pour le problème de liaison. On fait la liaison entre "pas" et "arrivé".
Patrick	Vous ne la faites pas là! Vous dites: "Il n'est pas | arrivé ce matin".
La jeune fille	Alors, là il y a un problème. "Il n'est pas | arrivé ce matin".

Patrick Donc, vous ne faites pas!
La jeune fille Donc, je ne fais pas la liaison. C'est exact.
Patrick Il est incorrect de la faire?
La jeune fille Oui, je pense qu'il est incorrect de la faire dans le langage courant. Enfin, les Français ne font pas la liaison. Grammaticalement, je pense que ce n'est pas incorrect, mais pour le parlé, on ne fait pas la liaison.
Patrick Encore un autre exemple: "des histoires intéressantes" ou "des histoires | intéressantes"?
La jeune fille "Des histoires | intéressantes".
Patrick Sans liaison?
La jeune fille Sans liaison. Et là je pense que c'est pour la . . . prononciation, pour la . . .l'intonation. Euh, "Des histoires intéressantes"? Il y a une intonation bizarre qui ne passe pas très bien.
Patrick Mais ce n'est pas incorrect de faire . . .
La jeune fille C'est pas incorrect, non.

le langage courant	*everyday language*
pour le parlé	*in spoken language*
qui ne passe pas très bien	*which doesn't sound quite right*

2

One woman made the distinction between normal conversation and 'reading-aloud style'.

Patrick Pouvez-vous me lire cette phrase, s'il vous plaît madame?
La femme "Je n'ai pas beaucoup | aimé ce film-là".
Patrick Vous avez dit: "Je n'ai pas beaucoup | aimé ce film-là". Vous n'avez pas fait la liaison entre "beaucoup aimé". Pour quelle raison?
La femme "Je n'ai pas beaucoup aimé ce film-là"? Pas très naturel.
Patrick C'est pas très naturel?
La femme Oui.
Patrick C'est incorrect en français de faire la liaison?
La femme Ah non, pas du tout! Au contraire, c'est plus correct. Mais je pense que naturellement je dirais: "Je n'ai pas beaucoup | aimé ce film-là". On arrête volontiers après le "beaucoup". "Je n'ai pas beaucoup | aimé ce film-là". On pourrait | également dire: "Je n'ai pas beaucoup aimé ce film-là". C'est plus lecture que conversation.
Patrick Que conversation?
La femme Oui.
Patrick Pour un autre exemple, est-ce que vous dites: "Il n'est pas arrivé ce matin" ou "Il n'est pas | arrivé ce matin"?
La femme "Il n'est pas arrivé ce matin".
Patrick Vous faites la liaison directement?
La femme Oui, oui.
Patrick C'est incorrect de ne pas faire la liaison?
La femme Oui, je pense. "Il n'est pas arrivé ce matin".
Patrick On doit toujours faire la liaison?
La femme Oui, absolument.
Patrick Encore un autre exemple. "Des histoires intéressantes" ou "Des histoires | intéressantes"?

La femme (*réfléchit*) "Ce sont des histoires intéressantes"? "Ce sont des histoires | intéressantes"? (*Soupirs*) Je dis généralement: "Des histoires intéressantes".

je dirais	*I'd say*
on arrête volontiers	*you stop automatically*
on pourrait également dire	*you could just as well say*
c'est plus lecture que conversation	*it's more like reading aloud than conversation*

3

According to this woman, liaisons are things you can overdo.

Solange Voulez-vous lire cette phrase, s'il vous plaît?
La femme "Je n'ai pas beaucoup | aimé ce film-là".
Solange Dites-moi, est-ce que l'on dit "Je n'ai pas beaucoup | aimé" ou "Je n'ai pas beaucoup aimé"?
La femme Moi, je dirais "Je n'ai pas beaucoup aimé" quand même. Mais il faut pas trop | accentuer les liaisons. C'est pas joli.
Solange C'est pas joli? Mais est-ce qu'il est correct de faire la liaison ou est-ce qu'il est correct de ne pas faire la liaison?
La femme Je crois qu'il est . . . enfin, que les deux sont corrects.
Solange Les deux sont corrects?
La femme En général. Je crois.
Solange Un autre exemple: "Il n'est pas | arrivé ce matin" ou "Il n'est pas arrivé ce matin"?
La femme La première est plus jolie, mais c'est personnel, hein. Dans certains cas il vaut mieux faire la liaison. C'est | une question d'habitude dans le langage. Dans d'autres cas, si on insiste trop, ça fait | un peu lourd.
Solange Oui. Et un autre exemple. On dit "Des histoires | intéressantes" ou "Des histoires intéressantes"?
La femme Oh, la seconde phrase n'est vraiment pas jolie!
Solange Mais on peut la dire quand même?
La femme Ah oui, oui. Oui.

il vaut mieux faire la liaison	*it's better to make the liaison*
si on insiste trop	*if you overdo it*
ça fait un peu lourd	*it sounds rather heavy*

Explications

Liaisons . . . dangereuses?

Many French words are pronounced differently, according to whether they are followed by a vowel or by a consonant. If you pronounce the final letter of a word before a vowel (but not before a consonant), you are making the liaison. The main sounds involved are *T* (for words ending *t* or *d*), *Z* (for words ending *s, x* or *z*), and *N* (after nasal vowels like *en, on* and *un*).

Many liaisons are compulsory (1) – and all French speakers make them, while some are absolutely forbidden (3) and nobody makes them. But there is an area in the middle where the liaison is optional and depends largely on style (2).

1
Liaisons you MUST make:

- Most of them occur in front of nouns which are preceded by:

articles: un ami (but un | garçon) les amis des amis aux amis

numbers: un oeuf deux ans trois oranges six enfants dix hommes

adjectives: mon ami nos amis vos amis leurs amis cet homme
ces hommes un grand homme un petit incident de grands amis

- Others occur before:

articles: sous un arbre dans un jardin

adjectives: un ancien ami deux autres livres très intéressant

pronouns: chez elle sans eux

Others focus on the verb:

when the subject is a pronoun:

nous avons vous écoutez ils ont elles étaient on a

when the object comes in front of the verb:

il les aime j'en ai elle les a vus

2
Liaisons you MAY make if you wish

Just how optional they are depends on the individual case; with some expressions it is more usual to make the liaison, but with others it sounds decidedly stuffy.

- It's *normal* to make the liaison (though lots of people don't):

in the perfect tense of verbs:

je suis allé vous avez acheté ils ont entendu

when a "-ment" adverb precedes an adjective:

c'est absolument impossible!

- In other cases, you might as well toss a coin to choose:

with verbs that introduce infinitives:

il doit aller *or* il doit | aller
il faut acheter *or* il faut | acheter

with pas, plus, beaucoup *or* jamais:

je n'ai plus écouté *or* je n'ai plus | écouté
je n'y suis jamais allé *or* je n'y suis jamais | allé
j'ai beaucoup aimé le film *or* j'ai beaucoup | aimé le film
pas encore *or* pas | encore

- And in some cases liaisons sound extremely formal:

between nouns and adjectives: des histoires intéressantes

after -er infinitives: il faut aller en ville (very stuffy with a liaison)

3
Liaisons you must NEVER make

NEVER make liaisons after *et*: un homme et | une femme

And NEVER make the liaison when a word starts with an "H-aspirate" (dictionaries show which words are involved):

le | haricot un | héros les | héros des | haricots

4
To sum up:

If you don't already make the liaisons you MUST make automatically, you soon will with practice. With those you MAY make if you wish, it's up to you. Bear in mind two points: the less formal the circumstances, the fewer liaisons people make; and the younger you are, the fewer liaisons you tend to make.

Revise and test your knowledge

We suggest you look back over the *Explications* in chapters 1–4.

1
All these sentences have mistakes in them. See if you can spot them – and supply the correct forms. To help you, we have put incorrect words in italics, and shown if a word is missing like this:★

1 Madame Baratin *a* âgée★ 45 ans. Elle *mesure* à peu près 65 kilos et *pèse* 1m50. C'est quelqu'un★ sympathique. Elle porte une veste *noir*, une robe *à* soie *de* carreaux et des bottes★ cuir.

2 Je ne prends *pas* jamais *mon* vacances au mois ★ février.
3 Je voudrais *de* vin rouge. – Oui, quel genre ★ vin préférez-vous? – *Celle*-ci.
4 Qu'est-ce qui ★ passe? – C'est la fête *de* 14 *de* juillet.
5 Un téléscope est un objet *en* forme *de* cylindrique, qui sert *de* voir *d'*objets distants.
6 Il n'y a *pas* rien ★ intéressant *sur* la télévision ce soir; alors on *allons* au cinéma.
7 L'Amazone est long ★ 5.500 km.
8 *Quel* maison habitez-vous? – *La* de gauche; *elle* qui est à côté est vide.
9 Odette vient ★ acheter une machine *de* laver la vaisselle. Elle *y va* mettre toutes les tasses *de* café et les verres *de* vin. Maintenant elle va avoir beaucoup moins ★ travail à la maison.
10 Ce *qui* j'aime *à* France, c'est la cuisine traditionnelle.
11 *Elle* m'arrive *à* aller au cinéma *quelques fois*. Normalement, je *le* vais tout ★ quinze jours à ★ près.
12 La tour est *haut* de 25 mètres.
13 Un décapsuleur est un objet *à* métal qui sert *d'*ouvrir les bouteilles de *vin*.
14 Georges n'a *pas* vu personne ★ intéressant au théâtre.
15 Pierre *est* 40 ans. Il a *des* cheveux blonds et ★ yeux gris. Il *est* 1m70 et il pèse environ 70 kilos. Il est habillé *des pantalons* gris *de* rayures; il porte aussi une veste *à* laine et une cravate *en* pois.
16 Il n'y a *pas* personne dans la rue; cela signifie ★ c'est dimanche.
17 Madame Baratin va *dans* Angleterre deux fois *pour* an. Elle aime *de* voir sa fille *que* vit à Londres.
18 La cheminée est *haut* ★ 10 mètres.
19 L'Italie est une péninsule *à* forme *à* botte.
20 *Quel* est la chaîne de radio *qui* vous écoutez ★ plus souvent?

2

Mark all the possible liaisons:

Nos amis vont arriver cet après-midi. Nous les aimons beaucoup, car ils sont extrêmement amusants et très aimables. Nous allons chez eux de temps en temps; ils ont une grande maison à la campagne. On part à dix heures du matin et on est là à l'heure du déjeuner. On y mange bien; tout est fait à la maison; et il y a des légumes excellents – surtout les haricots. En été on mange souvent dans le jardin: c'est idyllique!

6

Ils sont venus de loin

Talking about your past

We wanted to talk to people from French-speaking countries outside France to find out about their past, their countries of origin, and how and why they came to live in France.

1

Madame Josie Tys, who was born on the island of Réunion, in the Indian Ocean, tells Solange how she came to Reims and how she feels about French life.

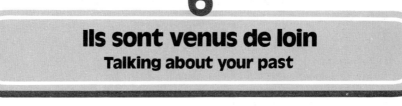

Josie Tys

Solange Mme Josie Tys, vous habitez Reims, mais vous êtes née à l'Ile de la Réunion, n'est-ce pas?

Josie Oui, je suis née à l'Ile de la Réunion.

Solange Et pourquoi êtes-vous venue en France?

Josie Je suis venue en France, d'abord pour faire des études supérieures, et ensuite je suis venue travailler et j'ai épousé un Français et j'y suis restée.

Solange De quoi vivent les gens là-bas?

Josie Essentiellement de la canne à sucre. Enfin, tout le monde vit autour de la canne à sucre.

Solange Il n'y a pas autre chose?

Josie Il n'y a pas autre chose. C'est une monoculture.

Solange Et pas d'industrie?

Josie Très peu, ou basée uniquement, enfin, autour de la canne à sucre.

Solange Il y a combien d'habitants?

Josie Vers les six cent mille.

Solange Et les gens sont de quelle race?

Josie C'est un mélange donc de races venues de partout: de France, de la métropole, pour être plus précise, euh, d'Afrique, de l'Inde, même de la Chine.

Solange Qu'est-ce qu'un Créole?

Josie Tous les Réunionnais ne sont pas d'accord, donc, sur cette définition. Enfin, pour moi, ce serait le mélange de toute cette population venue de l'extérieur.

Solange Et quelle langue parlent-ils?

Josie Alors la langue, enfin la langue officielle est le français, mais tout le monde parle le patois.

Solange Et quel patois c'est?

Josie C'est toujours un mélange de français et de mots étrangers. Alors, le patois réunionnais est essentiellement composé donc de mots français, de vieux français et des termes étrangers, indiens . . .

Solange Comment on dit: une femme, un enfant?

Josie Un femme.

Solange Et une jolie femme?

Josie Un gaillard femme.

Solange Et une belle maison?

Josie Un gaillard case.

Solange Tout est masculin?

Josie Presque tous les mots sont masculins, sauf trois: la tunnel, la sable, et la pic.

Solange Les seuls?

Josie Les seuls.

Solange Autrement, c'est: le femme, le maison, euh . . .

Josie Oui, mais ça enfin c'est plus l'article indéfini, hein, qu'on dit un femme, un case, mais tout est du masculin.

Solange Est-ce que vous préférez la vie à Reims ou à l'Ile de la Réunion?

Josie C'est difficile à dire. Difficile. Disons qu'à la Réunion, dans ma classe sociale, la vie est beaucoup plus facile qu'à Reims. On est gâté, on peut sortir, on n'a pas trop de problèmes matériels.

Solange Mais vous ne semblez pas pourtant vouloir y vivre?

Josie Pour d'autres raisons.

Solange Qui sont?

Josie Je prends un exemple. Je vais chez le médecin, j'arrive, je n'ai pas de rendez-vous; parce que je suis Mme Untel, je passe sans attendre mon tour. C'est trop facile. Voilà. Alors que mettons, une mère de famille arrive avec un enfant malade. Eh bien, elle doit attendre parce que elle a pas pu téléphoner, elle a pas de téléphone, elle a pas d'argent, et souvent c'est comme ça, partout.

des études supérieures	*higher education*
de quoi vivent les gens?	*how do people make a living?*
autre chose	*anything/something else*
ce serait	*it would be*
Mme Untel	*Mrs. So-and-So*
mettons	*let's say*

2

Madame Tys' niece, Madeleine, lives in Reims too, but she took the long way round to get there . . .

Solange Madeleine, vous habitez Reims, mais vous êtes Réunionnaise. Comment êtes-vous venue à Reims?

Madeleine Alors là, c'est vraiment une longue histoire. Effectivement, je suis née à l'Ile de la Réunion. Euh, à l'âge de trois mois je suis partie avec ma famille, d'abord en Angleterre, à Newcastle. Je suis repartie après à Nice où j'ai vécu jusqu'à l'âge de huit ans; j'ai grandi à Nice, enfin, pour ainsi dire. Je suis, par la suite, rentrée à la Réunion, jusqu'à l'âge de seize ans. J'ai fait quatre ans à l'Ile Maurice. Je suis revenue à la Réunion. Je suis revenue à Paris où je travaillais à Air France en tant qu' hôtesse de l'air, et je suis venue à Reims tout simplement parce que j'avais une tante qui habite Reims, qui est mariée à un Rémois, parce que je vais entreprendre des études "Secrétariat de Direction Bilingue".

Solange Madeleine, vous êtes très brune. De quelle race êtes-vous?

Madeleine Alors là, je suis vraiment très cosmopolite, étant donné que mon père est à moitié indien, de père indien et de mère créole, c'est-à-dire mélangé déjà, et ma mère est blanche, et moi j'ai suivi le côté paternel, très brune. Je suis sortie brune.

Solange Vous êtes créole?

Madeleine Oui.

Solange Qu'est-ce que ça veut dire, créole?

Madeleine Eh bien, là, les gens ne sont pas tout à fait d'accord sur cette définition, mais moi, personnellement, être créole, c'est être né dans une île, et tous les Réunionnais pour moi sont des créoles: de descendance indienne, de descendance française, de descendance chinoise ou pakistanaise. Pour moi le Réunionnais, du moment qu'il est né à la Réunion, c'est un créole. Donc je suis créole.

Madeleine

Solange Oui. Voyez-vous de grandes différences entre la vie à Reims et la vie à la Réunion?

Madeleine Oui et non.

Solange Alors, quelles sont les principales différences?

Madeleine Tout d'abord, au point de vue climat, c'est très différent. Je dois dire qu'à la Réunion on bénéficie d'un climat extraordinaire. Il fait toujours très beau, à part quand il y a des cyclones, évidemment, mais enfin c'est un climat très doux, très agréable, très plaisant. Il fait toujours beau. Mais où je ne vois aucune différence, c'est dans le genre de vie. C'est-à-dire, de par l'affluence des Français métropolitains qui sont venus à la Réunion, ils ont apporté leur mode de vie, et maintenant que je suis à Reims, je ne me sens pas, par exemple, dépaysée, parce que je trouve quand même que c'est le même mode de vie; on vit de la même façon.

pour ainsi dire	*so to speak*
par la suite	*after that*
en tant que	*as (in the capacity of)*
étant donné que	*given that*
du moment que	*providing*
de par	*by virtue of*
je ne me sens pas dépaysée	*I don't feel homesick*

3

Monsieur Bah came to Paris from Guinée in 1957 to find work. He chose France because his education had all been in French.

Monsieur Bah

Elisabeth	Monsieur Bah, vous habitez Paris, mais vous n'êtes pas Parisien.
M. Bah	Non, je ne suis pas Parisien, mais j'habite Paris, oui.
Elisabeth	Oui, et d'où venez-vous?
M. Bah	De la Guinée ex-française.
Elisabeth	C'est où exactement? Pouvez-vous me situer ce pays?
M. Bah	C'est en Afrique occidentale, oui.
Elisabeth	Et quand êtes-vous venu en France?
M. Bah	Je suis venu en France en 1957.
Elisabeth	Et pouvez-vous me dire pourquoi êtes-vous venu en France?
M. Bah	Je suis venu en France pour chercher du travail.
Elisabeth	Et pourquoi avez-vous choisi la France plutôt qu'un autre pays?
M. Bah	Parce que je parlais déjà la langue française, c'est pour cela.
Elisabeth	Le français est votre langue maternelle?
M. Bah	Non.
Elisabeth	Quelle est votre langue maternelle?
M. Bah	Le peul.
Elisabeth	Le peul?
M. Bah	Oui. Ça se parle presqu'un peu dans toute l'Afrique noire.
Elisabeth	Et où avez-vous appris le français?
M. Bah	A l'école française en Guinée.
Elisabeth	Oui, et avez-vous eu des problèmes en venant en France pour parler le français?
M. Bah	Pas du tout, non.
Elisabeth	Quelles sont les grandes différences entre la Guinée et la vie française?
M. Bah	Il se trouve qu'en France on ne prend pas beaucoup de temps. On est trop pressé du matin au soir. On court tout le temps. Tandis qu'en Guinée, le temps . . . ils prennent le temps de vivre. C'est-à-dire, il se lève le matin presque quand il a envie de se lever, il mange quand il a faim et il se promène tranquillement dans la rue. Il n'est pas bousculé.

c'est pour cela	*that's why*
ça se parle	*it's spoken*
en venant en France	*when you came to France*
il se trouve que . . .	*it's that . . .*
on ne prend pas beaucoup de temps	*people don't take much time over things*
ils prennent le temps de vivre	*they don't rush things*

Explications

1
The Past

The two tenses most frequently used in French to talk about the past are the *perfect* and the *imperfect*. Chapter seven concentrates on the imperfect; and in chapters eight and nine, we shall be dealing with the differences between the perfect and the imperfect.

The perfect tense corresponds roughly to the English 'I have seen/he has gone' and 'I saw/he went', depending on the context. To form the perfect, you always use the *past participle*.

For the past participle, remember these rules:

- when the infinitive ends in **-er**, the past participle ends in **é**: manger – **mangé**
- with verbs like fin**ir** in **i** – **fini**
- with verbs like vend**re** in **u** – **vendu**
- there are, of course, irregulars as well. A list can be found in the verb table pp. 207–209.

To form the perfect tense:

a With most verbs, **avoir** is used with the past participle:

j'**ai**	**épousé**
tu **as**	**habité**
il/elle/on **a**	**travaillé**
nous **avons**	**fait**
vous **avez**	**vécu**
ils/elles **ont**	**acheté**

b But **être** is used with a group of verbs fairly closely related to the idea of movement:

aller	*monter*	*retourner*
arriver	*mourir*	*sortir*
descendre	*naître*	*tomber*
devenir	*partir*	*venir*
entrer	*rester*	

and derived verbs, e.g. *revenir, rentrer . . .*

In the perfect tense of these verbs, the past participle agrees with the subject:

Jacques est parti
Madeleine est revenu**e** en France.
Les parents de Madeleine sont rentré**s** à la Réunion.
Madeleine et Josie sont resté**es** à Reims.

2
When to use the perfect

There are three main meanings.

- an action or an event that happened once:

Madeleine *est née* à l'Ile de la Réunion
Josie *a épousé* un Français

- an action or an event repeated a specific number of times, or during a precise period:

il *est allé* à Paris trois fois
il *est allé* à Paris plusieurs fois l'année dernière

- something that lasted for a specifically stated period of time:

il *est resté* au café pendant une demi-heure
elle *a habité* Reims de 1970 à 1974

3
Agreement in the Perfect Tense

The past participle of **être** verbs always agrees with the subject (see p. 59).

The past participle of **avoir** verbs *never* agrees with the subject but *does* agree with the direct object when a direct object pronoun comes in front of the verb. Compare these sentences:

elle **l**'a lav**é**	(son chien)		**le livre** que j'ai achet**é**
elle **l**'a lav**ée**	(sa voiture)	and . . .	**la voiture** que j'ai achet**ée**
il **les** a lav**és**	(les enfants)		**les timbres** que j'ai achet**és**
il **les** a choisi**es**	(les tartes)		**les cartes** que j'ai achet**ées**

n.b.: This agreement hardly ever alters the pronunciation of the past participle, except with those like *fait* (*faite*, etc.) and *mis* (*mise*, etc.)

Où est la tarte? – Je l'ai mis**e** dans la cuisine

4
Je ne me sens pas dépaysée

se sentir, se regarder, s'acheter are all reflexive verbs, easily recognised in a dictionary by the accompanying pronoun *se.* Reflexive means that the subject and the object of the verb are the same. For instance:

(Paul regarde Virginie)
Il **la** regarde
Il l'**a** regard**ée**

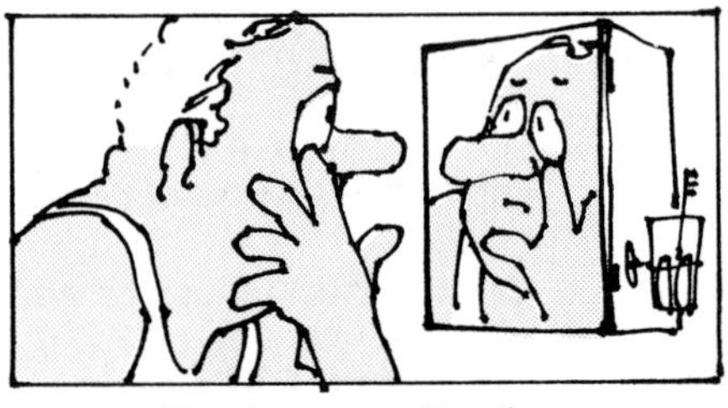

(Paul regarde Paul)
Il **se** regarde
Il **s'est** regard**é**

(Paul regarde Virginie et
Virginie regarde Paul)
Ils **se** regardent
Ils **se sont** regard**és**

(Paul achète un chapeau à Virginie)
Il **lui** achète un chapeau
Il lui **a** achet**é** un chapeau

(Paul achète un chapeau à Paul)
Il **s**'achète un chapeau
Il **s'est** achet**é** un chapeau

Informations

Créole

On utilise souvent le terme "créole" pour indiquer des personnes de sang mixte – le plus souvent dans des sociétés où le mélange ethnique caractérise toute la population, ou au moins une proportion importante. D'après Madeleine, "être créole, c'est être né dans une île". Ce n'est pas tout à fait exact, car il y a beaucoup d'îles où la population n'est pas mélangée. Tout de même, il est vrai que dans de nombreuses îles, comme la Réunion, le Madagascar, l'Ile Maurice (Mauritius) et les Antilles, on trouve des populations créoles.

Dans une société mixte comme la Réunion, des gens d'origine différente se recontrent tout le temps – et leurs différentes langues maternelles aussi. Pour pouvoir communiquer, on introduit petit à petit dans la langue des mots et des constructions prises dans d'autres langues. Normalement, il y a une langue qui domine le mélange – en général, la langue officielle. Voilà pourquoi "le patois" de la Réunion est une version créolisée du français. Si cette langue mélangée sert uniquement de langue auxiliaire (pour des situations commerciales, par exemple) on l'appelle une langue *pidgin*, mais à partir du moment où elle devient la langue principale ou la langue officielle de la société (ou d'une grande partie de la population) on l'appelle une *langue créole*.

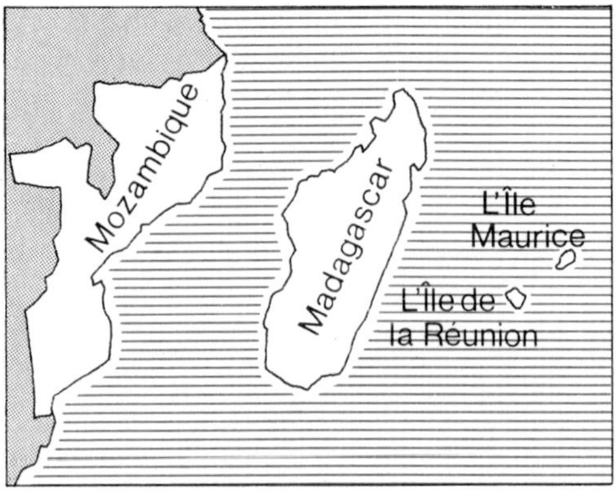

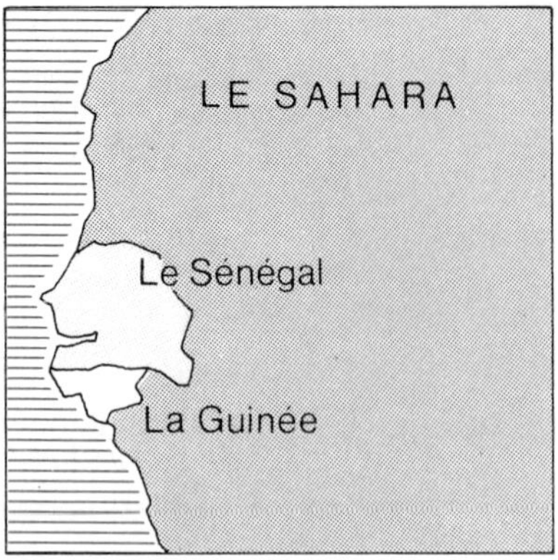

On trouve dans le monde d'innombrables exemples de langues créoles, par exemple à la Réunion, en Guyane, en Polynésie et aux Antilles: c'est d'ailleurs la langue créole (autrefois *krio*) des Antilles qui a donné son nom à toute cette catégorie de langues mixtes et, par extension, aux populations de race mixte. Si on compare une langue créole à la langue dominante – en général le français, l'espagnol ou l'anglais – on observe surtout une simplification de la grammaire. Par exemple, la langue créole de la Réunion a résolu le problème du genre en français . . . en abolissant le genre. Sauf, évidemment, les trois exceptions "la pic, la tunnel, la sable" qui, ironiquement, sont tous masculins en français . . . les langues sont des choses mystérieuses!

La métropole

Certains territoires français – l'Ile de la Réunion, la Martinique, la Guadeloupe et la Guyane française – sont administrés exactement comme s'ils faisaient partie géographiquement de la France. Ce sont, en effet, des départements français, qui ont des députés parlementaires à Paris. D'autres territoires (par exemple en Polynésie) ont une administration française plutôt différente, un peu comme des protectorats. Pour faire la distinction entre les territoires et les départements éloignés – "la France d'Outre-Mer" – et la France européenne, on appelle celle-ci "la France métropolitaine" ou "la métropole".

Exercices

1

You're compiling a guidebook to your village. Among the contributions is an item about a well known son of the village – but it's written in the present. You have to put it all into the perfect tense.

Il naît en 1870. Il passe son enfance dans la pauvreté. Le médecin du village est frappé par son intelligence et paie ses études à Paris. Il obtient des résultats brillants; quand il termine son service militaire, il entre au Ministère des Affaires Etrangères. En 1896, il part à Prague comme troisième secrétaire au consulat; il est consul à Pékin de 1900 à 1906; ensuite il va à Toronto. En 1911 il revient à Paris, où il se marie. Sa fille unique (plus tard elle a une carrière brillante au théâtre) naît en 1913. Au cours de la première guerre, il montre beaucoup de courage; en 1918, on le décore de la croix de guerre. Il se présente comme candidat aux élections – sa femme aussi, et en 1921, ils deviennent députés. Neuf ans plus tard, ils décident de quitter la vie politique et s'installent au village. Ils y vivent tranquillement: il crée un jardin magnifique et sa femme s'occupe des enfants pauvres. Elle meurt en 1937; il meurt deux ans plus tard.

Start: *"Il est né en 1870 . . ."*

2

A small publishing house has advertised for an assistant manager. Three people have applied; here are their details:

Marcel Congré: né Nancy, 1940; Lycée Stanislas, Nancy, Baccalauréat classique, 1958; étudie le grec ancien, Université de Nancy, 1959–1963; professeur au lycée, 1964–1969; en 1969, quitte l'enseignement et ouvre librairie d'avant-garde (fermée en 1975); actuellement sans travail.

Juliette Leleu: née Montauban, 1925; Baccalauréat langues modernes, 1943; étudie l'anglais, Université de Toulouse, 1943–1947; 1947–1950, professeur de français, Leeds et Glasgow; 1950–1960, traductrice technique, grande société, Paris; 1960– lectrice et traductrice, maison d'éditions, Paris.

Henri Savelli: né 1934, Alger; Baccalauréat mathématiques, 1952; étudie sciences économiques, 1952–1956; 1956–1961, comptable dans firme de son père; 1961–1970, employé dans banque parisienne; 1970– service des finances de l'hôpital de Reims.

When interviewed, how does each candidate answer the question:

"Voulez-vous nous raconter votre vie?"
(e.g. Je suis né à Nancy en 1940 . . . .)

3

Madame Baratin wants to know all about your night out . . . (When you mean 'we', use **on**)

Mme Baratin	Bonjour. Ça va?
Vous	(yes thanks – things are fine)
Mme Baratin	Vous avez passé une bonne soirée hier?
Vous	(euh . . . yes, thanks – how does she know you went out?)
Mme Baratin	Je vous ai entendu(e) rentrer; c'était bien tard!
Vous	(you hope you didn't disturb her – it was rather late)
Mme Baratin	Mais non, je ne dormais pas, je lisais. Ça s'est bien passé?
Vous	(things went very well – does she know your friend Véronique?)
Mme Baratin	La petite rousse?
Vous	(that's it – well, she and your brother have got engaged and you (*on*) celebrated that last night)
Mme Baratin	C'est gentil, ça! Qu'est-ce que vous avez fait?
Vous	(you had dinner together at "la Salamandre" – does she know it?)
Mme Baratin	Non, pas du tout. C'est bien?
Vous	(very – you had mixed hors d'oeuvres, coq au vin, a dessert and some coffee)

Mme Baratin	Ils ont de bons vins?
Vous	(you drank a very good Muscadet and an excellent Vosne-Romanée – and with the dessert, your brother ordered champagne)
Mme Baratin	En effet, un excellent repas. Mais ça a dû coûter une fortune!
Vous	(not really – with the wines, for four people, the meal cost 300 francs)
Mme Baratin	Oui, c'est assez raisonnable. Alors, vous avez passé la soirée au restaurant?
Vous	(oh no, you went to the Métropole and you danced till midnight)
Mme Baratin	Ah oui? C'est un endroit très élégant.
Vous	(you have always liked it – there's a good atmosphere)
Mme Baratin	Puis vous êtes rentré(e)?
Vous	(no, Véronique invited everybody to her place. She made coffee and you listened to records and talked. Then you came home at about 3 a.m.)
Mme Baratin	Une belle soirée! Et qu'est que vous allez faire aujourd'hui?
Vous	(sleep!)

4

The famous actress Fifine Gâteau is visiting Chouville. She has quite a heavy programme:

lundi soir:		arriver à Chouville 10h30 s'installer Hôtel des Ducs
mardi:	7h30	se lever prendre petit déjeuner dans chambre
	9h00	recevoir journalistes
	10h00	chauffeur arrive
	10h30	visiter école maternelle
	11h30	inaugurer nouveau supermarché signer nombreux autographes
	12h30	assister à réception à la Mairie déjeuner avec Maire
	15h00	partir faire quelques courses en ville
	une heure plus tard	distribuer prix lycée
	17h30	revenir à l'hôtel; se reposer un peu
	19h00	journaliste l'interviewe pour télévision locale
	21h00	participer spectacle de gala, théâtre municipal
	23h30	terminer soirée avec amis, petit restaurant discret
mercredi:	9h00	se lever
	10h30	partir pour aéroport prendre avion de 11h30 pour vacances au Maroc

Write the article that appeared on Thursday in the local paper *Les Informations de Chouville*, starting:

"Lundi soir, à dix heures et demie, l'actrice célèbre Fifine Gâteau est arrivée à Chouville . . ."

7

Qu'est-ce qu'elle a dit?

More about the past

1

How do you report what someone else said? Solange first asked a girl to describe Alan Wilding (see photo on page 20). Then she asked her friend to report the description:

Solange	Vous avez écouté la description donnée par la jeune fille. Qu'est-ce qu'elle a dit?
La jeune fille	Elle a dit qu'il mesurait environ 1m78; euh, qu'il devait peser environ 70 kilos; qu'il était habillé d'un jean bleu marine avec des bottes; qu'il portait une veste en lainage bleu marine ainsi qu'une chemise blanche et bleue à carreaux; un pull en . . . bleu marine en V, col en V; elle a dit également qu'il avait les cheveux blonds et des yeux bleus.
Solange	Elle a parlé de son âge, de sa taille, de . . .?
La jeune fille	Euh oui, elle a parlé de sa taille et de son âge. Elle a dit qu'il avait environ trente-huit ans.
Solange	Vous trouvez aussi qu'il a trente-huit ans?
La jeune fille	Oh non, moi, je lui donnerais plutôt dans les trente ans.
Solange	Et qu'est-ce qu'elle a dit, qu'il paraissait anglais?
La jeune fille	Oui, elle a dit qu'il ne choquait pas du tout en Angleterre ni en France.
Solange	Et vous, qu'est-ce que vous en pensez?
La jeune fille	Non, moi, je trouve qu'il ne paraît pas anglais. Moi, je trouve qu'il fait plutôt français qu'anglais.
Solange	Ah bon, pourquoi?
La jeune fille	Je trouve qu'il est plus élégant que les Anglais; on a l'habitude de voir énormément d'Anglais dans nos bureaux, ils sont toujours très mal coiffés, assez mal habillés également; je trouve qu'il fait beaucoup plus élégant.

il devait peser	*he probably weighed*
un col en V	*a V-neck*
je lui donnerais plutôt dans les trente ans	*I'd say he was nearer 30*
il ne choquait pas	*he didn't look out of place*
il fait plutôt français qu'anglais	*he looks more French than English*
ils sont toujours très mal coiffés	*they've always got very untidy hair*

2

Of course, 'passing on the message' isn't limited to reporting what other people say. You may want to talk about your own past experiences. We asked people to tell us about their dreams.

This girl seems to have an unconscious thing about insects . . .

Solange	Avez-vous rêvé hier soir?
La jeune fille	Hier soir, non. Je n'ai pas rêvé.

Solange	Vous arrive-t-il de rêver quelquefois?
La jeune fille	Oui. Ça dépend de ce qui s'est passé dans la journée.
Solange	Et vous souvenez-vous d'un rêve qui vous a particulièrement frappée?
La jeune fille	Oui, il y a quelques jours, effectivement, j'ai . . . un rêve . . . euh . . . dont je me souviens puisque il s'est répété deux fois de suite. Toute la nuit j'ai vu des scorpions tout autour, euh, il y en a un au-dessus de moi qui me narguait et il y en avait plein mon lit, il y en avait plein la pièce, j'arrivais pas à m'en défaire, j'essayais de me réveiller mais malgré tout, je retombais toujours dans ce cauchemar, puisque c'est pas un rêve, c'était plutôt un cauchemar.
Solange	Est-ce que les scorpions vous ont piquée?
La jeune fille	Non, mais malgré tout, euh . . . dans la nuit je me plaignais de mon pouce, et je voyais quelque chose dedans. Je n'arrivais pas à le retirer, je sais pas, mais, je sais pas expliquer . . . enfin il y en avait un qui était juste devant mes yeux, qui était plus gros que les autres et qui me narguait.
Solange	Est-ce que vous avez toujours eu peur des insectes?
La jeune fille	Ça dépend de quels insectes, mais effectivement, je suis pas très courageuse.

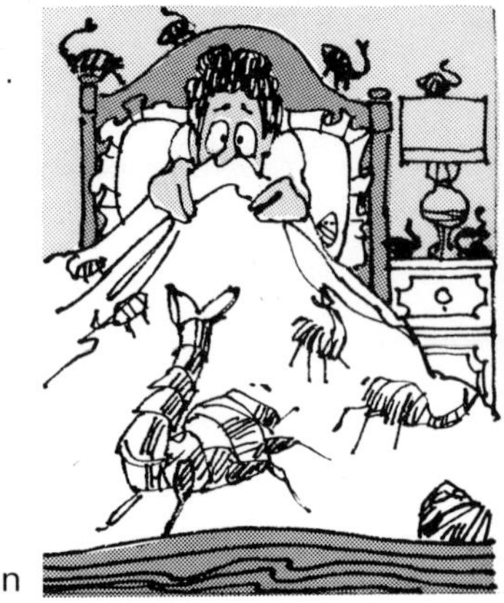

il s'est répété deux fois de suite	*I had it twice in a row*
tout autour	*all around*
il y en avait plein mon lit	*my bed was full of them*
j'arrivais pas à m'en défaire	*I couldn't get rid of them*
je n'arrivais pas à retirer	*I couldn't get it out*

3

The second dream was slightly less dramatic, but it still rates as a nightmare . .

Solange	Vous arrive-t-il de rêver quelquefois?
La jeune fille	Oui, très souvent, presque toutes les nuits.
Solange	Et hier soir, avez-vous rêvé, cette nuit?
La jeune fille	Oui, cette nuit, j'ai fait un rêve.
Solange	Vous pourriez me le raconter?
La jeune fille	Oui, euh, je pense que c'était plutôt un cauchemar. J'étais dans une maison où il y avait de nombreuses personnes et, euh, j'étais une femme de trente ans, c'est-à-dire que j'avais une

dizaine d'années de plus qu'aujourd'hui, or, j'avais mes habits de petite fille d'une dizaine d'années, et je portais de grandes chaussettes de laine, une petite jupe courte, j'avais des nattes, et bien sûr, toutes les personnes qui se trouvaient en face de moi se moquaient de moi, et j'étais très honteuse – j'avais très peur de leur réaction. Je voulais leur parler, leur expliquer, mais je parlais comme un bébé, je ne pouvais pas me faire comprendre d'eux; je les comprenais, mais eux ne pouvaient pas savoir ce que je pensais.

Solange Est-ce que vous voyez une signification dans votre vie?

La jeune fille Oui, je pense que c'est la peur de vieillir, de ne plus être une enfant protégée, de prendre des responsabilités, sans savoir qu'on peut être soutenu par des parents ou par des amis.

cette nuit	*last night*
j'ai fait un rêve	*I had a dream*
toutes les personnes qui se trouvaient en face de moi	*all the people in front of me*
je ne pouvais pas me faire comprendre d'eux	*I couldn't get them to understand me*

Explications

1
The Past

a *The imperfect tense*

The imperfect tense (*j'étais, elle chantait*, etc.) is often explained in terms of 'was going', 'used to sing', and so on, which is a useful aide-mémoire.

To form the imperfect: take the *nous* form of the present and remove the *-ons* ending. This gives you the **stem**:

(There is only one exception: *être* – the stem is **ét-**: **j'étais, nous étions**, etc.)

Then add the **endings**:

Infinitive	*Nous*		*Stem – Ending*
boire	**buv**ons	je	buv – **ais**
connaître	**connaiss**ons	tu	connaiss – **ais**
croire	**croy**ons	il/elle/on	croy – **ait**
dire	**dis**ons	nous	dis – **ions**
écrire	**écriv**ons	vous	écriv – **iez**
prendre	**pren**ons	ils/elles	pren – **aient**

b *When to use the imperfect*

- for general descriptions:

j'**étais** dans une maison où il y **avait** de nombreuses personnes.

- to express general past feelings, actions and states of affairs:

j'**étais** très honteuse – j'**avais** très peur de leur réaction.

● to describe actions that were repeated, but we don't know how often or exactly when:

je **retombais** toujours dans ce cauchemar.

● to set the scene:

C'**était** minuit. Il **pleuvait**. Tout **était** silencieux . . . (building up to 'Suddenly, a scream rang out' in the perfect tense)

● in past reported speech, the imperfect is compulsory.

2

Elle a dit que . . .

Just how you repeat or report what someone else says depends on when everything happens:

a The link word is always **que** and it is NEVER omitted

b You aren't limited to *dire*. Other 'verbs of saying' include *annoncer, croire, déclarer, décider, estimer, penser, savoir, trouver* . . .

c When you report something that was said in the past, the original verb has to change its tense. Any verb in the present goes into the imperfect, so:

"Paul *habite* Reims"		que Paul **habitait** Reims
"Paul *va* travailler"	**Elle a dit**	que Paul **allait** travailler
"Il *faut* partir"		qu'il **fallait** partir

d To keep the meaning, some other words will have to change too, as in English:

She says: "*je vais* partir avec *mon* fils"
and you report: elle a dit qu'**elle allait** partir avec **son** fils

Or she says: "*vous devez* voir *mon* dentiste"
and you report: elle a dit que **je devais** voir **son** dentiste

e When the report is in the past, some expressions of time have to be changed too:

hier	becomes	la veille/le jour précédent
aujourd'hui		ce jour-là/le jour même
demain		le lendemain/le jour suivant
la semaine prochaine		la semaine suivante

3

Ils se moquaient de moi

When pronouns like "me" and "them" come after prepositions (e.g. *avec, chez,* etc.), use these pronouns:

je –	**moi**	nous –	**nous**
tu –	**toi**	vous –	**vous**
il –	**lui**	ils –	**eux**
elle –	**elle**	elles –	**elles**

Je pars **avec toi** Nous sommes partis **après lui**
Vous allez **chez eux?** Voulez-vous danser **avec moi**?

You also use these pronouns to stress the point; for instance, to say '**I** know the answer': **Moi**, je sais la réponse

Use them in one-word answers, like:

Qui est là? – **Moi/ lui/ eux!**

Informations

Les rêves

Autrefois, on croyait que les rêves étaient des prédictions de l'avenir: certains rêves portaient bonheur, d'autres annonçaient des catastrophes. Mais les recherches en psychologie et en psychanalyse ont changé tout cela. Nous savons maintenant que les rêves révèlent surtout notre personnalité et nos préoccupations. Nous savons également que tout le monde fait plusieurs rêves chaque nuit: c'est une façon de libérer les tensions de la journée. Mais les rêves ont aussi un côté fantastique et irrationnel: voilà ce qui a attiré l'attention des Surréalistes (par exemple, Magritte, Dalí et André Breton): des rêves ont inspiré un grand nombre de leurs tableaux et de leurs poèmes.

La femme de trente ans

D'abord, on est "petite fille" ou "fillette" jusqu'à l'âge de onze ou douze ans. Ensuite, on est "jeune fille", puis aux environs de vingt ans on devient "jeune femme" – et on le reste le plus longtemps possible. Ensuite il y a "la femme de trente ans" – qui peut être âgée de vingt-cinq à quarante ans, car selon la tradition, trente ans, c'est le bel âge pour une femme: on est toujours jeune, mais on a perdu la gaucherie de l'adolescence et on a acquis une certaine maturité.

Exercices

1

Pass on the information, like this:
La radio a dit: "Il fait froid dans les Alpes"
– La radio a dit **qu**'il **faisait** froid dans les Alpes.

1 Jacques a dit: "Je n'ai pas envie d'aller au travail demain".
2 Simone a annoncé: "Je dois partir parce que mon mari m'attend".
3 Mme Baratin a déclaré: "Il y a de plus en plus d'augmentations de prix; je ne peux plus vivre comme l'année dernière".
4 Le journaliste a pensé: "Je dois préparer mes questions avec soin, parce que le ministre va probablement essayer de cacher la vérité".
5 Solange a affirmé: "J'ai l'intention de partir demain pour la campagne. Mon mari va me rejoindre samedi, et nous allons continuer les vacances ensemble".
6 Georges a expliqué: "Ma femme ne m'accompagne pas à la piscine parce qu'elle ne sait pas nager".
7 La vendeuse a dit: "Je suis vraiment désolée, mais j'ai vendu mon dernier limonadier hier".
8 Pierre a admis: "Je ne suis jamais allé en Suisse parce que je préfère la mer".
9 Eva m'a dit: "J'ai vu Jean en ville hier; il était avec Marie".
10 Victor s'est rappelé: "J'ai oublié l'adresse des Duval et je vais la demander à ma secrétaire".

2

How would you talk about living in Chouville . . .
e.g. . . . quand vous étiez enfant:

J'habitais Chouville quand j'étais enfant

n.b.: You'll need to choose the *present*, *perfect*, or *imperfect* tense of **habiter**, depending on the context.

1 pendant dix ans
2 depuis dix ans
3 de 1960 à 1965
4 autrefois
5 au moment de votre mariage
6 pour le moment
7 l'été dernier, pendant deux mois
8 quand ils ont construit la nouvelle autoroute
9 quand c'était encore une petite ville
10 toute votre vie

3

The laundry returned two shirts too few – so you call in with the parcel.

Vous (greet the young girl behind the counter)
Elle Bonjour. Vous voulez laisser du linge?
Vous (no. There's a problem. They've already done your washing. But you left eight shirts, and when you opened the parcel there were only six)

Elle	Ça alors, c'est embêtant. Vous avez toujours la liste?
Vous	(yes, here's the list)
Elle	En effet, il manque deux chemises. Vous pourriez me les décrire?
Vous	(one shirt was white with blue stripes. The other was green with blue spots)
Elle	Au moins on va les reconnaître facilement! Je vais chercher tout de suite. Vous pouvez attendre?
Vous	(excuse yourself, but you're in a great hurry)
Elle	Alors, je peux vous téléphoner? Vous avez le téléphone?
Vous	(yes: 207.13.70)
Elle	Merci.
Vous	(but if she doesn't find your shirts?)
Elle	Dans ce cas-là, évidemment, nous allons remplacer les chemises.
Vous	(that's fine. Thanks and goodbye)
Elle	C'est moi qui vous remercie. Au revoir.

4

You're staying with friends and you've come down to breakfast on the first morning, looking rather bleary-eyed. Your hostess notices . . .

Vous	(say good morning to everyone)
Elle	Bonjour. Vous avez bien dormi?
Vous	(yes thanks, very well)
Elle	Vous êtes sûr(e)? Vous avez l'air un peu fatigué(e).
Vous	(well, you had a nightmare)
Elle	Ah oui? Vous pourriez me le raconter?
Vous	(you were in the desert, you were dressed in an overcoat; it was very hot and you had two enormous suitcases)
Elle	Zut! J'ai sans doute oublié de fermer le chauffage central.
Vous	(then the suitcases were open, and they were full of big blue flowers)
Elle	C'est poétique. Vous voulez du café?
Vous	(yes please – and the flowers were talking; the biggest one was reciting a poem by La Fontaine and another one was talking Greek)
Elle	Combien de morceaux de sucre dans votre café?
Vous	(four please – you don't speak Greek, but you knew it really was Greek – it's like that in dreams)
Elle	C'est bien vrai. Un croissant?
Vous	(thanks – then it wasn't the desert any more – you don't know how, but you were in a train. Everyone was drinking champagne and a man was playing the piano)
Elle	Curieux. Vous voulez me passer le beurre?
Vous	(here it is. Then there was a little boy who was selling newspapers, but you were looking at a staircase. You went up – you could hear the sound of water. It was a big bedroom and the little boy explained that it was her house *i.e. your hostess's*)
Elle	Ah? Vous rêvez de moi maintenant? Qu'est-ce que je faisais?
Vous	(she wasn't doing anything – she wasn't there – but there was a swimming pool in the bedroom and people were swimming there)
Elle	Décidément! Qu'est-ce que tout ça signifie, d'après vous?
Vous	(well, maybe yesterday's journey. And maybe it was raining. But you don't know)
Elle	C'est drôle. Encore du café?

8

J'en ai marre!

How to let off steam

1

What do French people say when they lose their temper? Monsieur Bonnot believes in a fair deal for a fair price. When the goods don't come up to scratch, he doesn't take things lying down . . .

Patrick	Est-ce que cela vous arrive de vous fâcher?
M. Bonnot	Assez souvent, assez souvent.
Patrick	Ça vous est déjà arrivé de vous fâcher avec un commerçant, par exemple?
M. Bonnot	Oui. Je me fâche assez facilement parce que je dirais que je suis difficile. Je veux bien payer, mais je veux la qualité.
Patrick	Racontez-nous, alors.
M. Bonnot	Par exemple, un jour je vais chez un photographe acheter une pellicule pour mon appareil de photo. Je rentre chez moi, je suis pour mettre la pellicule dans l'appareil, et avant de décacheter je m'aperçois que la date était passée. C'est-à-dire que, en principe, cette pellicule n'était plus valable. Le soir même, ou le lendemain, je vais chez le commerçant, et je lui dis: ''Voilà, je voudrais une pellicule, telle marque, etcétéra, parce que j'ai acheté cette pellicule-là que je vous présente, et elle n'est plus valable, elle est périmée, la date est passée''. La dame, très gentiment d'ailleurs, s'indigne, elle me dit: ''Comment! Ça n'est pas possible, un commerçant honnête qui vous vend une pellicule qui n'est plus valable!'' Ah, j'ai dit: ''Madame, si je vous disais que c'est chez vous que j'ai acheté la pellicule, ça vous étonnerait, et pourtant, c'est cela''. Alors, aussitôt elle change complètement d'attitude et elle me dit: ''Monsieur, bien sûr, cette pellicule, elle est peut-être un peu périmée de deux ou trois mois, mais enfin, vous savez, elles sont bonnes encore longtemps, les pellicules''. Je lui dis: ''Madame, excusez-moi, mais s'il y a une date, on ne peut pas l'utiliser après cette date''. La conversation ne s'envenime pas, surtout qu'il y avait beaucoup de monde dans le . . . chez le commerçant. Et évidemment, ça lui faisait pas beaucoup de publicité d'entendre un client protester. Alors, aussitôt elle m'a pris la pellicule, et elle me l'a changée, et je suis parti . . . content. Mais elle, pas trop, parce que les gens avaient entendu ma protestation.
Patrick	Elle vous a échangé la pellicule?
M. Bonnot	Elle me l'a échangée, bien sûr.
Patrick	Vous êtes retourné chez ce commerçant?
M. Bonnot	Jamais!

je dirais que je suis difficile	*I'd say I'm hard to please*
je veux bien payer	*I'm quite willing to pay*

je suis pour mettre	*I'm on the point of putting*
ça vous étonnerait	*it would surprise you*
ça lui faisait pas beaucoup de publicité	*it wasn't too good for her reputation*
mais elle, pas trop	*but she wasn't too pleased*

2

Madame Beauchart gets fed up with the little stresses of family life, but it doesn't sound as if the situation is really too dramatic . . .

Solange Mme Beauchart, est-ce qu'il vous arrive de vous mettre en colère en famille?

Mme Beauchart Ah oui! Sûrement que ça m'arrive. Dernièrement, mes fils voulaient regarder un film, un film en couleur. Et peu de temps avant, ma mère voulait, elle aussi, regarder quelque chose à la télévision. Donc c'est elle la première qui a branché la télé, qui a allumé la télé. Pas de télévision, pas de son, pas de lumière! Donc, ma mère s'affole, m'appelle: "Jeanine, ta télévision ne marche pas!" "Ah bon, j'arrive, j'arrive". Je descends donc, je regarde à la télévision. Ah, effectivement, la télévision ne marchait pas. Je regarde au fil derrière, donc ce fil était débranché. Je lui dis: "Tu as tiré la télévision, voilà pourquoi que la télévision ne marche pas; tu as tiré trop fort et le fil est débranché". (*La mère répond*:) "Ah non, ah non, j'ai pas tiré la télévision, c'est la chienne qui passe sous le fil et qui tire le fil et ça l'abîme". La dispute s'est envenimée. J'ai dit: "Eh bien, écoute, tu sais, j'en ai marre, je ne vais pas passer ma vie à me bagarrer avec toi. Dès demain, je vais à la Ville te demander un logement. Ça suffit comme ça. Voilà, j'en ai assez!"

Solange Mais votre mère vit avec vous?

Mme Beauchart Oui, Maman vit avec moi. Elle ne revient que le soir. Alors, c'est continuellement des bagarres parce que c'est mes fils qui sont quelquefois insupportables, Maman qui ne les supporte pas; moi, ça m'énerve, ça fait que c'est toujours la bagarre à la maison.

se mettre en colère	*to lose your temper*
j'arrive!	*I'm coming!*
la dispute s'est envenimée	*the row got heated*
j'en ai marre	*I'm fed up* (see p. 76)
dès demain	*first thing tomorrow*
je vais à la Ville te demander un logement	*I'm going to the Town Hall to ask them to find you a council flat*
j'en ai assez	*I've had enough*

3

Solange met a woman who flew off the handle when a bus conductor was rude to some foreign students. Most of the time, though, she lets off steam quickly with a good old traditional swear-word.

Solange Est-ce qu'il vous arrive de vous mettre en colère?

La femme Rarement, mais ça m'est arrivé quand même, oui.

Solange Vous vous souvenez d'une colère violente?

La femme	Oui, je me souviens d'une colère qui m'est arrivée il y a quelques années – je devais être lycéenne. C'était dans un autobus de Reims. Un contrôleur envoyait bouillir de jeunes étudiantes étrangères. Elles demandaient leur itinéraire, je crois, parce qu'elles ne connaissaient pas la ville, bien sûr, et au lieu de les aider, il les insultait en leur disant: "Oui, on a autre chose à faire que s'occuper des étrangers, on a assez de problèmes!" Je trouvais ça très impoli, très incorrect. Il donnait un visage de la France – ou de Reims du moins – qui n'était pas très agréable, et je lui ai dit: "Vous pourriez être plus poli, monsieur". Alors, lui s'est vexé et puis il m'a traitée de polygotte à la manque. Puis finalement il s'est tu, et moi, j'ai expliqué aux étrangères plus ou moins l'itinéraire qu'elles avaient à suivre pour se retrouver dans la ville. Voilà.
Solange	Quels sont les jurons que vous employez?
La femme	Oh, je n'oserais pas les dire! . . . On peut?
Solange	Je ne sais pas, moi.
La femme	Ben, le mot français bien connu!
Solange	Merde?
La femme	Voilà! Merde. (*rires*) J'emploie souvent quand j'ai une petite colère, mais je vous dis, c'est très court, hein? Un petit "merde" et puis c'est fini. Je suis calmée.
Solange	Ça vous soulage?
La femme	Exactement, mais je crois que ça soulage beaucoup de gens.

je devais être lycéenne	*I must have been a schoolgirl*
envoyait bouillir	*told them to jump in a lake*
il donnait un visage de Reims	*he was giving Reims an image*
à la manque	*half-baked*
il s'est tu	*he shut up*
l'itinéraire qu'elles avaient à suivre	*the route they had to take*
pour se retrouver dans la ville	*to get back to town*
je n'oserais pas les dire	*I wouldn't dare say them*

4

The secretary Elisabeth met has endless problems with the telephone, but she doesn't let her frustrations build up, thanks to a rich and varied vocabulary . . .

Elisabeth	Est-ce que ça vous arrive, mademoiselle, de vous mettre en colère parfois?
La secrétaire	Ah oui, ça m'arrive très souvent, surtout dans mon métier parce qu'il y a une chose qui ne marche pas en France, c'est le téléphone. Et vous êtes en colère dans votre travail six heures sur sept.
Elisabeth	Pouvez-vous nous donner un exemple?
La secrétaire	Oui, tout à fait. La semaine dernière, par exemple, j'ai essayé de téléphoner en province à plusieurs reprises. Alors, j'ai eu une fois la police à Paris, une autre fois j'ai eu les pompiers, une fois j'ai eu un hôpital mais j'ai jamais pu obtenir mon correspondant. Le téléphone ne marche pas et vous pouvez y passer des heures à hurler, à crier après l'opératrice, vous l'insultez, vous la traitez de tous les noms, mais vous n'obtenez jamais votre numéro.

Elisabeth Etes-vous correcte quand vous vous mettez en colère?

La secrétaire Jamais.

Elisabeth C'est-à-dire?

La secrétaire Ben, je suis très grossière, et puis je traite l'opératrice ou la personne de tous les noms. C'est pas de sa faute, mais c'est comme ça.

Elisabeth Quels sont les mots que vous avez utilisés lorsque vous avez eu la gendarmerie?

La secrétaire Eh bien, d'abord j'ai dit "merde!" "Merde!" comme tout Français qui se respecte dit. J'ai pensé que ça ne pouvait plus durer et puis finalement je leur ai raccroché au nez. C'est bien fait pour eux, c'est pas de leur faute, mais tant pis. Parce que quand vous essayez de téléphoner à un numéro pendant deux heures et que vous ne l'obtenez pas, vous êtes dans un état très nerveux, avancé même.

Elisabeth Et pourquoi avez-vous raccroché?

La secrétaire Parce que j'ai eu peur de leur réaction finalement. Alors, j'ai raccroché, j'étais un petit peu lâche.

Elisabeth En deux mots, vous étiez vraiment excédée.

La secrétaire Absolument!

six heures sur sept	*six hours out of seven*
à plusieurs reprises	*several times*
j'ai jamais pu obtenir mon correspondant	*I could never get through to the person I was calling*
crier après l'opératrice	*shouting at the operator*
vous la traitez de tous les noms	*you call her everything under the sun*
je leur ai raccroché au nez	*I slammed the phone down*
c'est bien fait pour eux	*it's tough on them*
un état très nerveux, avancé même	*really extremely worked up*

Explications

1

Putting the Past in perspective

Broadly speaking, the *imperfect* is used for description, and the *perfect* for narration. You need to combine them to make your story clearer and more lively.

a The *imperfect* sets the scene for an action; the *perfect* tells you what then took place:

C'**était** un peu avant Noël. Il y **avait** beaucoup de clients dans le magasin. L'heure de fermeture **approchait** et les vendeuses **commençaient** à ranger les marchandises, quand la porte **s'est ouverte** et une dame **est entrée** . . .

b The *imperfect* adds descriptive detail:

. . . une dame **est entrée**. Elle **portait** un manteau de fourrure et un beau collier en diamants. Elle **était** très belle, mais elle **paraissait** triste . . .

c When two things take place simultaneously, the *imperfect* tells what *was happening* when the event expressed by the *perfect* took place:

La voisine **a téléphoné** pendant que nous **déjeunions.**
Il **pleuvait** quand je **suis sorti**.

2
J'en ai assez . . . j'en ai marre

There are quite a few ways of saying you're fed up in French.

j'en ai assez!	I've had enough!
j'en ai marre!	I'm fed up!
j'en ai plein le dos! j'en ai jusque-là! j'en ai par-dessus la tête!	I'm fed up to the back teeth!

or simply:

ça suffit!	that's enough!

If you want to specify just what you don't like, add **de**:

j'en ai assez **de** me lever à cinq heures!
j'en ai marre **de** ce livre!

A slangier expression, used mainly by young people is *"J'en ai ras-le-bol!"* (To get the meaning, think of 'my cup overflows' – but not with joy). This is often abbreviated to *RALBOL* and crops up all over the place in graffiti.

3
Switching things on

If you want to ask people to switch things on or plug things in, use these verbs:

Voulez-vous	**brancher**	la télévision?	plug in
	débrancher		unplug
	ouvrir		switch on
	fermer		switch off

Voulez-vous	**allumer**	la télévision?	turn on
	mettre	le tourne-disque?	turn on
	éteindre	la lampe?	turn off

n.b.: Two other useful words in this context:

le fil (flex) la prise (plug, or point)

4
Getting angry

se mettre en colère se fâcher	to lose your temper

être en colère être fâché(e)	to be in a temper/angry

5
Strong language

Just when strong language becomes unacceptable is a very personal matter. In any case, there is little point in translating swear-words literally, as what is very taboo in one language may be quite mild in another. For instance, the proverbial French swear-word *merde!* (literally: shit) is more the equivalent of the English 'damn!' – generally accepted as a fairly mild curse, although some English speakers dislike it. Like-minded French people would similarly disapprove of *merde*!

As with slang words, it is very easy to use terms like this at the wrong moment, so it is wiser not to use them at all. However, it's as well to be aware of them, so you can gauge just how worked up the other party is . . . and, if necessary, duck!

Informations

Le français populaire

Souvent, quand on étudie une langue étrangère, on a l'impression que tout le monde la parle de la même façon. Ce n'est pas le cas. Comme toutes les langues, le français varie beaucoup. Par exemple, on utilise des styles différents selon les circonstances – un style formel pour une lettre officielle ou un discours public, un style familier, plus décontracté pour une conversation entre amis ou en famille. En plus, les gens utilisent des expressions ou des mots différents, ils ont des accents différents. Tout cela montre l'origine géographique de la personne, son âge, son sexe, sa culture, sa position sociale.

Les grammaires traditionnelles ne présentent en général qu'une seule forme de français – le "français standard", un français cultivé et plus ou moins parisien. Dans nos programmes vous allez trouver (d'ailleurs, vous en avez déjà entendu) de nombreuses expressions que vous n'allez pas voir dans les livres de grammaire. Certaines personnes disent, selon leur point de vue, que ce sont des constructions "populaires" ou même "incorrectes". "Populaires" peut-être, mais beaucoup de gens parlent "le français populaire", alors pourquoi faire comme s'il n'existait pas? Et "incorrectes"? Peut-être, si on est puriste, mais ce sont quand même des expressions courantes et authentiques, et même si vous ne les utilisez pas, il faut au moins les comprendre.

Voici quelques exemples du français populaire, avec les expressions équivalentes en français standard.

Français populaire	*Français standard*
bon, ben, bé	eh bien
je regarde *à* la télévision	je regarde la télévision
je regarde *au* fil	je regarde le fil
voilà pourquoi *que*	voilà pourquoi
des fois	quelquefois

Je vais à la Ville

Si vous dites: "Je vais en ville", cela indique tout simplement que vous avez l'intention d'aller au centre de la ville, pour faire des courses, pour aller au cinéma, peut-être pour vous promener un peu; c'est assez vague.

Par contre, si vous entendez: "Je vais à la Ville", cela veut dire quelque chose de très précis: la personne a l'intention d'aller aux bureaux de la Municipalité (en général à l'Hôtel de Ville) pour régler une question administrative. Si Madame Beauchart va vraiment "à la Ville", c'est sans doute pour présenter son cas au service de logement.

Exercices

1

All the verbs in this story have been left in the infinitive. Choose the appropriate tenses to tell the story in the past.

C'(être) vers la fin de l'après-midi. Il n'y (avoir) personne à la maison. Tout (être) silencieux. De temps en temps une voiture (passer) dans la rue. Soudain, un taxi (s'arrêter) devant la maison; une dame en (descendre). Elle (payer) le chauffeur et le taxi (repartir). Elle (porter) un gros sac plein de provisions. La dame (entrer) dans la maison et (aller) tout de suite à la cuisine. Elle (poser) son sac sur la table et (regarder) autour d'elle. Tout (paraître) en ordre. Elle (ouvrir) un placard; à l'intérieur il y (avoir) de la vaisselle. Elle (prendre) une tasse et une soucoupe, (allumer) le gaz, puis elle (mettre) de l'eau sur le feu. Pendant que l'eau (chauffer), la dame (s'occuper) à ranger ses provisions. Elle (penser) au repas du soir. Quand l'eau (être) prête, la dame (aller) prendre une tasse de café bien tranquillement. Puis le téléphone (se mettre) à sonner . . .

2

You're having a run of bad luck with the shops – so sort things out.

a The suit (*le costume*) you left to be cleaned has acquired a large stain.

Vous (greet the lady assistant)
Elle Bonjour. Vous désirez?
Vous (you left a suit yesterday; is it ready?)
Elle C'était à nettoyer, oui? Vous avez le ticket?
Vous (here it is)
Elle Merci. Un instant, s'il vous plaît, je vais voir. (*Elle part et revient*) Voici votre costume. Ça va?
Vous (yes, thanks – wait, what's that on the jacket?)

Elle Sur la veste? Oh! Une grande tache rouge! Qu'est-ce que ça peut être?
Vous (you don't know – the stain wasn't there when you left the suit, you're sure)
Elle Je suis vraiment désolée. Je vais le renvoyer tout de suite.
Vous (when can you come to collect ("take") it?)
Elle Voyons . . . vous habitez dans le quartier?
Vous (yes, but tomorrow morning you leave for Paris)
Elle Alors, cet après-midi. Quatre heures, ça va?
Vous (yes, that's fine)
Elle Alors, à cet après-midi. Au revoir – et excusez-nous.
Vous (say thanks and goodbye).

b You've just received the bill (*la facture*) from the travel agency, and they're charging you First-Class, although you flew Tourist. You ask to see the manager.

Lui Bonjour. Je peux vous aider?
Vous (you think there's a mistake. You've received a bill for a First-Class ticket)
Lui Oui?
Vous (but you travelled Tourist)

Lui	Ah bon? Est-ce que je peux vous demander quelque chose pour confirmer?
Vous	(but of course – you've kept the ticket – here it is)
Lui	Voyons . . . effectivement, il y a eu une erreur. Toutes mes excuses. Je vais vous envoyer une nouvelle facture.
Vous	(very good – thanks – goodbye)
Lui	Au revoir.

c The batteries (*les piles*) they sold you don't fit your radio. The man is rather reluctant to change them.

Lui	Bonjour. Vous désirez?
Vous	(good morning. Look, you bought these batteries this morning)
Lui	Oui, des piles. C'est une bonne marque.
Vous	(but they're too big for your transistor. Will he change them please?)
Lui	Je regrette, mais nous n'échangeons jamais les piles. Vous comprenez, il y a des gens qui font de l'abus.
Vous	(agreed, but you bought the batteries an hour ago)
Lui	Désolé, mais c'est vraiment impossible.
Vous	(but you said twice that the batteries were for a Yoko B 16. There's been a mistake)
Lui	Bon. Qui est-ce qui vous a servi?
Vous	(the pretty young girl with black hair)
Lui	Un instant. Annick! Vous avez vendu des piles pour un Yoko B 16 tout à l'heure?
Annick	(*elle arrive*) Un Yoko? Oui, il y a trois quarts d'heure.
Lui	C'est à ce monsieur/cette dame que vous les avez vendues?
Annick	Mais oui.
Lui	Bon, Annick, ces piles ne vont pas pour un Yoko. Il faut celles-ci, elles sont plus petites.
Vous	(that's it)
Annick	Je suis vraiment désolée!
Vous	(oh, it isn't serious)
Lui	Alors, voici les bonnes piles.
Vous	(thank him and say goodbye)
Lui	Attendez! Il y a une différence de prix. Je vous dois un franc soixante – voici.
Vous	(thank him; say goodbye to them both)

3

Madame Baratin catches you the morning after a small domestic disaster.

Mme Baratin	Bonjour! Comment ça va? Je suis passée chez vous hier soir, mais vous n'étiez pas là.
Vous	(no, you were at the neighbours' – it's a long story)
Mme Baratin	Ah? Qu'est-ce qui s'est passé?
Vous	(oh, it's nothing important. Well, you were angry with the neighbours)
Mme Baratin	Les Buse? Ils sont tellement gentils! Qu'est-ce qu'ils ont fait?
Vous	(they didn't do anything – it was their cat)
Mme Baratin	Comment ça?

Vous	(well, last night you were preparing dinner – it was fish. Then the telephone rang. It was your mother, and she spoke for twenty minutes at least)
Mme Baratin	Avec le prix du téléphone!
Vous	(when you went back to the kitchen, the Buses' cat was there – it was eating the fish)
Mme Baratin	Ça, alors!
Vous	(and it wasn't the first time!)
Mme Baratin	Mais comment est-ce que le chat a pu entrer?
Vous	(well, the window was open. In any case, it went out by the window – and fast!)

Mme Baratin	C'est quand même dégoûtant!
Vous	(you were angry and you went directly to the Buses' house)
Mme Baratin	Et qu'est-ce que vous avez dit?
Vous	(you tried to be polite – you told them that their cat had eaten your fish)
Mme Baratin	Et ils se sont excusés?
Vous	(no! – they laughed)
Mme Baratin	C'est quand même mal élevé!
Vous	(that's what you said. And you said you were fed up with their cat – and that they weren't very good neighbours)
Mme Baratin	Et comment ont-ils réagi?
Vous	M. Buse called you an imbecile, and Mme Buse told you that all cats were always hungry)
Mme Baratin	Oh, vraiment!
Vous	(it was really very stupid)
Mme Baratin	Et qu'est-ce qui s'est passé ensuite?
Vous	(you were going to say a well-known French word; then – you don't know why – you started laughing)
Mme Baratin	Et ensuite?
Vous	(everybody laughed. Then you all had apéritifs and Mme Buse invited you to dinner)
Mme Baratin	Alors, vous êtes toujours amis – tant mieux! Tiens! Bonjour Madame Buse!

9

Paris et la province

Where you'd like to live

1

People often have a love–hate relationship with the town they live in. For M et Mme Fels who both come from further south, there isn't much love in it!

Solange Monsieur et Madame Fels, vous êtes Rémois maintenant mais vous n'êtes pas Rémois d'origine.

Jean-Paul Non, absolument pas, nous sommes arrivés à Reims il y a environ trois ans. Je suis Dijonnais d'origine mais ma femme est Corse d'origine, c'est-à-dire ses parents sont Corses, elle n'est pas née en Corse étant née au Maroc. Elle est arrivée en France à peu près à l'âge de 13 ans je crois? C'est bien ça?

Ghislaine Oui.

Solange Comment trouvez-vous la vie à Reims?

Ghislaine Exécrable.

Solange Comment?

Ghislaine Exécrable.

Solange Pourquoi exécrable?

Ghislaine Je crois qu'il est difficile, enfin je parle pour moi, étant Méditerranéenne cent pour cent, de se faire à une vie rémoise qui est d'abord une vie très bourgeoise, très sélecte, très fermée. Il y a des clans, c'est très fermé, c'est très bourgeois. Dans le Midi, bon ben, ce n'est pas du tout ça, les gens sont très ouverts, ce n'est pas du tout le même genre de vie. Mais en fait je crois que c'est difficile de s'adapter d'emblée à une vie rémoise lorsque l'on est habitué à une vie méditerranéenne.

Solange Vous avez le même sentiment que votre femme?

Jean-Paul Enfin je trouve que Reims est une ville sans âme, une ville qui ne respire pas; une ville où on ne voit pas les gens vivre, alors que Dijon, par exemple, que je connais bien, est une ville où tout le monde vit très bien, est une ville qui a une âme, qui a un coeur, qui a un centre ville. A Reims on a pas de centre ville.

Solange Est-ce qu'il y a quand même des avantages à habiter Reims?

Jean-Paul Oui, enfin les avantages sont tout à fait relatifs. C'est au point de vue géographique, mais enfin ils sont inférieurs aux inconvénients, c'est-à-dire on est près . . . on est loin de la mer, on est loin de la montagne, le seul avantage c'est qu'on est près de Paris.

Solange Et vous Madame?

Ghislaine Oui, je pense également que c'est quand même un avantage.

étant née au Maroc	*as she was born in Morocco*
se faire à une vie rémoise	*get used to the Reims life-style*
d'emblée	*straight off*

2

On the other hand, M et Mme Valès moved from Paris to Reims, and seem quite happy.

Solange	Eric et Yveline Valès, vous habitez Reims mais vous n'êtes pas Rémois d'origine?
Yveline	Non.
Solange	Vous venez d'où?
Eric	Nous venons de Paris. J'ai fait une partie de mes études à Paris, ensuite j'ai un peu vécu Outre-Mer, je suis revenu à Paris et j'ai commencé à travailler à Paris, puis j'ai été nommé à Reims il y a maintenant cinq ans.
Solange	Et vous n'avez pas été déçus? Vous êtes contents de votre vie à Reims?
Yveline	Oui.
Solange	Sur tout les plans?
Yveline	Sur tous les plans, si ce n'est que Reims est un peu trop éloigné de la mer, de la montagne, n'est pas très bien situé géographiquement.
Solange	Quels sont les inconvénients de la vie à Reims?
Yveline	Les inconvénients? Le climat, à mon avis, qui est assez froid et humide, mais enfin c'est assez près du climat de Paris quand même, je pense.
Solange	Et les principaux avantages?
Eric	A Reims on peut pratiquer tous les sports quand on veut, alors que dans la vie à Paris c'est pratiquement impossible à part de rares exceptions. Il faut deux heures de métro pour aller jouer au tennis. Par ailleurs, au niveau des spectacles, genre cinéma, on a exactement les mêmes choses qu'à Paris, plutôt en avance. La proximité de Paris donne un certain avantage à Reims parce que effectivement on peut y aller très rapidement. Donc on peut également passer des soirées à Paris sans pour autant habiter Paris.
Solange	Et vous Madame?
Yveline	Moi je pense qu'un très net avantage pour Reims sur Paris, pour les enfants: il n'y a aucun problème pour les mettre à l'école, pour leur trouver des distractions, pour leur faire pratiquer un sport. On peut les emmener à la piscine, l'après-midi on va se balader dans les bois; je pense que la vie est beaucoup plus calme en province qu'à Paris. A Reims, pour nous, en tout cas, c'est certain.
Solange	Vous préférez vivre à Reims?
Yveline	Je préfère vivre à Reims, oui.
Solange	Vous aussi?
Eric	Je préfère vivre à Reims qu'à Paris.

j'ai été nommé à Reims	*I was transferred to Reims*
vous n'avez pas été déçus?	*you haven't been disappointed?*
sur tous les plans	*in every way*
par ailleurs	*furthermore*
plutôt en avance	*if anything, sooner*
sans pour autant habiter Paris	*without having to live in Paris*
on va se balader dans les bois	*we go for a walk in the woods*

Paris: l'Ile Saint-Louis

3

What about Paris? Elisabeth spoke to a woman who likes the 17e arrondissement because it's conveniently placed for getting back to her native Normandy. But she wouldn't turn down a flat by the Seine . . .

Elisabeth	Bonjour madame. Etes-vous Parisienne?
La femme	Non, pas d'origine. Je vis à Paris depuis longtemps mais je ne suis pas Parisienne.
Elisabeth	De quelle région êtes-vous?
La femme	De Normandie, et de la Haute-Normandie.
Elisabeth	C'est-à-dire?
La femme	De Rouen.
Elisabeth	D'accord. Et actuellement vous habitez Paris?
La femme	Oui.
Elisabeth	Dans quel arrondissement?
La femme	Dans le dix-septième.
Elisabeth	Est-ce vous aimez cet arrondissement?
La femme	Beaucoup, beaucoup.
Elisabeth	Pourquoi?
La femme	Pourquoi? Parce qu'il est à la bordure de Paris. Je ne sais pas si vous le voyez bien, il est le dernier avant les banlieues de Clichy, Levallois et Neuilly, et c'est-à-dire qu'il est tout près, si vous habitez près de la Porte Maillot comme moi, il est tout près du périphérique qui vous emmène en une heure vers la Normandie. C'est vraiment la porte vers la Normandie et la mer.
Elisabeth	Si vous pouviez habiter dans un autre arrondissement, quel arrondissement choisiriez-vous?
La femme	Si je pouvais choisir, j'habiterais l'Ile Saint-Louis, c'est-à-dire le quatrième arrondissement, et dans un immeuble, bien sûr, qui regarde la Seine.
Elisabeth	Pourquoi vous aimez cet arrondissement?

La femme	Surtout, j'insiste bien sur le fait qu'il faudrait que j'aie vue sur la Seine parce que je trouve que dans des villes qui sont de plus en plus bruyantes, absolument engorgées de voitures et de bruit, le fait de pouvoir regarder par la fenêtre un élément liquide, c'est toujours un élément de paix et de calme.
Elisabeth	Et si vous n'habitiez pas Paris, où aimeriez-vous aller?
La femme	Certainement j'aimerais le bord de mer, toujours à cause de l'eau.

il est à la bordure de Paris	*it's on the edge of Paris*
je ne sais pas si vous le voyez bien	*I don't know if you can visualise it*
le périphérique	*the ring-motorway*
il faudrait que j'aie vue sur la Seine	*I'd have to have a view of the Seine*
engorgées de voitures	*jammed with cars*

4

Still in Paris, Germaine is less keen on the 17e arrondissement, but she loves her 'village' just down the hill from Montmartre – though she'd be very happy on the Left Bank . . .

Alan	Madame, dans quel quartier de Paris habitez-vous?
Germaine	Dans le neuvième arrondissement.
Alan	Quel quartier exactement?
Germaine	Montmartre. Au pied de la Butte de Montmartre, derrière Notre-Dame de Lorette.
Alan	Et . . . vous vous y plaisez?
Germaine	Ah, beaucoup!
Alan	Pourquoi?

Paris: la rue des Martyrs

Germaine	Nous habitions le dix-septième arrondissement avant; c'était un quartier guindé et froid, tandis qu'ici c'est très vivant, c'est un village. Il y a beaucoup de charme.
Alan	Si vous n'habitiez pas le neuvième arrondissement, dans quel arrondissement aimeriez-vous habiter?
Germaine	De l'autre côté de la Seine, dans le Quartier Latin, peut-être, dans le cinquième ou le sixième.
Alan	Pourquoi?
Germaine	Ah, parce que j'aime l'exotisme de ces quartiers, et puis le vieux Paris qui est conservé là.
Alan	Qu'est-ce que vous voulez dire par l'exotisme?
Germaine	Ah, les populations mêlées, les étudiants de toute race, et puis . . . et puis le vent . . . le vent intellectuel qui y souffle.

vous vous y plaisez?	*do you like it there?*
un quartier guindé et froid	*a snooty, cold neighbourhood*
le vent intellectuel qui y souffle	*the intellectual wind that blows through it*

Explications

1
It's been done

For a change of emphasis, you can often turn a sentence round and use the *passive*.

To form the passive:

In French, the passive is formed in much the same way as in English. Compare:

Ida sang two songs	Two songs *were sung by* Ida
Ida a chanté deux chansons	Deux chansons *ont été chantées par* Ida

- You need *être* and the past participle:

vous **êtes** déçus?

- The past participle agrees with the subject:

vous êtes déçu**s**?

- The person or thing responsible for what happens is introduced by *par*:

vous êtes déçus **par** Reims?

When to use the passive

- To shift the emphasis to the person or thing something is done to. Compare:

le président va annoncer *une décision importante* ce soir
une décision importante va être annoncée par le président ce soir

• If you don't know (or don't need to know) who or what is responsible:

j'**ai été nommé** à Reims

n.b.: Even if you never use the passive, you will find it particularly useful for understanding tourist brochures and guided visits of *châteaux*, museums, etc.:

la cathédrale **a été construite** en 1540
la ville **a été bombardée** pendant la guerre
le roi Alexandre **a été assassiné** juste ici

2
The Conditional

To say 'I would go', 'I would like', and so on, use the tense called the *conditional*. You have already been using a few conditionals almost from the beginning of *Ensemble*:

je voudrais j'aimerais	I would like

pourriez-vous Would you be able/could you . . .?

The endings of the conditional are the same as those of the imperfect, and with 'regular' verbs like *aimer* and *finir*, these endings are added to the infinitive:

j'aimer**ais** habiter au bord de la mer
tu aimer**ais** vivre à Reims?
elle choisir**ait** un immeuble qui regarde la Seine
nous aimer**ions** changer de maison
dans quel arrondissement aimer**iez**-vous habiter?
ils aimer**aient** habiter dans le dix-neuvième

n.b.: The conditional and its uses are covered more fully in chapter 11, p. 105.

Informations

Le/la périphérique

Au dix-neuvième siècle, la ville de Paris était entourée de fortifications – voilà pourquoi Paris a pu résister longtemps aux Prussiens en 1870. Au vingtième siècle, on a construit des boulevards qui suivaient à peu près la ligne de ces fortifications, et qui font encore le tour de Paris – les boulevards périphériques. Mais avec l'augmentation de la circulation dans les années '50 et '60, les boulevards sont devenus insuffisants, et il a fallu construire une autoroute – "périphérique" encore – qui entoure Paris. Ainsi, si on va de Londres à Marseille, on arrive à Paris par l'autoroute du Nord, on suit le boulevard périphérique, et on prend l'autoroute du Sud, sans vraiment entrer dans Paris. Vous allez entendre *le* ou *la* périphérique, suivant qu'on pense au boulevard ou à l'autoroute.

Paris d'aujourd'hui

Quand on se promène à Paris, on est surtout frappé par l'uniformité des immeubles, généralement de cinq ou six étages, le long des boulevards bordés d'arbres. Mais à certains endroits, on voit un nouveau Paris de gratte-ciel – d'immeubles de vingt ou trente étages. En général ces "tours" sont groupées dans certains quartiers, par exemple au bord de la Seine dans le 15e arrondissement, ou plus spectaculairement (qu'on l'aime ou non) à l'ouest de Paris, à "la Défense". Là on trouve d'immenses immeubles de bureaux et d'appartements, un énorme centre d'expositions, des autoroutes à plusieurs étages, un métro express . . . Mais au vrai centre de Paris, il n'y a que deux véritables tours – la Tour Eiffel, bien sûr, et la Tour Montparnasse, qui a une cinquantaine d'étages et qui a été construite à la place de l'ancienne Gare Montparnasse.

La Tour Montparnasse

La Butte de Montmartre . . .

Qui connaît Paris connaît Montmartre – au moins la basilique du Sacré-Coeur, toute blanche au sommet de la Butte (colline) de Montmartre, et la place Pigalle en bas. Mais il y a tant d'autres choses: au sommet, derrière la Basilique, la vieille église, très belle, de Saint-Pierre de Montmartre; entre le sommet et la place Pigalle, des rues calmes, des boutiques originales, des librairies, des galeries de tableaux. La place Pigalle est, évidemment, le centre du "Paris la nuit" des touristes, de spectacles extravagants, "risqués" et très commercialisés. Et en descendant de la place Pigalle, on trouve encore des quartiers tranquilles, plutôt des villages, comme par exemple la rue des Martyrs. Tout à fait en bas, à la limite de Montmartre, se trouve l'église Notre-Dame de Lorette: au dix-neuvième siècle, c'était l'église fréquentée par les . . . "dames" de la ville, car c'était leur quartier: au siècle dernier on appelait ces dames du demi-monde "des lorettes".

Les bourgeois

Qui sont "les bourgeois"? A l'origine, c'étaient les gens qui habitaient la ville (le bourg) et non pas la campagne. Mais Karl Marx a changé tout cela.

Voilà pourquoi en anglais, si vous dites que quelqu'un est "rather bourgeois", c'est une critique: cela veut dire que la personne est agressivement respectable, très conventionnelle et plutôt ennuyeuse . . . Par contre, en France la situation est un peu plus compliquée: évidemment, si on est de gauche, on trouve que les bourgeois symbolisent tout ce qu'il faut changer dans la société. Mais d'autres personnes rêvent de devenir bourgeois, car "être bourgeois" symbolise une vie tranquille, sans problèmes financiers, dans un quartier agréable . . . Peut-être que "la bourgeoisie" est une notion aussi complexe – et vague – que la 'middle class'. En tout cas, si vous demandez à des Français de définir "les bourgeois", vous allez tout de suite avoir une conversation animée, intéressante . . . et prolongée.

Paris: Notre-Dame de Lorette

Exercices

1

You're preparing your commentary for the museum visit – you keep glancing at your notes and rephrasing them. Like this:
1100 – le Duc de Caux fonde la ville:

"La ville **a été fondée** par le Duc de Caux en 1100"

1410	–	on construit l'abbaye des Capucins
1640	–	le feu détruit l'abbaye
1660	–	le Marquis de Corps-Morant construit l'Hôtel Corps-Morant sur le site de l'ancienne abbaye
1710	–	le fils du marquis engage l'architecte italien Fiammiferi pour moderniser l'Hôtel
1725	–	on tue le fils dans un duel
1789	–	à la Révolution, on arrête les derniers Corps-Morant; l'Etat annexe l'Hôtel
1805	–	la municipalité utilise l'Hôtel comme hôpital
1848	–	on le transforme en collège
1870	–	on fonde un musée dans l'Hôtel de Ville
1880	–	la Baronne Cloche offre à la ville une magnifique collection de tableaux
1881	–	on installe la collection dans l'Hôtel Corps-Morant
1883	–	on rebaptise l'Hôtel "Musée Cloche"
1944	–	on bombarde le musée
1947/55	–	on reconstruit l'Hôtel et on restaure les tableaux
1956	–	le Président de la République inaugure le nouveau Musée Cloche

2

The magazine "Madame" wants to interview Brenda about her reactions to living in Paris. She understands French, but she's still shy about speaking it, so she's asked you to come along and interpret for her. What will *you* say? (i.e. answer in the third person).

Madame	Ça fait longtemps que vous êtes installée à Paris?
Brenda	(tell her I've been living in Paris for eighteen months)
Madame	Et la vie à Paris vous plaît?
Brenda	(enormously – I've always loved Paris – it's a very beautiful city)
Madame	Et vous travaillez pour une firme anglaise, n'est-ce pas?
Brenda	(yes, I'm the director of personnel)
Madame	Il n'y a pas de problèmes de langue?
Brenda	(sometimes – I understand everything, but I don't speak very well. All the same, people usually understand me. But I'm studying the language at the Alliance Française)
Madame	Très bien! Vous habitez quel quartier?
Brenda	(I've a flat near the Bois de Boulogne)
Madame	Ça vous plaît?
Brenda	(not really – the Bois is splendid, but my flat is very small, and I don't like the neighbourhood much)
Madame	Vous voulez changer de quartier?
Brenda	(I'd like to live on the Left Bank – in the Latin Quarter perhaps)
Madame	Ah oui? Pourquoi?
Brenda	(the Latin Quarter has a very special atmosphere; there's lots of variety and people are more open)
Madame	Vous pensez vous y installer?
Brenda	(I'm looking for a flat now – but it's difficult)
Madame	Que cherchez-vous?
Brenda	(I'm trying to find a large flat – four or five rooms – in an old building – in a quiet street if possible)
Madame	Et vous n'avez rien trouvé jusqu'ici?
Brenda	(I've found two or three magnificent flats, but they were far too dear)
Madame	Effectivement, les prix ont beaucoup augmenté – mais si tout était possible, où aimeriez-vous habiter?
Brenda	(that's easy – Place Furstemberg – if you can lend me half a million francs!)

3

Madame Baratin is in a day-dreaming mood . . .

Vous	(say hello and ask how things are going)
Mme Baratin	Ça va! Enfin . . . je ne sais pas. Je suis un peu fatiguée.
Vous	(tell her she needs a holiday)
Mme Baratin	Oh – c'est bien ça. J'aimerais partir quelques jours.
Vous	(ask her where she'd like to go)
Mme Baratin	Je voudrais aller à la campagne dans un petit village tranquille – à Puylaroque, par exemple.
Vous	(ask her how she'd spend her time)
Mme Baratin	Je me promènerais dans les champs. Je me coucherais de bonne heure. Je me reposerais. Et vous, vous n'avez pas envie de partir?
Vous	(oh yes. You'd very much like to travel a bit)

Mme Baratin	Où est-ce que vous aimeriez aller?
Vous	(maybe the sea-side. No – you'd prefer to spend a few days in a big city)
Mme Baratin	Par exemple?
Vous	(you went to Amsterdam ten years ago, and you'd like to go back there)
Mme Baratin	On dit que c'est une belle ville. Qu'est-ce que vous voudriez y faire?
Vous	(you'd visit the museums, you particularly want to see the new Van Gogh museum . . .)
Mme Baratin	Intéressant, oui.
Vous	(. . . and you'd like to see the canals. They're very pretty in autumn. And you'd look at the old houses)
Mme Baratin	Est-ce qu'on y mange bien?
Vous	(oh yes! You'd try all the specialities. She would adore the little exotic restaurants)
Mme Baratin	Euh . . . vous achèteriez des souvenirs?
Vous	(you'd look for some good cheese – and you'd buy some art books. And you'd buy her a big diamond . . .)
Mme Baratin	Hi, hi, hi!
Vous	(. . . if she gives you the money!)

4

Make these requests more polite by using the *conditional*:

1 Je veux réserver une place!
2 Pouvez-vous me donner votre nom?
3 Les Baratin veulent visiter Londres
4 Peut-on faire des photos ici?
5 Voulez-vous m'aider avec les bagages?
6 Mlle Cloche désire visiter les catacombes
7 Georges veut savoir votre âge
8 Puis-je partir de bonne heure?

10

Les Français et le français - 2

Simple letters, 'good' French and slang

1

Writing letters in French can seem a daunting prospect, but it isn't as bad as all that. We asked some people to draft letters to a hotel manager and read them out aloud. First, Fernand Lot and his wife want to spend two weeks in Montpellier.

Fernand Au Gérant de l'Hôtel Métropole à Montpellier.

Monsieur,

Ma femme et moi avons l'intention de passer une quinzaine de jours, exactement du 10 au 25 juillet, à Montpellier.

Des amis qui ont séjourné chez vous nous ont dit le plus grand bien de votre hôtel. Pouvons-nous être assurés d'avoir pour la durée de notre séjour une chambre à deux lits avec salle de bains, ou du moins avec douche? Sur quel prix faut-il compter, petit déjeuner inclus?

Nous aimerions, ayant le sommeil léger, que cette chambre ne donne pas sur la rue.

Dans l'attente d'une prompte réponse, je vous prie d'agréer, Monsieur, l'assurance de mes sentiments les meilleurs.

. . . ont dit le plus grand bien de votre hôtel	*. . . were very enthusiastic about your hotel*
sur quel prix faut-il compter?	*what is the likely price?*
ayant le sommeil léger	*being light sleepers*
donner sur la rue	*facing on to the street*
dans l'attente d'une prompte réponse	*hoping for a prompt reply*

2

Laurencine Tarn is planning a fortnight on her own in the country . . .

Laurencine Au Gérant de l'Hôtel de la Source Rouge.

Monsieur,

Un ami m'a donné l'adresse de votre hôtel, qu'il a découvert par hasard et qui l'a ravi.

Je souhaiterais passer chez vous une quinzaine de jours en juillet, du 10 au 25. Vous serait-il possible de me réserver une chambre à un lit avec salle de bains, de préférence, ou douche, donnant sur le jardin, dont j'ai tant entendu parler.

Connaissant les prix que vous pratiquez, je vous demande simplement confirmation pour les dates qui m'intéressent. Pourriez-vous me dire aussi si le prix du petit déjeuner est compris?

Dans l'attente de vous lire, je vous prie d'agréer, cher Monsieur, l'expression de mes sentiments distingués.

Laurencine Tarn

vous serait-il possible . . .?	*could you . . .?*
dont j'ai tant entendu parler	*which I've heard so much about*
les prix que vous pratiquez	*your current rates*
dans l'attente de vous lire	*awaiting a reply*

3

. . . and Madame Legal is planning a family holiday.

Mme Legal Cher Monsieur,

Votre hôtel m'a été recommandé par un ami. Sur son avis, je désirerais réserver pour mon mari, mes deux enfants et moi-même, deux chambres – si possible avec salle de bains et toilette, ou au moins avec douche.

Nous viendrions du 10 au 25 juillet. Si ces deux chambres sont disponibles, j'aimerais avoir quelques précisions au sujet de vos prix pour les chambres, et j'aimerais aussi savoir si le petit déjeuner est compris et si vous faites restaurant. A cause de mes enfants, je voudrais savoir si vous avez prévu quelques divertissements, et si la plage est loin de l'hôtel.

Pourriez-vous me répondre assez rapidement, afin que nous puissions faire d'autres projets en cas de refus.

Je vous prie, Monsieur, d'agréer l'expression de mes sentiments les plus distingués.

Mme Legal

nous viendrions	*we would come*
si vous faites restaurant	*if you have a restaurant*
afin que nous puissions	*so that we can*
en cas de refus	*if you can't take us*

4

And what about thank-you notes? We asked Françoise and Jeanne to imagine they'd just spent a splendid weekend with friends. Here's what they came up with.

Françoise Paris, le 5 février 1977

Chère Françoise,

De retour à Paris, je t'adresse ces quelques mots pour te remercier de l'accueil que tu m'as réservé lors de mon séjour chez toi.

Ces trois jours de vacances ont été grâce à toi très agréables, et j'espère à mon tour te recevoir à Paris.

En attendant ce jour, permets-moi de te renouveler mes remerciements et de t'adresser mes amitiés sincères.

Françoise

lors de mon séjour	*during my stay*
grâce à toi	*thanks to you*

5

Jeanne Chère Henriette,

Quels beaux jours j'ai passés auprès de toi! Et je ne dis pas seulement cela parce qu'il faisait soleil. J'étais si heureuse de bavarder avec toi et de mieux connaître ta maison et ton pays. Puis-je te demander de me renvoyer le livre que j'ai oublié dans ma chambre? Tu vois, je suis aussi étourdie qu'autrefois! Mais j'ai de la mémoire pour l'amitié.

Bien affectueusement à toi.

Jeanne

il faisait soleil	*it was sunny*
je suis aussi étourdie qu'autrefois	*I'm as scatterbrained as ever*

6

What is 'good' French and what is 'sloppy'? Elisabeth asked two women for their reactions to some moderately slangy expressions. Gilda has her reservations, but uses them just the same . . .

Elisabeth Je vais vous poser quelques questions sur la prononciation française. Si je vous dis "j'sais pas"?

Gilda Ben, pour moi ce n'est pas très français. Il faudrait dire "je ne sais pas", mais il y en a beaucoup qui prononcent comme ça.

Elisabeth Pourquoi dit-on "j'sais pas"?

Gilda Ça va plus vite.

Elisabeth Et si je vous dis "ce type est vachement sympa"?

Gilda Ah, le problème, c'est "vachement", je suppose?
Elisabeth Mm, mm.
Gilda Euh, c'est un côté jeune et laisser-aller, un peu américain, disons. Moi, de mon temps, dans ma jeunesse, on n'employait pas ce genre de terme, mais je l'emploie moi-même maintenant.
Elisabeth Qu'est-ce que ça veut dire, "c'est vachement sympa"?
Gilda Ah! C'est super. C'est quelqu'un ou quelque chose qui sort un peu de l'ordinaire.
Elisabeth Oui. Et vous, vous ne l'employez jamais?
Gilda Je ne l'employais pas quand j'étais plus jeune, mais maintenant, évidemment, je me laisse aller comme tout le monde.
Elisabeth Et si je dis que ce type est "super-sympa"?
Gilda Ah, déjà être sympa, c'est formidable. Etre super-sympa, c'est extraordinaire. Mais je crois qu'on l'utilise parce qu'on ne sait pas employer les mots. On utilise beaucoup de termes américains et on pense que c'est plus moderne. Je pense que les jeunes disent "super" et les moins jeunes disent "très".

j'sais pas	*'dunno'*
ce n'est pas très français	*it isn't very good French*
il faudrait dire	*one ought to say*
il y en a beaucoup	*there are lots of people*
un côté jeune et laisser-aller	*a young, rather sloppy style*
je me laisse aller	*I let things slip a bit*

7

The other girl feels that basically it depends on the situation – is it formal or informal? And there's a question of fashion too . . .

Elisabeth Je vais vous poser quelques questions sur la langue française. Si je vous dis "j'sais pas", est-ce vraiment français?
La fille Non, pas du tout.
Elisabeth Comment dites-vous?
La fille "Je ne sais pas".
Elisabeth Ah bon? Et est-ce que vous l'employez parfois?
La fille Ah oui, en langage . . . dans le langage courant, bien entendu, c'est une expression un petit peu familière. "J'sais pas", c'est, bon, une façon plus rapide de parler, mais normalement on doit pas manger la moitié de ses mots.
Elisabeth C'est une abréviation, alors.
La fille Absolument, oui.
Elisabeth Mais est-ce que vous le dites de temps en temps?
La fille Ah oui, comme tout le monde, bien sûr.
Elisabeth Très souvent même?
La fille Oui, ça m'arrive assez souvent.
Elisabeth Et si je dis, par exemple, "Ce type est vachement bien"?
La fille Ah oui, ça, je l'utilise également très souvent. En langage courant également, ça dépend de la personne à laquelle je parle.
Elisabeth Est-ce que c'est du bon français?
La fille Pas du tout, pas du tout.
Elisabeth C'est vulgaire?
La fille C'est un petit peu vulgaire. Euh, le mot "vachement" c'est une expression à la mode.
Elisabeth Alors, que faut-il dire en bon français?

La fille Eh bien; "Cet homme est très bien". Mais si vous dites: "Ce type est vachement bien", ça, c'est déjà très spécial. Ce n'est pas français du tout.

Elisabeth Et toutes les générations l'emploient?

La fille Les jeunes très souvent, et puis les moins jeunes pour être à la mode.

Elisabeth Et si je dis, par exemple: "Ce film est hypergénial"?

La fille Ça n'est pas vulgaire, euh, mais c'est encore plus à la mode.

Elisabeth Pourquoi?

La fille Parce que les mots "hyper" et "super" sont des mots qui sont extrêmement à la mode actuellement. Et vous entendrez très peu de conversations, du moins parmi les jeunes, où les mots "super" et "hyper" ne sont pas utilisés.

Elisabeth Et que signifie "génial"?

La fille "Génial", c'est encore la même chose. C'est un de ces mots à la mode qu'on emploie très très souvent pour dire "quelque chose est vraiment formidable".

le langage courant	*everyday language*
on doit pas manger la moitié de ses mots	*you shouldn't swallow half your words*
ça dépend de la personne à laquelle je parle	*it depends on the person I'm talking to*

Explications

1
L'art de la correspondance . . .

Starting letters is relatively simple. First, you write your address and the date. The town is repeated in front of the date.

19, Proust Street,
Hove

Hove, le 3 janvier 1950

n.b. If it's the first of the month, put *le 1er janvier*, otherwise *le 3 janvier, le 25 janvier*, etc.

If you don't know the person, start *Monsieur*, *Madame*, or *Mademoiselle*. *Cher Monsieur*, etc., normally implies that you are already acquainted, and *Cher Monsieur Lebrun* implies that you are on fairly good terms.

Traditionally, business letters are written in a special, rather starchy style. For foreigners, though, the main consideration is to get the message across, even if this means you write what you feel are childishly simple sentences.

For formal letter endings, start with:

Je vous prie de or *Veuillez*

Both correspond roughly to 'kindly'. Then add *recevoir* or *agréer* ('accept'), then put your wishes. And remember to insert *Monsieur*, etc., in the ending.

So, any of the following combinations for business or formal letters correspond approximately to 'Yours sincerely' or 'Yours faithfully':

Veuillez	agréer,	Monsieur,	l'expression de mes sentiments distingués
Je vous prie de	recevoir,	Mademoiselle,	l'expression de mes sentiments les meilleurs
		Madame,	l'expression de mes sentiments les plus distingués
			mes salutations les plus respectueuses

n.b.

● If in doubt, *mes salutations* (*sincères*/*distinguées*/*respectueuses*) are the safest bet, as they are neither too formal, nor too relaxed.

● There is a tendency, under the influence of English, to end letters with *Sincèrement vôtre* or *Sincèrement*. Not everybody likes it yet, but it does simplify things.

For more informal letters, when you write to friends, sign off with:

Bien amicalement vôtre
Bien amicalement à vous (or *à toi*)
Avec mon meilleur souvenir
Avec mes souvenirs les plus amicaux

When you get to the stage of signing off with *Affectueusement* or *Grosses bises* (big kisses), you can safely throw away the rule book . . .

2

"On ne doit pas manger la moitié de ses mots"

In every language in the world, people are told something like: 'Don't swallow your words' – but people do shorten words and expressions all the time, particularly when they are speaking quickly. In French, the sound that disappears most often is the 'mute *e*', not only in longish words (*forteresse* – can be pronounced in two syllables or three), but also in monosyllables – *je, me, le, ne, de*.

People regularly drop the *ne* from negatives. For instance, *je ne sais pas* first loses its *ne* (je sais pas), then *je* loses its *e*, and the result is the informal *j'sais pas*.

You'll find that *il* often loses its *l* when it is followed by a consonant – *il faut* is often pronounced *i faut*. The same thing often happens to *il y a*: the *l* disappears, and the remaining *i* and *y* run together, giving *y a*. People also contract the little interjections that keep the conversation running: *vous savez, vous voyez, mais enfin*, – which become *v'savez, v'voyez, m'enfin*.

(Hint for learners: don't force the pace – speed will come naturally with practice)

3
Vachement vache . . .

Le mot "vache" a pris des sens spéciaux qui n'ont plus aucune association avec l'animal placide qui nous donne du lait . . . Si vous voulez vraiment insulter quelqu'un, regardez-le et dites très fort: "La vache!" *Vache* est également un adjectif: *être vache*, c'est être méchant ou désagréable. Mais le mot le plus fréquent est l'adverbe *vachement*, qui est employé tout le temps, surtout dans le langage familier et par les jeunes: il remplace "très" ou "extrêmement".

n.b. Nous vous conseillons d'employer "très", surtout avec des personnes inconnues . . .

4
. . . et super-hyper-extra

Par contre, les préfixes *super-*, *hyper-*, et *extra-* sont des préfixes très à la mode, qui remplacent aussi "très" – ce sont des mots récents, employés surtout par les jeunes, mais on ne les désapprouve pas comme dans le cas de *vachement*, qui est encore – pour de nombreuses personnes – "incorrect". C'est peut-être parce que *super-*, *hyper-*, et *extra-* ont l'air plutôt cultivé: *super-chic*, *hyper-élégant*, *extra-intelligent*. On peut même employer *extra* tout seul pour montrer qu'on admire quelque chose: *C'est extra*!

Revise and test your knowledge

1

In this story we have put in italics various alternatives. Only one alternative is correct in each case. Which one? We suggest you look back over the *Explications* for chapters 6–10 before doing this test.

	sortis	[1]
Paul et Virginie sont	*sorti*	il y a quelque jours.
	sorties	

	allé	[2]	*voient*	[3]
Ils sont	*aller*	au théâtre où ils	*ont vu*	une pièce très intéressante.
	allés		*voyaient*	

	connaît	[4]	*du*	[5]
Paul	*connaissait*	un bon petit restaurant près	*de la*	théâtre; ils
	a connu		*de*	

ont y manger	[6]	*a choisi*	[7]
ont mangé y	après le spectacle. Pendant que Virginie	*ont choisi*	
y ont mangé		*choisissait*	

	pour	[8]	*fait*	[9]
son repas, Paul a étudié la carte	*des*	vins avant de	*faisant*	son choix.
	à		*faire*	

	choisi	[10]	*au*	[11]	*a préféré*	[12]
Il	*a choisi*	un steak	*de*	poivre; Virginie	*avait préféré*	le coq au vin.
	choisissait		*à*		*préfèrent*	

Paul a donc commandé une bouteille de Saint-Emilion.

	est	[13]
Le service était excellent; Virginie	*en était*	enchantée.
	était en	

	voulaient	[14]	*de*	[15]
Après, avec le café, chacun	*a*	bu un petit verre	*dû*	
	ont		*à*	

	étaient	[16]
cognac: Paul a dit que c'	*a été*	pour la digestion.
	était	

	a été	[17]	*faut*	[18]
Bientôt il	*était*	minuit, et il	*faudrait*	partir, car Paul et Virginie
	ont été		*fallait*	

ont dû	[19]	*demain*	[20]
devaient	travailler	*le lendemain*	
faut		*il y a un an*	

	sont sortis	[21]	*ont allé*	[22]
Paul et Virginie	*ont sortis*	du restaurant et	*sont allés*	
	sortiraient		*allaient*	

à la place du Marché pour reprendre la voiture – mais elle

n'était	23
n'a été	plus à sa place.
n'ont été	

Une erreur? Ils ont	cherchaient	24	pendant au moins	une bonne	25
	cherché			un quart	
				un quartier	

d'heure, puis ils	sont décidés	26	qu'il n'y	avait	27	rien	de	28
	ont décidé			avaient			pour	
	décidaient			a eu			à	

faire, et ils	téléphoné	29	au	30	police.
	ont téléphoné		à		
	téléphonaient		à la		

L'agent	leur	31	a demandé le modèle et le numéro de	leurs	32	voiture.
	les			la		
	le			sa		

Puis il leur	parlait	33	que la voiture était au garage de la police et qu'ils
	a dit		
	disait		

peuvent	34	la reprendre	le lendemain	35	matin.
pourraient			après		
ont pu			demain		

Alors, comme il	a fait	36	froid et qu'	elle a plu	37	l'agent, qui	voulait	38
	a été			il a plu			était	
	faisait			il pleuvait			a été	

un homme sympathique,	ramenait	39	Paul et Virginie chez	leur	40
	a porté			eux	
	a ramené			les	

dans la voiture de police.

2

This letter could produce a disastrous impression – unless you choose the alternatives with care.

Monsieur le Directeur,
cher Directeur,
cher Monsieur ou Madame,

Je voudrais		était		à	
Je veux	vous demander s'il	est	possible	–	réserver
Je vais		peut		de	

une chambre	d'	un lit – de préférence avec	un bain	
	pour		salle de bains	–
	à		la douche

de		I	en	15	
à	la période du	ler	à	15ème	juillet.
pour		lème	au	15ème de	

	avais		j'ai préféré
Comme j'	aurais	le sommeil difficile,	je préférerais
	ai		j'irais préférer

	ne donne	
une chambre qui	ne donne pas	sur la rue.
	donne pas	

Voulez-vous		Monsieur,	
Veuillez	agréer,	chers Messieurs,	l'expression de
Pouvez-vous		mon chéri,	

grosses bises
mon souvenir affectueux.
mes salutations distinguées.

11

Si c'était le cas...

What you'd do if...

1

If they gave you fifty francs too much change, would you own up or quietly pocket the bonus? For this woman, it all depends on the type of shop . . .

Elisabeth Mademoiselle, je vais vous poser un petit problème délicat. Par exemple, vous allez chez une commerçante, et au lieu de vous rendre sur la monnaie de 50 F, elle vous rend sur la monnaie de 100 F. Que feriez-vous?

La femme En principe, je devrais lui signaler qu'elle s'est trompée. Maintenant, ça ne m'est jamais arrivé. Je pense que j'attirerais son attention sur son erreur, en principe, hein?

Elisabeth Que voulez-vous dire par "j'attirerais"?

La femme Eh bien, je lui ferais remarquer qu'elle me rend trop d'argent. Maintenant, si c'est dans une boutique très chic, franchement, je ne le ferais pas.

Elisabeth Ce serait une petite vengeance, alors?

La femme D'une façon ou d'une autre, oui. Mais enfin, dans un petit magasin de quartier, chez un petit commerçant, je pense que je lui rendrais l'argent, la différence.

Elisabeth Et si cela se passait dans un supermarché?

La femme Oh, je pense que sur le total même, je ne m'en apercevrais pas, parce qu'il y aurait certainement une longue liste d'objets à acheter, mais enfin pour ce qui est de rendre la monnaie, je pense que j'attirerais l'attention de la vendeuse, parce que si ça n'est pas moi qui le lui dis, elle sera obligée de payer de sa poche. C'est la règle en principe. Si elles ont une erreur dans leur caisse, c'est elles qui sont responsables.

je lui ferais remarquer	*I'd point out to her*
d'une façon ou d'une autre	*one way or another*
pour ce qui est de rendre la monnaie	*as far as giving change back is concerned*
si elles ont une erreur dans leur caisse	*if their takings are short*

2

Laurencine doesn't hesitate: fair's fair.

Alan	Vous êtes dans un magasin, vous achetez quelque chose, et on vous rend la monnaie sur 100 F quand vous avez donné seulement 50 F. Qu'est-ce que vous feriez?
Laurencine	Ah, mais je dirais à la vendeuse qu'elle s'est trompée.
Alan	Tout de suite?
Laurencine	Oui, tout de suite.
Alan	Vous ne partiriez pas sans rien dire?
Laurencine	Ah non!
Alan	Ça ne serait pas honnête?
Laurencine	Ah non, c'est pas honnête.
Alan	Vous ne le feriez jamais?
Laurencine	Ah non, ça je ne crois pas.

3

What, according to Parisians, are the most important things to see in Paris? We asked some Parisians what they'd do if they had friends coming to stay for a couple of days. Elisabeth's friend likes the islands in the Seine and the off-beat corners of the Left Bank – but she can't stand Pigalle.

Elisabeth	Si vous aviez des amis pour deux jours qui voudraient découvrir Paris, où iriez-vous?
La femme	Oh, je crois que je les emmènerais du côté de Notre-Dame, c'est-à-dire, la pointe de l'Ile de la Cité, et bien sûr après, l'Ile Saint-Louis.
Elisabeth	Oui, et pas d'autres quartiers?
La femme	Alors, surtout pas Pigalle.
Elisabeth	Pourquoi?
La femme	Ah, parce que pour moi, Pigalle, ce n'est même plus un arrondissement de Paris, c'est surtout, alors, des sex-shops tous les dix mètres. C'est atroce.
Elisabeth	Mais le "French . . . French can-can", ou même le Moulin Rouge, c'est bien Pigalle?

Paris: Notre-Dame

La femme Ben, c'est complètement perdu maintenant dans une mer de spectacles à bon marché et érotiques.

Elisabeth Donc, vous n'aimez pas Montmartre?

La femme Si, j'aime Montmartre, mais ce que je regrette maintenant, c'est que pour arriver à Montmartre il faut franchir la barrière du boulevard de Clichy et du boulevard Barbès. Mais une fois que vous avez franchi cette barrière, bien sûr, vous retrouverez dans Montmartre des rues qui sont encore très protégées et très agréables, avec surtout des rues fermées, des impasses, qui sont ravissantes.

Elisabeth Quels autres quartiers montreriez-vous?

La femme Alors là, je crois que j'irais également tout à fait dans le sud de Paris, dans le quatorzième, parce que là aussi il y a des impasses qui ont gardé un style petit-pavillon avec des jardins devant et en bonne saison plein de fleurs, et c'est très joli aussi.

Elisabeth Et s'ils voulaient découvrir Paris la nuit, où iriez-vous?

La femme Alors, je crois que je les convaincrais d'aller plutôt au Quartier Latin.

ce que je regrette	*what I don't like*
il faut franchir la barrière	*you have to get across the barrier*
un style petit-pavillon	*a garden-suburb style*

4

Philippe isn't wild about conventional sight-seeing; he prefers watching life go by in cafés.

Elisabeth Philippe, si vous aviez des amis chez vous cette semaine qui voudraient voir Paris, où iriez-vous?

Philippe Je pense que j'irais d'abord leur faire visiter les monuments. Donc, je leur ferais visiter les monuments principaux de Paris, c'est-à-dire, la Tour Eiffel, l'Arc de Triomphe, etcétéra. Je ne vais pas les nommer tous parce qu'il y en a beaucoup trop. Mais je crois que je ne m'étendrais pas trop sur cette visite, puisque moi-même je ne suis pas tellement intéressé. Je crois que je leur ferais visiter avec plaisir les petits cafés de Paris, par exemple, les Académies de la Bière et toutes ces choses-là.

Elisabeth	Pourquoi ces petits cafés?
Philippe	Tout d'abord, pour l'ambiance, parce que dans les petits cafés de Paris on peut facilement voir le Français, c'est-à-dire, on peut étudier le caractère du Français, et aussi puisque c'est quand même une ambiance très spéciale qu'on ne retrouve pas, je pense, dans les autres pays.
Elisabeth	Autrement, à part tout ceci, que pourriez-vous faire d'autre?
Philippe	Je pense qu'il y a aussi une promenade qui est très intéressante à Paris. C'est de prendre le bateau-mouche et de descendre la Seine. Je pense que par ce moyen il est très facile de voir beaucoup de monuments en peu de temps.

j'irais leur faire visiter	*I'd take them to . . .*
je ne m'étendrais pas trop	*I wouldn't spent too much time*
que pourriez-vous faire d'autre?	*what else could you do?*

Explications

1

Je lui rendrais l'argent!

To say what you *would* do if . . . use the *conditional* tense. (See also p.87)

To form the conditional:

Take the same endings you use for the *imperfect*:

je	STEM	–**ais**
tu		–**ais**
il		–**ait**
nous		–**ions**
vous		–**iez**
ils		–**aient**

n.b. Apart from the *nous* and *vous* forms, the endings are pronounced the same.

And add these to the infinitive in the case of verbs like *attirer* and *partir*:

j'**attirer**ais son attention sur son erreur
vous ne **partir**iez pas sans rien dire?

- but when the infinitive ends in *–re*, drop the final *e*:

rendre – elle lui **rendr**ait l'argent
dire – elles **dir**aient à la vendeuse . . .
boire – ils **boir**aient de la bière

- Some of the most useful verbs form the conditional in their own ways:

avoir	– j'**aur**ais, etc.	venir	– je **viendr**ais . . .
être	– je **ser**ais . . .	vouloir	– je **voudr**ais . . .
faire	– je **fer**ais . . .	pouvoir	– je **pourr**ais . . .
aller	– j'**ir**ais . . .	devoir	– je **devr**ais . . .

When to use the conditional

- If you're talking about what you *would* do if . . ., you need *si* followed by a verb in the imperfect, then the conditional:

Si vous **aviez** des invités, où **iriez** – vous?
Si la commerçante se **trompait**, je lui **rendrais** l'argent

- Always with *vouloir*, out of politeness:

Je **voudrais** visiter Notre-Dame
Mes amis **voudraient** voir Pigalle

- The idea of 'ought to' is conveyed by the conditional of *devoir:*

En principe, je **devrais** lui signaler son erreur.

Informations

Les bateaux-mouches

Ce sont de longs bateaux touristiques, conçus pour des promenades sur la Seine. Confortablement installé sur son siège, le touriste a un point de vue inattendu sur Paris: vus de la rivière, les monuments de Paris apparaissent dans une perspective nouvelle – surtout quand on passe en dessous des fameux "ponts de Paris".

Les monuments de Paris

Toutes les grandes villes possèdent des bâtiments importants – historiques ou spectaculaires – qu'il faut voir si on visite la ville. Ce sont "les monuments". Paris est particulièrement riche en monuments, en partie à cause de la façon dont la ville est construite: les grands boulevards, les places, les jardins publics, et la rivière fournissent des perspectives et des panoramas pour mieux montrer les grands monuments de la ville: historiques comme Notre-Dame de Paris, la Tour Saint-Jacques ou le Louvre, ou plus modernes – comme la Tour Eiffel, la Maison de la Radio, la Tour Montparnasse, ou les tours de La Défense.

Les académies de la bière

Généralement, quand on pense à la France, on pense au vin. Mais c'est oublier que la France produit aussi une grande variété de bières (surtout en Alsace et en Lorraine). Il existe à Paris de nombreux petits cafés ou bars qui se sont spécialisés dans la bière: certains s'appellent, justement, "l'Académie de la Bière", d'autres ont des noms moins explicites. On trouve aussi, depuis quelques années, des "pubs" d'inspiration anglaise, qui vendent parfois jusqu'à 100 bières différentes, mais ça c'est une autre histoire . . .

Le quatorzième arrondissement

Chaque arrondissement – chaque quartier – de Paris a sa propre personnalité, sa propre ambiance, sa propre histoire. En général, les gens de l'avant-garde artistique et intellectuelle choisissent des quartiers sympathiques et bon marché; puis ces quartiers deviennent "à la mode" et les artistes sont obligés de déménager. Par exemple, pendant la Belle Epoque, le centre de l'avant-garde se trouvait à Montmartre, mais dans les années '20, il s'est déplacé vers Montparnasse, sur la Rive Gauche. Le 14e arrondissement, au sud de Paris, était comme la banlieue de Montparnasse, et de nombreux artistes s'y sont installés. Ils y ont acheté des terrains et ont construit des ateliers, et aujourd'hui encore on trouve, dans le 14e, de petites rues tranquilles et fleuries, avec de grandes maisons modernes, presque toutes avec au moins une de ces fenêtres immenses qui indiquent un atelier de peintre.

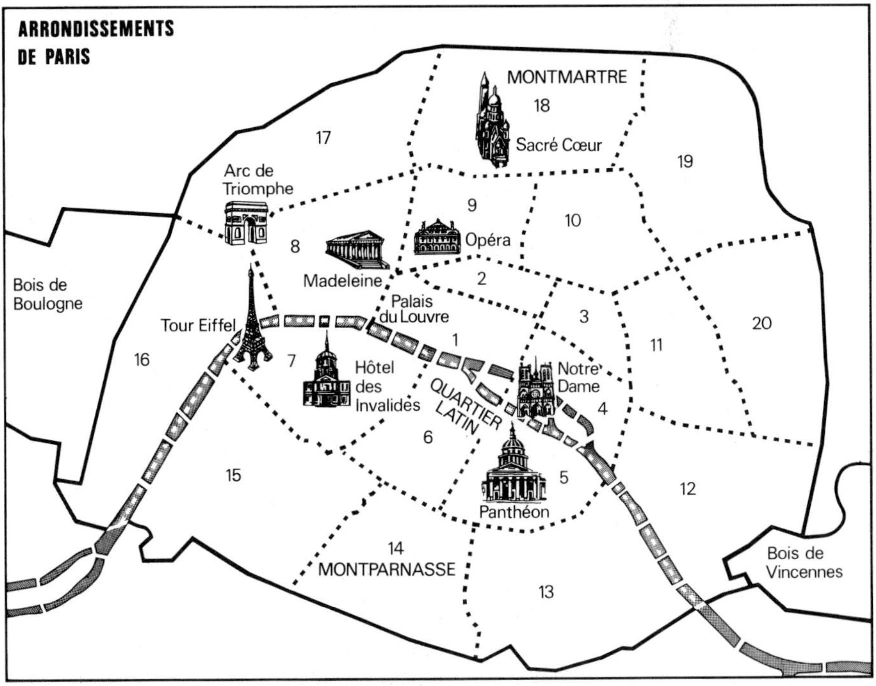

Exercices

1

A few pipe dreams – make it clear they *are* dreams, this way:

J'ai le temps. J'apprends le chinois.
– **Si j'avais** le temps, **j'apprendrais** le chinois

1 Georges gagne à la Loterie. Il achète une villa sur la Côte d'Azur.
2 Eliane devient Président. Elle construit un tunnel sous la Manche.
3 Jacques parle espagnol. Il peut travailler à Madrid.
4 Il n'a pas de responsabilités. Il fait le tour du monde.
5 Je peux choisir. J'habite l'Ile Saint-Louis.
6 Liliane ne travaille pas le dimanche. Elle va voir ses parents.
7 Dominique m'aime. La vie est belle!
8 Il y a des oeufs. Je fais une omelette.
9 L'ambassadeur est là. Il reçoit la délégation.
10 On vole ma voiture. Je suis furieux!

2

Que feriez-vous si . . .

1 . . . on vous rendait 50 F de trop au supermarché?
(you'd say there was a mistake and you'd give the money back)
2 . . . vous perdiez votre passeport?
(you'd go to the consulate)
3 . . . vous ne retrouviez pas votre voiture?
(you'd look for it, then you'd telephone the police)
4 . . . on vous téléphonait à trois heures du matin?
(if it wasn't serious, you'd be furious)
5 . . . vous sentiez du gaz dans l'appartement?
(you'd open all the windows and you wouldn't smoke)
6 . . . vous étiez en vacances à Londres?
(you'd visit the museums and go to the theatre every night)
7 . . . on vous proposait du vin de Bourgogne?
(you'd choose the Montrachet)
8 . . . on vous vendait un pullover trop petit?
(you'd go back to the shop and ask for another pullover)
9 . . . vous aviez mal aux dents en vacances?
(you'd go to the chemist and ask for the address of a good dentist)

3

Your friend Jules is standing for the Town Council, and he's trying out his ideas on you.

Jules D'abord, je veux construire une piscine municipale.
Vous (good idea – if there was a swimming pool, you'd go there every week)
Jules Et je vais demander la construction d'une route périphérique.
Vous (yes, if there was a ring-road, there wouldn't be any more traffic jams in the town centre)
Jules Et que pensez-vous de l'idée de transformer l'ancien lycée en musée?

Vous	(if it wasn't so ugly, it would be a good idea)
Jules	Euh . . . vous n'aimez pas. Vous avez une autre suggestion?
Vous	(yes – if he demolished the old lycée, he could create a park – and if there was a park in the neighbourhood, children could play there)
Jules	Alors, on démolit le lycée et on fait un jardin public. C'est bien ça?
Vous	(if there was the money . . .)
Jules	Bon . . . évidemment, on devrait peut-être augmenter les taxes locales.
Vous	(if local rates went up, people wouldn't be very happy)
Jules	Mais il faut trouver l'argent quelque part!
Vous	(you know, you know – but if one organised a municipal lottery? Is it possible?)
Jules	C'est une idée intéressante. Alors: une piscine, une route périphérique, et un jardin public, ça va comme programme?
Vous	(if it depended on you, yes)
Jules	Mais vous allez bien voter pour moi, n'est-ce pas?
Vous	(if you had the vote, you'd vote for him, of course – but you can't vote because you're not French – has he forgotten?)

4

There's a twin-town visit to Chouville in the offing. Madame Baratin is the new organiser, and she'd like your advice . . .

Mme Baratin	Bonjour – je ne vous dérange pas?
Vous	(not at all – you've just made some coffee – ask if she'd like some)
Mme Baratin	C'est gentil, merci. Eh bien, vous voyez, j'ai un problème . . .
Vous	(well, it isn't the first time. If you can help her . . .)
Mme Baratin	Oh sûrement! Je dois faire le programme des visiteurs anglais et j'aimerais avoir votre avis. Si vous aviez des amis qui voulaient voir Chouville et la région, où iriez-vous?
Vous	(tell her you'd like to show them the castle, of course. If it was fine, you'd spend an afternoon on the beach)
Mme Baratin	Et le soir?
Vous	(you'd go to a little restaurant in the old town, where the visitors could try all the regional dishes)
Mme Baratin	C'est bien – mais ils viennent pour toute une semaine!
Vous	(let's see – if it was for a week, you'd have to have [*use falloir*] two days to see Chouville. Then they could spend a day in Rouen.
Mme Baratin	Evidemment, oui, une excursion à Rouen . . . Bien.
Vous	(if there was a coach, she could organise an excursion in Normandy)
Mme Baratin	Bonne idée! Si on visitait une ferme normande?
Vous	(that would be perfect)
Mme Baratin	Ça fait cinq jours . . . Et le dernier jour?
Vous	(it would be pleasant if there were a reception at the Town Hall)
Mme Baratin	Bon, mais il y a déjà une réception d'accueil à l'Hôtel de Ville.
Vous	(tell her she could always organise another reception at the cultural centre)
Mme Baratin	Au centre culturel? C'est un peu triste. Ah! Si on faisait ça au casino?
Vous	(splendid! Everyone's going to have fun)

12

Qu'est-ce qu'il faut que je fasse?

Getting things sorted out

1

If you arrive in Paris . . . but your luggage doesn't, what do you have to do? Elisabeth found out.

Elisabeth	Bonjour madame.
L'hôtesse	Bonjour madame.
Elisabeth	Je viens vous voir parce que je viens de perdre mes bagages. Que dois-je faire?
L'hôtesse	Vous venez d'où?
Elisabeth	Eh bien, je viens du vol de Londres qui vient d'arriver.
L'hôtesse	Ah, qui vient d'arriver. Donc, vous avez enregistré vos bagages à Londres et vous ne les avez pas récupérés à Paris.
Elisabeth	Voilà.
L'hôtesse	Combien de pièces de bagages avez-vous perdu?
Elisabeth	Ah, écoutez, attendez. Moi, j'avais un sac de voyage en toile avec une petite valise et mon mari avait une grande valise bordeaux et en cuir.
L'hôtesse	Aviez-vous vos noms d'inscrits sur les bagages – étiquettes, ou bien . . . ?
Elisabeth	Oh, je ne pense pas, non.
L'hôtesse	Bon, d'accord, je vais noter. Très bien, nous allons envoyer un message à Londres et nous espérons récupérer les bagages dans la journée. Enfin, peut-être le vol suivant, d'ailleurs.
Elisabeth	Donc, vous allez me téléphoner . . .
L'hôtesse	Oui. Sinon vous pouvez attendre peut-être une heure, peut-être les bagages vont arriver incessamment et ça arrive parfois que . . .

Elisabeth	Et si je ne retrouve pas mes bagages, est-ce que je vais être dédommagée?
L'hôtesse	Oui, bien sûr, mais enfin j'espère que vous allez les retrouver.
Elisabeth	Oui, moi aussi. Merci bien. Au revoir madame.
L'hôtesse	Au revoir madame.

aviez-vous vos noms d'inscrits sur les bagages?	*did you have your names on your luggage?*
les bagages vont arriver incessamment	*the luggage will arrive any minute now*
est-ce que je vais être dédommagée?	*will I be paid compensation?*

2

And what do you have to do if your car disappears? Like Pierre-Paul, ask a policeman!

Pierre-Paul	Monsieur l'agent, si je perds ma voiture en France, qu'est-ce qu'il faut que je fasse?
L'agent	Il faut que vous vous adressiez immédiatement au service de police le plus proche, que vous indiquera un gardien de la paix, que vous rencontrez assez facilement à Paris, et il faut faire la distinction entre la perte et le vol. Si vous l'avez simplement égarée, si vous ne vous souvenez plus de l'endroit où vous l'avez rangée, il faut quand même que vous la cherchiez d'abord un peu. Mais si vraiment vous ne la trouvez pas, et qu'il apparaisse qu'elle soit volée, il faut que, donc, vous vous adressiez au service de police le plus proche.
Pierre-Paul	Alors, maintenant que je suis dans les services de police, que faut-il que je fasse?
L'agent	Il faut que vous vous adressiez soit à un planton ou soit directement au guichet, à l'un des inspecteurs qui se trouvent derrière le guichet du service de police. Il faut que vous

présentiez les papiers concernant la voiture, c'est-à-dire la carte grise de la voiture, ou enfin l'équivalent de la carte grise de la voiture, votre attestation d'assurance, et puis une pièce d'identité. Les services de police enregistreront votre déclaration. La déclaration de vol sera suivie d'un télégramme diffusé dans toute la France, dont seront destinataires les services de police et les services de gendarmerie, de telle sorte que vous soyez immédiatement avisé que vous puissiez récupérer votre véhicule. Un télégramme donc est diffusé dans toute la France.

il faut que vous vous adressiez à un gardien de la paix	*you must ask a policeman*
soit . . . soit	*either . . . or*
la carte grise	*log book*
dont seront destinataires	*which will be received by*
de telle sorte que . . .	*so that . . .*

3

If you want to change your travel plans, or if you have an open return ticket, you'll have to book your flight home. Elisabeth wanted to make a booking for London.

L'hôtesse Bonjour madame.
Elisabeth Bonjour madame. Je viens pour une réservation.
L'hôtesse Oui. Vous voulez aller où?
Elisabeth A Londres.
L'hôtesse Oui. Avez-vous un billet?
Elisabeth Oui, le voici.
L'hôtesse Très bien. Euh, vous voulez partir quel jour?
Elisabeth Je voudrais partir le samedi 12 février.
L'hôtesse Oui. Vous voulez le matin ou l'après-midi?
Elisabeth Je préfère l'après-midi.
L'hôtesse Oui. Alors, il y a un vol à midi, treize heures, quinze heures, dix-sept heures, dix-huit heures.
Elisabeth Celui de quinze heures me convient.
L'hôtesse Oui. Euh, bon alors, je vais aller voir s'il y a de la place.
Elisabeth Oui.
L'hôtesse Quel est votre nom?
Elisabeth Bordry.
L'hôtesse Comment l'épelez-vous?
Elisabeth B-O-R-D-R-Y.
L'hôtesse Je vais voir s'il y a de la place.
Elisabeth D'accord.
(*L'hôtesse s'en va et revient*)
L'hôtesse Bon. Eh bien, c'est d'accord. Vous êtes réservée sur le vol BE015 du 12 février, départ 15 heures de Charles de Gaulle.
Elisabeth A quelle heure j'arrive à Londres?
L'hôtesse Alors, vous arrivez à 15 heures, heure locale.
Elisabeth Bon, c'est-à-dire, donc, je pars à 15 heures de Paris et j'arrive à la même heure, c'est-à-dire, 15 heures, à Londres.
L'hôtesse Oui, c'est ça.
Elisabeth Bon, d'accord. Et vous pouvez me dire à quelle heure je dois me rendre à l'aéroport?

L'hôtesse	Alors, il faut que vous soyez à l'aéroport à 14 heures 15, 14 heures 30 au plus tard, euh, si vous n'avez pas de bagages.
Elisabeth	Bon, très bien. Et comment puis-je y aller?
L'hôtesse	Vous avez des départs de la Porte Maillot toutes les 15 minutes, des autobus; et des trains de la Gare du Nord, toutes les 15 minutes également.
Elisabeth	Donc, tout est réglé là?
L'hôtesse	Oui, tout est en ordre. Il n'y a pas de problème.
Elisabeth	Bon, mais très bien. Merci bien. Au revoir madame.
L'hôtesse	Je vous en prie. Au revoir madame.

celui de 15 heures me convient	*the one at 3 p.m. suits me*
s'il y a de la place	*if there's room*
tout est réglé là?	*is everything sorted out?*

Explications

1
Qu'est-ce qu'il faut que je fasse?

After *il faut que* and other expressions, usually followed by *que*, which will be listed in this and the following chapters – you must use a new form of the verb: the *subjunctive*.

To form the subjunctive, take the endings:

je	STEM	**–e**
tu		**–es**
il		**–e**
nous		**–ions**
vous		**–iez**
ils		**–ent**

These are used for every verb except *avoir* and *être*, and they are added to the *stem*.

To find the stem:

- Take the *ils* form of the present tense and drop the *–ent* ending.

This holds good for the majority of verbs. e.g.:

		FINIR (ils **finiss**ent)	CHERCHER (ils **cherch**ent)	PARTIR (ils **part**ent)
il faut que	je	finiss**e**	cherch**e**	part**e**
	tu	finiss**es**	cherch**es**	part**es**
	il	finiss**e**	cherch**e**	part**e**
	nous	finiss**ions**	cherch**ions**	part**ions**
	vous	finiss**iez**	cherch**iez**	part**iez**
	ils	finiss**ent**	cherch**ent**	part**ent**

• Some very frequently used verbs have irregular forms in the subjunctive. Here are some of the more common ones:

	ETRE	FAIRE	ALLER
je	*sois*	*fasse*	*aille*
tu	*sois*	*fasses*	*ailles*
il	*soit*	*fasse*	*aille*
nous	*soyons*	*fassions*	*allions*
vous	*soyez*	*fassiez*	*alliez*
ils	*soient*	*fassent*	*aillent*

n.b. For other verbs see pp. 206–209.

2
When to use the subjunctive

• After *il faut que* and other expressions conveying the idea of necessity:

il faut que il est nécessaire que il est indispensable que	vous **présentiez** les papiers

• After expressions conveying the idea of aiming at something, like the English *'so that'* or *'in order that'*:

pour que de telle sorte que de sorte que	vous **puissiez** retrouver votre voiture

• If the instructions introduced by *il faut/il est nécessaire*, etc., apply to everybody, or if the context makes it clear who's involved, you can drop the *que* and use the infinitive instead of the subjunctive:

Il **faut faire** la distinction entre la perte et le vol.

Informations

La police

Beaucoup d'étrangers ont l'impression que les services de police en France sont assurés par *les gendarmes*. C'est vrai en partie, mais il faut être plus précis.

Chaque grande ville a sa *police*: *les gardiens de la paix* s'occupent surtout de la circulation en ville; ce sont les gardiens qu'on voit aux carrefours ou dans les rues en général. *Les officiers* de police (*les agents* ou *les inspecteurs*) sont chargés de maintenir l'ordre public. Chaque quartier a *un commissariat de police*, qui sert de base aux agents et aux gardiens de la paix.

A l'extérieur des grandes villes, les fonctions de la police sont confiées aux *gendarmes*; ceux que l'on voit le plus souvent sont probablement les gendarmes à motocyclette qui surveillent la circulation sur les autoroutes. Le centre d'opérations des gendarmes (l'équivalent du *commissariat* en ville) s'appelle *la gendarmerie*.

On voit souvent circuler les grands cars bleu marine des C.r.s. (Compagnies républicaines de sécurité). Les C.r.s. sont des réserves mobiles qui sont envoyés là où la situation dépasse les ressources locales: les grèves importantes, les manifestations politiques ou les désastres, par exemple les incendies de forêt.

Départ 15 heures de Charles de Gaulle

Au début, l'aéroport de Paris se trouvait à quelques kilomètres au nord de Paris, dans un village qui s'appelle Le Bourget. Lindbergh y a terminé son historique vol de l'Atlantique en 1927. Mais avec l'augmentation du trafic aérien, Le Bourget est devenu trop petit; on a donc construit, vers la fin des années '50, un grand aéroport à Orly, au sud de Paris. L'augmentation du trafic a continué, et dix ans plus tard il a fallu construire un troisième aéroport parisien, à Roissy-en-France, un peu au nord du Bourget. Peu après l'inauguration de Roissy, le Général de Gaulle est mort; par respect, on a donné son nom au nouvel aéroport. Vous verrez souvent des étiquettes de bagages portant les initiales *CDG*, signifiant "Charles de Gaulle = Paris – Roissy". Dans le monde de l'aviation, on l'appelle souvent "Charlie Airport" . . .

Exercices

1

You've just registered at your local hotel in Paris and you want to change some travellers' cheques in the bank round the corner.
(* means that you should use *il faut* with an infinitive)

L'employé	Bonjour. C'est pour changer de l'argent?
Vous	(tell him yes, travellers' cheques, and ask is that okay?)
L'employé	Oui, bien sûr. C'est quelle monnaie?
Vous	(pounds – £50 please)
L'employé	Bien. Voulez-vous signer?
Vous	(say sorry – you didn't hear what he said)
L'employé	Il faut signer les chèques, s'il vous plaît.
Vous	(yes, of course – here they are)
L'employé	Vous avez votre passeport?
Vous	(oh yes – tell him you always forget that you have to* present the passport)
L'employé	C'est quand même indispensable.
Vous	(good – just a moment – oh, you've lost it!)
L'employé	Attendez, regardez encore dans vos poches.
Vous	(that's true – one must* stay calm . . . no, your passport isn't there)
L'employé	Alors, c'est un problème.
Vous	(ask him what you have to* do)
L'employé	Eh bien, d'habitude on contacte la police.
Vous	(then you must* telephone the police. Ask him if he has the number, please)
L'employé	Attendez, il faut savoir quel commissariat. Où est-ce que vous êtes allé(e) cet après-midi?

Vous (you came directly from the hotel to the bank – and you had your passport at the hotel)

L'employé Ah, bon! Vous l'aviez à l'hôtel? Alors . . .

Vous (oh yes! you see! Tell him you have to* show your passport at the hotel – and you've left it at the reception)

L'employé Bien, tout est réglé, alors. Vous pourriez revenir avec le passeport. Vous êtes à quel hôtel?

Vous (what's it called . . .? the Hôtel Saint-Simon)

L'employé Pas de problème, alors, c'est tout près. Il faut cinq minutes pour y aller et revenir. Je vais garder les chèques et je vous attends. Ça va? A tout à l'heure!

Vous (tell him that's fine – thank him very much, and say you'll see him directly)

2

Madame Baratin has dropped in and found you in the kitchen. She's very interested in your special recipe.

* means you should use *il faut* (with a subjunctive, an infinitive, or a noun – depending on the context).

n.b. *Read through the whole passage first – you'll find most of the words you need in Mme Baratin's speeches*

Mme Baratin Tiens, ça sent bon. Qu'est-ce que c'est?

Vous (it's boeuf bourguignon – ask if she knows it?)

Mme Baratin Oui, je connais, mais je ne l'ai jamais fait. Vous voulez me donner la recette?

Vous (yes, it's easy. You need* a kilo of beef, six onions, herbs, a bottle of red wine, 100 grams of butter, some salt and pepper, and some flour)

Mme Baratin . . . de la farine. Oui?

Vous (well, you must* cut the beef into cubes. Then you put* them in a saucepan with the butter)

Mme Baratin Dans une casserole. Oui!

Vous (and you add* the flour – and you have to* stir all the time)

Mme Baratin Il faut remuer, oui. C'est pour dorer la viande?

Vous (that's it – when the meat is browned, you add* three quarters of the wine – and you must not* stop stirring)

Mme Baratin Remuer sans cesse, oui.

Vous (then you must* put in the onions, and add* the salt, pepper and herbs)

Mme Baratin C'est tout?

Vous (yes – then you cover* the saucepan and let it cook)

Mme Baratin Pendant combien de temps?

Vous	(you have to* let it cook very slowly – about two and a half hours)
Mme Baratin	Et comme légumes?
Vous	(tell her as she prefers – purée of potatoes, for example)
Mme Baratin	Je vais l'essayer. Mais il y a une chose . . .
Vous	(yes, what is it?)
Mme Baratin	Il reste encore un quart de bouteille de vin. Qu'est-ce qu'il faut en faire?
Vous	(well, you must* never leave wine in an open bottle)
Mme Baratin	Evidemment! Alors?
Vous	(you put* the wine in a glass, and you drink* it slowly while you're waiting for the boeuf bourguignon)

3

You've got a heavy programme before you leave on holiday. Make it sound even more urgent by using *il faut* instead of *devoir*, and the subjunctive.

e.g. Nous *devons* partir ce soir
– **Il faut que** nous **partions** ce soir

1 Je dois dire au revoir aux voisins
2 Vous devez descendre en ville
3 Vous devez acheter les billets
4 Vous devez rentrer le plus vite possible
5 Je dois demander un taxi
6 Le taxi doit venir à 8 heures
7 Nous devons nettoyer la maison
8 La maison doit être en bon état
9 On doit faire les valises
10 Je dois prendre un bain
11 Le dîner doit être prêt à 7 heures
12 Nous devons être à la gare à 8 heure et demie

13

Je voudrais que…

Expressing wishes and hopes for the future

1

What do French teenagers hope for from life? Elisabeth talked to three schoolgirls at a convent school near Paris to find out. Nathalie is 17; she hasn't decided on her future yet, but she does have strong views on marriage and independence.

Elisabeth Quel âge as-tu?
Nathalie J'ai dix-sept ans bientôt.
Elisabeth Et tu es en quelle classe?
Nathalie Je suis en seconde B.
Elisabeth Et que veux-tu faire ensuite, après le bac?
Nathalie J'ai pas tellement d'idée. Je me lancerai peut-être dans une carrière juridique ou peut-être psychologie.
Elisabeth Est-ce que tes parents t'ont dit: "Il faut que tu fasses une carrière juridique ou médicale"? Qu'est-ce qu'ils t'ont dit?
Nathalie Non, en fait, mon père m'a dit: "Tu fais ce que tu veux". Il aurait pas préféré que je fasse C. En tout cas, il ne me l'a pas dit.
Elisabeth Est-ce que tu penses que les parents puissent forcer les enfants à suivre une certaine voie?
Nathalie Ils le peuvent . . . oui, si les enfants se laissent faire, mais enfin, pour ma part, si on m'avait forcée à choisir une certaine voie, je me serais révoltée et je serais partie.
Elisabeth Donc, ensuite, après le bac, que faut-il que tu fasses exactement? Il faut que tu ailles à Paris?
Nathalie A Paris ou ailleurs. Ça dépend. J'essaierai d'être dans la meilleure, enfin, dans la meilleure université dans laquelle je puisse être.
Elisabeth Est-ce que tu penses, en faisant ces études, que tu puisses te marier durant ces années d'études? Ou est-ce incompatible?
Nathalie Euh, qu'est-ce que vous entendez par marier? Vivre avec quelqu'un?
Elisabeth Je sais pas, selon tes idées.
Nathalie Dans la mesure où ce quelqu'un soit déjà établi, oui, mais je pense qu'il est mauvais pour l'équilibre d'un ménage que l'un des deux soit forcé d'arrêter, parce qu'il faudrait que l'un des deux soit forcé d'arrêter. Pour former un ménage, il faut qu'au moins un des deux membres du couple soit déjà établi dans la vie, ne poursuive plus ses études.
Elisabeth Mais est-ce que tu envisages plutôt le mariage ou l'union libre?
Nathalie L'union libre.
Elisabeth Pourquoi?
Nathalie Bien, parce que . . . enfin, ça peut paraître assez paradoxal, mais je suis très croyante et je pense qu'on a fait du mariage quelque

chose d'hypocrite. Et de plus, je pense que ça ne regarde pas Monsieur le Maire que je décide de vivre avec quelqu'un. Tout le monde aujourd'hui se marie à l'église pour respecter les conventions et, en fait, pour moi, c'est une comédie.

Elisabeth Donc, si tu es croyante, il faudrait que tu ailles à l'église?

Nathalie Non, je pense que je peux demander à Dieu de bénir mon union sans passer devant un prêtre.

Elisabeth Tu ne penses pas que ça pourrait être un problème pour les enfants?

Nathalie Pourquoi?

Elisabeth Je ne sais pas, moi. Pour certains, ils pensent qu'il faut qu'ils aient le nom du père.

Nathalie Ils peuvent avoir le nom du père, et en plus, enfin, dans notre génération, l'union libre est de plus en plus admise.

Elisabeth Oui, et disons qu'entre eux, les enfants pourraient se dire: "Il faut que tu aies un père, il faudrait que tu aies une mère". Que penses-tu?

Nathalie Je pense que même si les parents ne sont pas mariés, ils auront quand même leurs parents, leur père et leur mère. De toute manière, l'union libre ne veut pas dire union éphémère. Je pense qu'une union libre peut durer toute une vie.

j'ai pas tellement d'idée	*I haven't much idea*
je me lancerai dans . . .	*I'll go in for . . .*
si les enfants se laissent faire	*if the children let themselves be persuaded*
qu'est-ce que vous entendez par . . .?	*what do you mean by . . . ?*
dans la mesure où . . .	*in so far as . . .*
je suis très croyante	*I'm very religious*

2

Laurence is 17 and in the same class as Nathalie. She wants to work in the police, and she knows what sort of husband she doesn't *want!*

Elisabeth Que penses-tu faire l'année prochaine?

Laurence L'année prochaine, euh, je passe en terminale, enfin, je pense, et ensuite je vais faire . . . je vais passer deux examens, un examen pour essayer d'entrer en Sciences Po, et un deuxième pour être inspecteur de police.

Elisabeth Et tes parents, que pensent-ils de cette idée?

Laurence Ils sont d'accord, ils ne voient pas d'objection.

Elisabeth Ils veulent que tu sois inspecteur de police?

Laurence Disons qu'ils ne sont pas contre.

Elisabeth Et penses-tu, tout en étant inspecteur de police, que tu puisses être mariée?

Laurence Ça, je ne sais pas. C'est un autre problème.

Elisabeth Est-ce que tu penses que ton mari serait obligé d'être aussi inspecteur de police?

Laurence Non, pas du tout. Pas du tout. Je suis pour une certaine liberté dans le couple, de ne pas être trop dépendant l'un de l'autre.

Elisabeth Penses-tu que ce ne soit pas incompatible que ton mari appartienne à une autre catégorie sociale?

Laurence	Non, pas forcément.
Elisabeth	Ça ne te dérangerait pas qu'il soit garçon de café, qu'il boive, qu'il soit joueur?
Laurence	Oui, bien sûr. Euh, je suis contre l'alcool, je suis contre la drogue aussi, donc en fait il faudrait quand même, bon, qu'il ne boive pas, qu'il ne se drogue pas et . . .
Elisabeth	Et tu ne voudrais pas un homme qui soit autoritaire, ou plutôt timide, tu as bien des préférences?
Laurence	Autoritaire, non, parce que moi, je suis déjà assez autoritaire, je pense que ça ne marcherait pas. Timide? Non plus! Entre les deux, quoi.

je passe en terminale	*I'm going into the 6th form*
tout en étant inspecteur de police	*as a police inspector*

3

Véronique is younger – fifteen and a half. She wants to be a nursery teacher, and while she doesn't mind what other people do, she'd be happier with a secure marriage.

Elisabeth	Quelles matières tu étudies?
Véronique	J'étudie l'allemand, l'anglais, le français, les mathématiques, l'histoire, la géographie et puis la physique.
Elisabeth	Et as-tu une préférence pour une de ces matières?
Véronique	Ouf, pas particulière, enfin, j'aime bien le français.
Elisabeth	Que penses-tu faire après le bac?
Véronique	Je voudrais être institutrice pour les maternelles.
Elisabeth	Et est-ce que tu penses que tes parents sont d'accord avec ton idée?
Véronique	Oui, bien sûr.
Elisabeth	Ils veulent que tu sois institutrice?
Véronique	Non, c'est moi qui ai voulu. Auparavant, je voulais être comédienne, mais ils n'avaient pas posé de veto, ils n'avaient rien dit.
Elisabeth	Que veulent-ils que tu fasses?
Véronique	Ça leur est égal.
Elisabeth	Penses-tu te marier un jour?
Véronique	Oui, pourquoi pas?
Elisabeth	Certains de tes amis nous ont dit qu'ils voudraient vivre en union libre. Qu'en penses-tu?
Véronique	Si cela leur plaît, je ne vois pas pourquoi les en empêcher. C'est une solution comme une autre.
Elisabeth	Et pour toi?
Véronique	Moi, je préférerais le mariage.
Elisabeth	Tu penses que l'on ne puisse pas vivre en union libre à notre époque?
Véronique	Oh si, pourquoi pas? Mais moi, je pense que le mariage, c'est une assurance un peu, et puis . . . je préférerais être mariée.
Elisabeth	L'union libre te fait peur?
Véronique	Un peu, oui.

c'est moi qui ai voulu	*I'm the one who wanted it*
ils n'avaient pas posé de veto	*they didn't veto the idea*
ça leur est égal	*they don't mind*
je ne vois pas pourquoi les en empêcher	*I don't see why anyone should stop them*

Explications

More about the Subjunctive

To say what you (or anyone else) want to do, use *vouloir* with the infinitive:

Il veut **partir** à Paris
Je voudrais **acheter** du poisson

BUT to say things like 'I want you to . . .', 'he wants me to . . .', use *vouloir que* with the subjunctive:

Je voudrais **que mon mari** ne **boive** pas
Les parents de Laurence veulent **qu'elle soit** inspecteur de police

You also use the subjunctive:

- when you express feelings using *préférer que, être content(e) que,* etc.

Je suis **content que les enfants soient** partis
Ma mère est **contente que j'aille** à la faculté
Mon père préfère **que je fasse** le baccalauréat C

- after *penser que* or *croire que*, when they are questions:

Croyez-vous **que ce soit** vrai?
Est-ce que tu penses **que les parents puissent** forcer leurs enfants?

- after *qui* or *que* when talking about things which are superlative or unique: the nicest, the best, the first, etc. . . .

c'est l'homme le plus sympathique que je **connaisse**
Paris est la meilleure université dans laquelle je **puisse** être
la seule personne qui **sache** la réponse n'est pas ici

- to talk about people or things that are special in some way. They may or may not exist (in any case, you haven't come across them yet):

Tu ne voudrais pas un homme qui **soit** autoritaire?
Je cherche quelqu'un qui **sache** parler espagnol
Est-ce qu'il y a un train qui **parte** après minuit?

L'école et le lycée

Pour les enfants français, l'école peut commencer à 2 ans, à l'école maternelle – si les parents choisissent d'y envoyer leurs enfants – car l'école maternelle n'est pas obligatoire. Par contre, à l'âge de 6 ans, il faut obligatoirement que les enfants commencent à aller à l'école, et qu'ils y restent jusqu'à l'âge de 16 ans. Après cinq ans d'*enseignement primaire*, l'enfant de 11 ans commence l'*enseignement secondaire*, dans la *"classe de sixième"*. (En France, les enfants commencent *"en sixième"*, puis passent en *cinquième*, etc.). Pendant le premier cycle d'*études secondaires* – les classes de 6e, 5e, 4e, et 3e – l'enfant est orienté, selon ses possibilités, vers des études classiques, modernes, techniques, ou pratiques. A 16 ans on peut obtenir divers certificats: le BEPC (*Brevet d'Etudes du Premier Cycle*), le CAP (*Certificat d'Aptitudes Professionnelles*) ou le DFEO (*Diplôme de Fin d'Etudes Obligatoires*). A ce moment-là, l'enfant peut quitter l'école, sinon il passe au *lycée* pour le *deuxième cycle* d'études. Dans les lycées techniques et les collèges, le deuxième cycle peut durer un an, jusqu'au Certificat de Formation Professionnelle, ou deux ans, jusqu'au Brevet d'Etudes Professionnelles et techniques industrielles, commerciales ou administratives. Aux lycées traditionnels, les études durent plus longtemps, dans les classes de seconde, de première et terminales, où on prépare le *baccalauréat,* l'examen qui permet aux élèves d'aller ensuite à l'université. Les diverses matières scolaires sont groupées en cinq programmes de baccalauréat:

A – études littéraires
B – sciences économiques et sociales
C – mathématiques et sciences physiques
D – sciences de la nature
E – sciences et techniques industrielles

Sciences Po

C'est l'abréviation traditionnelle de "l'Institut National des Sciences Politiques" qui se trouve à Paris. C'est une des "grandes écoles" (comme par exemple, l'Ecole Nationale d'Administration, ou l'Ecole des Hautes Etudes Commerciales) qui forment les futurs dirigeants, hauts fonctionnaires et administrateurs. Pour être admis dans une grande école, il ne suffit pas d'avoir le baccalauréat: il faut passer un examen spécial.

Le mariage et Monsieur le Maire

En Grande Bretagne on peut choisir entre un mariage à l'église et une cérémonie civile. Par contre, en France le mariage civil est obligatoire: il faut que le couple se présente à la Mairie, où le Maire, en tant que représentant de l'Etat, conduit une courte cérémonie, fait signer le contrat de mariage – et embrasse la mariée. On peut, bien sûr, se marier à l'église, mais dans ce cas il faut prévoir deux cérémonies: à la Mairie, pour la cérémonie civile (qui est la seule qui compte aux yeux de la loi)et à l'église, pour le mariage religieux.

Exercices

1
You're organising everybody's evening. Say what you want them to do, starting with *Je veux que* or *Je ne veux pas que*:

1 Louise

2 Grand-père

3 Pierre

4 Vous

5 Les enfants

6 Henri et Paul

7 . . . et moi, je veux

2

The Mayor is interviewing you for a job managing the new Syndicat d'Initiative in Chouville. You really want the job.
(* means you should use *il faut que*)

Maire	Voulez-vous me parler de votre expérience?
Vous	(ask what sort of experience exactly)
Maire	Commençons par les études, si vous voulez.
Vous	(tell him you went to the lycée in Nancy, then you studied English and German at university in Strasbourg)
Maire	Vous parlez d'autres langues?
Vous	(a little Italian, yes)
Maire	Bon. Est-ce que vous avez déjà travaillé dans le tourisme?
Vous	(say no, not really – oh yes, when you were a student you worked as a guide during the holidays)
Maire	Très bien. Qu'est-ce que vous avez fait après les études?
Vous	(next you worked as a journalist for papers in Metz and Paris)
Maire	Et depuis que vous êtes à Chouville?
Vous	(you've been writing novels since you've been in Chouville)
Maire	Et le Syndicat d'Initiative vous intéresse. Pourquoi?
Vous	(tell him it would be interesting – and there's another reason too – there's a lot of work in summer, but in winter it's quiet, so you could continue writing)
Maire	Oui. A votre avis, qu'est-ce qu'il faut avoir dans un bon Syndicat d'Initiative?
Vous	(tell him there has to* be a good list of hotels. And they must* organise some publicity in the national newspapers. There must* be a list of guides and interpreters too – and tell him they have to* arrange more excursions in the region)
Maire	Et les hôtesses, qu'est-ce qu'il leur faut comme qualités?
Vous	(they must* speak languages, but above all, they must* have a sympathetic personality – and lots of patience)
Maire	Très bien. Quand voulez-vous commencer?

3

Match the halves to produce correct sentences:

1	a Je cherche une secrétaire b J'ai trouvé une secrétaire	c qui sait parler italien d qui sache parler italien
2	a J'aimerais passer les vacances à un endroit b J'ai passé les vacances à un endroit	c où nous ne sommes pas déjà allés d où nous ne soyons pas déjà allés
3	a On habite un pays b Je préférerais un pays	c où il ne fasse pas trop chaud d où il ne fait pas trop chaud
4	a Je vais b Je veux que	c tu fasses la vaisselle ce soir d faire la vaisselle ce soir
5	a Il faut que b Il faut	c partir avant minuit d nous partions avant minuit
6	a Mme Laval a trouvé une femme de ménage b Mme Laval voudrait une femme de ménage	c qui viendra tous les jours d qui vienne tous les jours
7	a Existe-t-il un homme politique b Il faut admirer un homme politique	c qui dit la vérité d qui dise la vérité?
8	a Je vous prêterai un stylo b N'avez-vous pas de stylo	c qui écrive bien? d qui écrit bien
9	a Je ne veux pas que b J'aime beaucoup	c regarder la télé d vous regardiez la télé
10	a Où est le bus b Est-ce qu'il y a un bus	c qui aille au zoo? d qui va au zoo?

4

Madame Baratin appears to be spring-cleaning, though it's hardly the season. (* means you should use *il faut que* with the subjunctive)

Vous	(say hello and ask what's happening)
Mme Baratin	Je prépare une chambre pour ma nièce. Elle arrive dimanche prochain.
Vous	(ask if she's on holiday then?)
Mme Baratin	Non, non, elle vient chez moi pour l'année scolaire. Ses parents partent à New York pour leur travail, vous voyez.
Vous	(ask if she is the niece who's at the lycée)
Mme Baratin	C'est ça; elle prépare son bac actuellement.
Vous	(say then of course she must* finish her studies here in Paris)

Mme Baratin Voilà. Alors, à votre avis, qu'est-ce qu'il lui faudra?
Vous (well, she must* have a quiet room)
Mme Baratin Ça va; la chambre donne sur la cour: elle est très calme.
Vous (ask what subjects she is preparing)
Mme Baratin Attendez . . . le français, l'anglais, et l'histoire)
Vous (ask if Mme Baratin wants her to go to England during the holidays)
Mme Baratin Ce serait bien – mais où peut-on aller?
Vous (say if she likes, you'll ask your cousins who live in Bootle)
Mme Baratin Ce serait gentil, merci.
Vous (ask what her niece wants to do after her studies)
Mme Baratin Elle veut être interprète tout de suite, mais ses parents préfèrent qu'elle fasse une licence d'abord.
Vous (that's a good idea – then she can change her plans if she wants to)
Mme Baratin C'est ça. Seulement, il y a une chose qui m'inquiète.
Vous (ask what it is)
Mme Baratin Si elle veut sortir tous les soirs, qu'est-ce qu'il faut que je fasse?
Vous (tell her well, the girl must* have some freedom – after all, one can't work all the time)
Mme Baratin Mais si elle ne réussit pas à l'examen? Qu'est-ce que ses parents vont dire?
Vous (say she [*Mme Baratin*] mustn't* worry. She'll succeed – she's an intelligent girl, isn't she?)
Mme Baratin Oui, mais elle fait le français et l'anglais, et elle déteste la littérature!
Vous (say she'll have to* be patient, that's all)

14

Un Français d'aujourd'hui

Le chanteur, Maxime le Forestier

One of the most interesting singers to emerge in France in the last few years is Maxime le Forestier. His tender, angry, melancholy songs have won him an enthusiastic following in French-speaking countries, and he has sung in Germany and the Soviet Union, but so far he is virtually unknown in English-speaking countries. He made an exception to his 'no interview' rule, and talked to Elisabeth.

Elisabeth Maxime le Forestier, peux-tu me dire qui tu es?

Maxime Non!

Elisabeth Pourquoi?

Maxime Non, parce que c'est . . . je passe mon temps à écrire des chansons pour essayer de le trouver, et les chansons sont très longues à écrire. Donc, si j'étais capable devant un magnétophone de dire en une minute ou en trente secondes qui je suis, ça veut dire que tout le travail que je fais, toute la recherche que je fais à écrire mes chansons et à les chanter, ne servirait à rien, puisque en une minute je suis capable de tout résumer.

Elisabeth Ecris-tu toi-même tes chansons?

Maxime Oui.

Elisabeth Toutes?

Maxime Toutes, mais pas nécessairement tout seul. C'est-à-dire que parfois quelqu'un d'autre que moi écrit la musique, parfois je mets en musique les textes de quelqu'un d'autre.

Elisabeth Oui. C'est toi qui choisis le thème?

Maxime Ben, je ne pense pas que le thème se choisisse. Je pense que le thème s'impose.

Elisabeth Si tu écris tes chansons, c'est parce que tu as quelque chose à transmettre. Quel est pour toi le but de la chanson?

Maxime Euh, je ne pense pas que le mot "transmettre" soit juste. Je pense à "exprimer" plutôt. "Dire" ou "exprimer", c'est quelque chose qui vient de moi et que je projette. Chacun d'entre nous a quelque chose à exprimer, a quelque chose à dire, sinon il ne serait pas vivant. Il se trouve que moi, j'ai trouvé ce moyen qu'est la chanson, d'exprimer et de dire ce que j'ai en moi. D'autres le font par la littérature, d'autres le font par le cinéma, d'autres le font par la peinture ou la sculpture ou la musique. D'autres ne le font pas, et ils ont tort. Je pense qu'on doit sortir ce qu'on a en soi si on ne veut pas devenir fou.

Elisabeth Tu as dit que tu as besoin d'exprimer ce que tu as en toi. Qu'as-tu exactement en toi actuellement?

Maxime Les sujets qui se passent en ce moment, c'est beaucoup, beaucoup, beaucoup de chansons d'amour, de tous les côtés qu'on puisse le regarder. Ça, parce que c'est une chose que j'ai jamais tellement écrite parce que sans doute je ne l'avais jamais tellement ressentie. Et puis des sujets que j'ai déjà traités, mais je les traite d'une autre façon. Il y a bien sûr le sujet euh, de . . . c'est un sujet qui m'est très cher et qui est la guerre, enfin, tout ce qui concerne la guerre, plutôt la paix, l'absence de guerre. Alors, bon, j'avais commencé à traiter ce sujet il y a cinq ans en écrivant une chanson, euh, très directe et très dure et très très cassante, qui s'appelait "Parachutiste". Après, j'ai fait une chanson qui s'appelait "Les Lettres". C'étaient des lettres d'amour entre un homme et une femme, mais pendant la guerre de '14. Et puis les lettres en 1916 s'arrêtaient, la femme ne recevait plus de lettres, et voilà, on ne sait pas trop ce qui s'est passé. On devine, nous, que c'était quelque chose d'un peu plus triste . . .

Elisabeth Beaucoup de gens pensent que tu es mélancolique dans tes chansons. Est-ce que tu te dis optimiste, ou pessimiste, ou réaliste, ou . . .?

Maxime Je suis d'un pessimisme profond, mais ça n'empêche pas de rigoler!

Elisabeth Pourquoi pessimiste profond?

Maxime Parce que je ne suis pas éternel.

Elisabeth Oui.

Maxime A partir du moment où tu sais que tu vas crever, tu n'as pas de raisons d'être optimiste sur l'avenir de ta vie. Mais, euh, le pessimisme ne signifie pas la résignation.

Elisabeth Tu as quand même un certain espoir? Sinon, tu n'agirais pas?

Maxime Bien sûr, un certain espoir. Pas un espoir certain.

Elisabeth Parmi toutes les chansons que tu as écrites et chantées, quelle est celle que tu préfères?

Maxime Il y en a une qui s'appelle "Dialogue" – l'histoire d'un dialogue entre le père et son fils, un genre de dialogue impossible. C'est une très ancienne chanson, et c'est celle que je préfère, à cause de son sujet d'abord. Parce que c'est un sujet qui me paraît universel, qui me paraît traduisible en turc ou en moldave et les gens comprendront quand même. Et d'autre part, à cause de sa forme, c'est la seule chanson que j'aie écrite à laquelle quelques années après, je n'ai rien envie de changer: c'est-à-dire qu'il n'y a pas un mot, il y a pas une rime qui me gêne: et dans laquelle j'ai l'impression d'avoir dit à peu près quarante pour cent de ce que je voulais dire au départ dans cette chanson. D'habitude, je dis dans une chanson à peu près dix pour cent de ce que je voulais dire quand j'en ai eu l'idée.

Elisabeth Tu peux me développer un peu le thème de cette chanson?

Maxime Ben, non, il faut l'entendre . . .

les chansons sont très longues à écrire	*songs take a long time to write*
ne servirait à rien	*would be of no use*
quelqu'un d'autre que moi	*someone other than me*
je ne pense pas que le thème se choisisse	*I don't think you can choose the subject*
le thème s'impose	*the subject imposes itself*
de tous les côtés qu'on puisse le regarder	*looked at from all possible sides*
est-ce que tu te dis . . .?	*would you call yourself . . .?*

Explications

1
More about Subjunctives

● You need the subjunctive after *je ne pense pas que, je ne crois pas que, je ne trouve pas que*, etc:

Je ne pense pas que le thème se **choisisse**
Je ne pense pas que le mot "transmettre" **soit** juste
Je ne crois pas que ce **soit** vrai

● Use the subjunctive in expressions that convey the idea of 'whoever', 'whatever', etc:

qui que ce **soit** (whoever)
de tous les côtés qu'on **puisse** le regarder (whichever way you look at it)

2
When to use à, and when to use de

When you use verbs together in pairs (e.g. I *want to go*, I *like swimming*, they *hate dancing*) the second verb in French is always in the *infinitive*. The infinitive can a) follow directly after the first verb; b) be introduced by **à**; c) be introduced by **de**. It all depends on the first verb. The most common ones are:

a

pouvoir devoir vouloir aimer savoir	+ infinitive	préférer falloir aller détester faire	+ infinitive

On **doit sortir** ce qu'on a en soi . . .
. . . si on **ne veut pas devenir** fou
Il **faut** l'**entendre**

b

aider	continuer	+ **à** + infinitive
avoir	se mettre	
commencer	s'habituer	
passer son temps	réussir	

J'avais **commencé à traiter** ce sujet . . .
Je **passe** mon temps **à écrire** des chansons
Chacun de nous **a** quelque chose **à exprimer**

c

décider	avoir besoin	+ **de** + infinitive
essayer	avoir envie	
venir (*have just*)	empêcher	
avoir peur	terminer	

J'**ai besoin d'exprimer** ce que j'ai en moi
Ça n'**empêche** pas **de rigoler**
Je n'**ai** rien **envie de changer**

n.b. After nouns and adjectives the infinitive is usually introduced by **de**:

une **raison d'être** optimiste
le **fait de vouloir** transformer la société
ce **moyen d'exprimer** ce que j'ai en moi
Je ne suis pas **capable de** le **faire**
Il est **impossible de partir** demain

BUT if *what* is difficult/impossible etc. is mentioned first, the link word is **à**:

Les chansons sont **longues à écrire**
C'est **une petite rue** qui est **difficile à trouver**

3
Un certain espoir – un espoir certain
Certain has a wide range of meanings. The three main ones are:

a
after *être*, or after nouns meaning 'sure'

Je suis **certain** que c'est vrai
un espoir **certain**
une solution **certaine**

b
in front of nouns (with an article) it means 'a degree of' or 'a certain kind of'

un **certain** espoir (a degree of hope)
un **certain** sourire (a particular kind of smile)

c
on its own in front of nouns meaning 'some'

certains pays d'Afrique
certaines personnes

4

Tu/Vous

In France, before the Revolution, you used *vous* to address your betters, and they were quite liable to call you *tu* in return. The revolutionary government decided to change all that: everybody was to be equal, everybody was to call everyone else *tu* – and the old titles were to be replaced by the neutral *citoyen/citoyenne*. It didn't quite work out according to plan, as French people preferred to be levelled upwards and took the language into their own hands, making *vous* the universal public form of address and *Monsieur, Madame,* and *Mademoiselle* the universal titles.

Children use *tu* to everyone, and if you don't respond in the same way, they'll be scared stiff. Close friends often use *tu* (like Solange and Patrick when they met in the shop). Generally speaking, the younger you are and the more you have in common, the more likely it is you'll use *tu*, which is why Maxime le Forestier and Elisabeth say *tu* to each other, even though it's their first meeting. Nevertheless, the safest rule for a foreigner is to stick to *vous* until you're invited to use *tu*: "Si on se tutoyait?"

Informations

Maxime le Forestier

Depuis sa naissance en 1949, Maxime le Forestier vit entouré de musique. Sa mère, qui est adaptatrice de films, considère qu'il faut que les enfants apprennent à faire de la musique – que c'est aussi important que de savoir lire ou écrire. On voit que – au moins dans le cas de sa famille – elle a raison, car sa fille aînée Anne devient professeur au conservatoire, et Catherine et Maxime deviennent chanteurs, dans la tradition de la chanson poétique française, – comme par exemple Jacques Brel et Juliette Gréco.

La carrière de Maxime commence tôt, quand sa soeur Catherine l'emmène dans des boîtes de nuit de la Rive Gauche, où ils chantent des adaptations des chansons de "Peter, Paul and Mary". Pendant ce temps Maxime écrit et compose déjà des chansons. A 17 ans, il termine "Ballade pour un Traître", mais il ne peut pas l'enregistrer parce qu'il doit partir faire son service militaire. Il confie donc la chanson au célèbre chanteur Serge Reggiani, qui l'aime et qui l'interprète.

Pendant son service militaire Maxime le Forestier a une vie double très partagée: pendant la journée il sert comme soldat, mais le soir il part accompagner sa soeur Catherine, qui chante à Bobino (music-hall très important de la Rive Gauche, spécialisé dans la chanson). Il trouve également le temps d'enregistrer ses premiers disques.

En 1972 c'est au tour de Maxime de paraître à Bobino – c'est aussi l'année où il enregistre son premier disque à 33 tours, qui comprend deux de ses chansons les mieux connues: "Comme un arbre dans la ville" et "Parachutiste", dont le contenu anti-militariste a fait scandale dans certains milieux. L'année suivante voit un pas très important dans sa carrière: il chante à l'Olympia à Paris – un des théâtres de variétés les plus importants du monde.

Ses chansons continuent à évoluer, sa carrière devient de plus en plus brillante: des récitals, des disques. En 1975 Maxime remplit l'immense Palais des Congrès (plus de 4000 places) tous les soirs pendant trois semaines. 1976 est une année pleine d'événements, avec une grande tournée dans l'Union Soviétique, des tournées en France, en Suisse et en Belgique, et à Paris, une grande aventure: il monte un spectacle, non pas dans un théâtre ordinaire, mais dans l'ancien Cirque d'Hiver. Entouré de spectateurs de tous les côtés, aidé de dix musiciens, d'un mime et d'une jongleuse, il présente un récital de vingt chansons qui remporte un succès spectaculaire. Qu'en disait la presse?

L'Humanité:
"Il savait fort bien installer un climat, voici qu'il crée maintenant un univers . . ."

Le Quotidien de Paris:
"Jamais peut-être Maxime n'a mieux maîtrisé son talent . . . Courez l'applaudir . . ."

France-Soir:
"De sa voix grave et belle, aux modulations tendres et ironiques, il s'adresse à tous ceux dont le coeur vibre quand souffle l'injustice, à tous ceux qui, comme lui, ont en eux ces deux choses indivisibles: l'amour et la révolte."

Le Patriote Beaujolais:
"Maxime le Forestier est un vivant exemple du fait que la chanson française, la vraie, n'est pas morte."

Exercices

1

Complete the following text. Some of the verbs will be in the subjunctive, some others will stay in the infinitive – but you may have to add *de* or *à*.

Paul et Virginie .... (acheter)[1] .... une librairie il y a deux ans, et puisqu'ils .... (avoir)[2] .... beaucoup de succès, ils .... (commencer avoir)[3] .... trop de travail. Voilà pourquoi Paul et Virginie .... (vouloir engager)[4] .... un assistant: quelqu'un qui .... (savoir parler)[5] .... anglais et qui .... (avoir)[6] .... de l'expérience commerciale. Alors, la semaine dernière ils .... (placer)[7] .... une annonce dans le journal local: plusieurs personnes .... (répondre)[8] ...., mais il n'y .... (avoir)[9] .... personne qui .... (pouvoir prendre)[10] .... la responsabilité du magasin. Ils .... (avoir)[11] .... donc l'intention .... (essayer)[12] .... une autre tactique: Virginie .... (décider écrire)[13] .... aux lycées de la ville pour .... (voir)[14] .... s'il y .... (avoir)[15] .... des élèves de terminale qui

........(chercher)[16]........ du travail, et Paul ....(aller)[17]........ à Paris pour que ses collègues ....(pouvoir........ l' ....aider trouver)[18]........ quelqu'un. S'il ne ....(falloir)[19]........ pas ....(parler)[20]........ anglais, ce ....(être)[21]........ beaucoup plus facile. Mais il ....(être)[22]........ indispensable que la personne ....(être)[23]........ bilingue, alors la recherche ....(continuer)[24]........ .

2

Le Clairon de Chouville has asked you to interview the famous novelist Hortense Laflamme, who has just rented a house in Chouville.

Vous	(say hello politely and ask if it would disturb her if you take notes)
Mme Laflamme	Pas du tout! Faites comme vous voudrez, cela ne me dérange pas du tout!
Vous	(well, to begin with, you'd like to ask her some questions)
Mme Laflamme	Allez-y, je suis prête.
Vous	(ask her when she started writing)
Mme Laflamme	Ah! J'étais encore petite fille, j'avais dix ans quand j'ai écrit mon premier roman, "Romance à Reims".
Vous	(ah yes, it was the story of the duchess who was in love with an acrobat, wasn't it?)
Mme Laflamme	Ah non, vous pensez à "Passion à Pontoise". "Romance à Reims", c'était une comtesse qui était amoureuse d'un chauffeur d'autobus.
Vous	("Passion in Pontoise" was her second novel, then?)
Mme Laflamme	Parfaitement.
Vous	(ask her how many novels she has written)
Mme Laflamme	Oh . . . une cinquantaine.
Vous	(where does she find the inspiration for all these books?)
Mme Laflamme	C'est très simple: je voyage beaucoup.

Vous	(ask her if 'Love in Australia' is based on her personal experience)
Mme Laflamme	Euh . . . pas exactement. Vous vous souvenez de l'histoire?
Vous	(say yes, it was the story of a farmer's wife who fell in love with a famous singer)
Mme Laflamme	Puis il y avait "Tendresse à Tanger", "Mariage à Moscou", "Divorce à Domrémy" . . .
Vous	(you believe she went to Scotland for one of her novels)
Mme Laflamme	Ah oui, "Désir à Dundee".
Vous	(ask if that's the story of a Scottish duchess who fell in love with a butcher)
Mme Laflamme	Oui, c'était très romantique – toutes ces montagnes!
Vous	(but Dundee's beside the sea)
Mme Laflamme	Bof! En Ecosse il y a des montagnes partout!
Vous	(may you ask her if she intends to write a novel in Chouville?)
Mme Laflamme	Mais bien sûr! C'est un endroit si calme – c'est idéal pour écrire.
Vous	(ask her what the title of her new novel is)
Mme Laflamme	Pas de problèmes: ce sera "Charade à Chouville".
Vous	(and the story?)
Mme Laflamme	Ce sera très différent de mes autres romans.
Vous	(so it's not going to be another love story?)
Mme Laflamme	Oh si!
Vous	(ask her when she's going to finish it)
Mme Laflamme	La semaine prochaine, je crois.
Vous	(oh yes? when did she start to write it?)
Mme Laflamme	Je vais le commencer cet après-midi.
Vous	(really? will she tell you the theme?)
Mme Laflamme	J'ai trouvé un thème très moderne – une romancière célèbre qui tombe amoureuse d'un journaliste de province . . .
Vous	(gulp, say good, goodbye, thank her politely and say you have to go now)

3

Madame Baratin is a great fan of Maxime le Forestier, so when she finds out that you went with Elisabeth to visit him, she's all agog . . .

Mme Baratin	Quand même, vous avez de la chance! Quelle coïncidence d'être à Paris ce jour-là!
Vous	(tell her it wasn't a coincidence – you went to Paris specially to see him)
Mme Baratin	Il vous a donc invité(e)?
Vous	(say no: it was your friend Elisabeth – she had an appointment for an interview and she asked you to accompany her)
Mme Baratin	Alors, qu'est-ce qui s'est passé?
Vous	(well, you arrived late because there was a lot of traffic in the neighbourhood – and he lives in a street which was very difficult to find)

Mme Baratin	Ah? Il doit avoir un appartement splendide . . .
Vous	(it's very pretty – the flat is quiet and simple – there are lots of books and records and an enormous wooden table – it made you think of a house in the country)
Mme Baratin	On dit que Maxime le Forestier est très décontracté.
Vous	(that's true – the atmosphere was very informal – and straight away you all started to use tu (*se tutoyer*))
Mme Baratin	Vous avez parlé de son enfance?
Vous	(Elisabeth asked him to talk about his life – he began to study music when he was very young)
Mme Baratin	C'est un enfant unique?
Vous	(no – he has two sisters – they are musicians too)
Mme Baratin	Ah? Qu'est-ce qu'elles font?
Vous	(Anne is a teacher at the Conservatoire and Catherine is a singer)
Mme Baratin	Une famille pleine de talent! Ensuite?
Vous	(Elisabeth began to talk about his career)
Mme Baratin	Il paraît qu'il travaille sans cesse . . .
Vous	(even during his military service he carried on writing songs and singing)
Mme Baratin	C'est impressionnant. Et depuis?
Vous	(say he's sung in all the principal theatres in Paris, he's recorded several discs and he's done a lot of tours)
Mme Baratin	Ah oui? Où est-il allé?
Vous	(he started in France and French-speaking countries – and he gave several concerts in the USSR)
Mme Baratin	Ah oui, c'est vrai, j'avais oublié.
Vous	(and he's just come back from Canada)
Mme Baratin	Vous avez parlé de ses chansons?
Vous	(a lot – it was a bit difficult at first because he's very critical about his own songs)
Mme Baratin	Laquelle est-ce que vous préférez?
Vous	(tell her it's difficult to choose – they're all interesting – you like "Les Lettres" but it's rather sad – say you think you prefer "Comme un arbre dans la ville")
Mme Baratin	Est-ce qu'il vous a dit s'il a une chanson préférée?
Vous	(yes – it's called "Dialogue")
Mme Baratin	Qu'est-ce que c'est comme thème?
Vous	(say he tried to express the idea that adults find that young people are difficult to understand, and vice versa)
Mme Baratin	Comme c'est vrai! Vous avez le disque?
Vous	(of course – ask her if she'd like to hear it?
Mme Baratin	Oh, oui, s'il vous plaît, avec plaisir!

Puylaroque

Up till now our recordings have all been made in important cities in the North: Paris and Reims. But we wanted to show another side of France – village life in the South, and from now until the end of *Allez France!*, all the recordings are with inhabitants of Puylaroque, an old village in the department of Tarn-et-Garonne in South-West France.

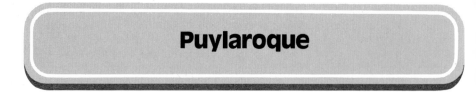

Voici une liste de quelques habitants de Puylaroque. Nous en avons interviewé quelques-uns, mais malheureusement nous n'avons pas eu le temps de parler avec tout le monde. Merci à tous les Puylaroquains.

Maire:	M. Bessières
Secrétaire de mairie:	M. Batut
Médecin:	Docteur Thouvay
Pharmacien:	M. Lequin
Epiciers:	M. et Mme Bach M. et Mme Piris
Bouchers:	M. Cubaynes M. Gailhouste
Boulangers:	M. et Mme Soulié
Bureau de tabac:	Mme Batut
Charcutiers:	M. et Mme Burg-Cabarroques
Cantonniers:	M. Eché M. Poussou M. Vidaillac
Forgeron:	M. Canihac

Garagiste:	M. Laurent
Receveur des Postes:	M. Delbos
Quincailler:	M. Tessadri
Quelques agriculteurs:	M. et Mme Burg M. et Mme Blanc M. Chalou
Autres habitants de Puylaroque:	M. Béckand, président de "La Lyre puylaroquaine" M. Laporte, ancien officier de l'armée française M. Bize, fondateur de l'Association des Compagnons de Serapolis

Interviews réalisés par: Mme Brigitte Suzanne

15

Un village français

Introduction à Puylaroque

To build up a picture of present-day village life, Brigitte Suzanne interviewed several Puylaroquains. Who better to introduce the village than the Mayor, Monsieur Bessières?

1

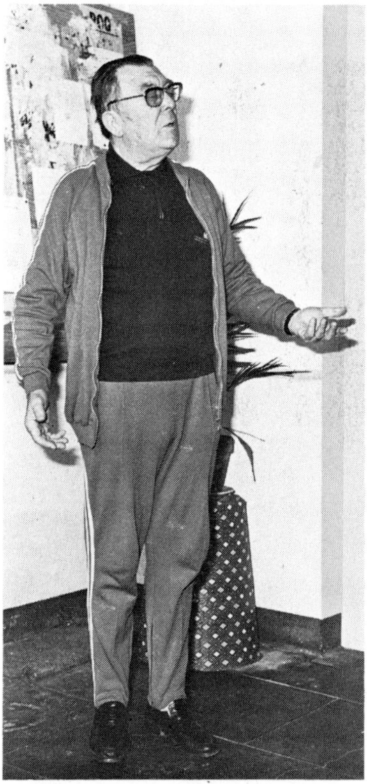

Brigitte Monsieur Bessières, vous êtes Maire de Puylaroque. Depuis combien de temps?

M. Bessières Je suis Maire de Puylaroque depuis près de douze ans, depuis 1965.

Brigitte Vous êtes né à Puylaroque?

M. Bessières Oui, j'ai toujours vécu à Puylaroque. J'y suis né.

Brigitte Combien d'habitants y a-t-il à Puylaroque?

M. Bessières A Puylaroque, il y a actuellement 606 habitants, depuis le dernier recensement. Mais il faut dire que avant, c'est-à-dire, après la guerre 1939, nous avons été plus de 735 habitants. Et après, au . . . entre le 18e et 19e siècle, fin du 18e siècle, il y avait 2.000 habitants dans la commune. Puylaroque était un village très important, parce que nous avions quand même des industries. Nous avions surtout l'industrie de la poterie, et nous avions l'industrie de cuir. Nous avions plus de cent ouvriers – cordonniers ou tanneurs.

Brigitte Est-ce que la population maintenant continue à diminuer, ou au contraire, s'accroît-elle?

M. Bessières Je crois que la population continuera encore à diminuer. Les jeunes ne trouvant pas souvent la satisfaction qu'il leur faudrait à la campagne, et surtout des propriétés qui soient rentables, parce qu'ici, c'est surtout la petite propriété qui existe, ils s'en vont, et vont prendre souvent dans les villes, une situation comme gendarme, comme, euh, facteur, ou fonctionnaire. Mais au contraire, maintenant dans les villes les jeunes reviennent à la campagne, vers la campagne, parce qu'ils sont fatigués de cette vie trépidante, tandis que nous, à la campagne, nous vivons lentement et je crois que nous savons vivre.

Brigitte Naturellement.

M. Bessières Naturellement, oui. Naturellement, si vous voulez.

Brigitte Je crois, Monsieur Bessières, que vous avez été instituteur à Puylaroque?

M. Bessières Oui. J'ai été instituteur à Puylaroque depuis 1945, lors de mon retour de captivité. Je suis resté à cette vieille école que vous voyez là-haut pendant 25 ans. Malgré que ce soit une vieille école, j'ai été très satisfait quand même, parce que j'en ai gardé de très bons souvenirs, surtout de mes élèves, avec qui j'ai des contacts perpétuels jusqu'à présent, vous voyez.

Brigitte La vie devait être différente à l'époque à Puylaroque?

M. Bessières Ah, la vie était bien différente, et je vous réponds que, après la guerre, Puylaroque a vécu plus que maintenant. Nous ne finissions jamais la soirée sans faire un réveillon, ou la soupe au fromage, et ça arrivait la nuit et le jour, et personne ne disait rien, tandis que, actuellement, vous passez dans une rue simplement où il y a une moto qui fait un peu de bruit, tout de suite on vient se plaindre au Maire. Ah oui, je regrette ce temps-là, vous voyez, je le regrette. Peut-être nous le revivrons, nous le revivrons, mais moi, je le regrette.

Brigitte Mais à cette époque, il y avait beaucoup de fêtes dans le village?

M. Bessières Ah, beaucoup de fêtes dans le village, ah!

Brigitte Maintenant il n'y a plus beaucoup d'activités pour les jeunes?

M. Bessières Ah, non! Ah non, non! Il n'y a plus rien, c'est fini. Mais j'espère que nous allons continuer dans ce sens puisqu'il s'est créé sept sociétés, hein. Sept sociétés! C'est quelque chose de formidable! Jamais j'avais vu ça!

Brigitte Est-ce que vous pouvez nous définir ces sept sociétés dont vous parlez?

M. Bessières Voyez, il y a le club du troisième âge, c'est celui d'ailleurs qui fonctionne bien maintenant. Vous avez ensuite le club de football. Ensuite, nous avons la musique. C'est quelque chose qui fonctionne très bien, et c'est un Belge, Monsieur Béckand, qui est compositeur de musique, et qui est venu se retirer à Puylaroque – un gentil garçon, un brave homme, c'est un ami pour moi, voyez. C'est un ami – je le considère comme ça. D'ailleurs, je le lui ai dit – il a été un peu surpris, bien sûr, parce que moi de suite je suis assez libre avec les personnes, et peut-être à un gars du nord, ça le choque un peu, vous voyez, tandis que nous, ça nous choque pas du tout. Oui. Ensuite nous avons le . . . Ah! Le comité de Fêtes. Encore, vous avez le club de pétanque, dirigé par Monsieur Contansou, un monsieur qui vient de l'Aveyron. Ensuite, vous avez encore le club de gymnastique et de judo, eh! qui est dirigé par un nouvel arrivant, je crois qu'il s'appelle Monsieur Soulié, qui vient de Paris et qui est boulanger chez nous, voyez.

Brigitte Monsieur Bessières, vous avez toujours vécu à Puylaroque? Vous aimez Puylaroque?

M. Bessières J'aime beaucoup Puylaroque, vous voyez, je vous le répète, j'y suis né. J'y ai vécu depuis ma plus tendre enfance, j'ai de grands souvenirs, parce que quand on est jeune on conserve ses souvenirs, quand on est vieux on les conserve encore. Puis ensuite, quelque chose qui m'a attaché à Puylaroque, c'est les habitants, qui sont très gentils, très aimables. J'en ai conservé un excellent souvenir, mais surtout de mes élèves, parce que j'ai élevé déjà trois générations. J'aime Puylaroque encore pour sa situation, sa situation géographique, son climat. J'y ai fait construire, j'y vivrai jusqu'à ma mort et j'y serai enterré. Voilà!

des propriétés qui soient rentables	*viable properties (i.e. land worth working)*
je regrette ce temps-là	*I'm sorry those days have gone*
je suis assez libre avec les personnes	*I'm quite informal with people*
j'y ai fait construire	*I've built a house there*

2

But what were the good old days like for women? As Monsieur Bessières remembers, pretty tough . . .

Brigitte Est-ce que vous pouvez nous décrire une journée d'une femme à l'époque?

M. Bessières A l'époque, je vous parle de cette époque-là, c'était il y a quarante ans environ quarante, mettons cinquante, la femme le matin se levait au jour comme le mari. Le mari partait aux champs avec ses boeufs, parce que nous n'avions pas de tracteurs – les tracteurs datent de l'époque, ici, à peu près de 1939, il y en avait un seul tracteur dans le village – et la femme restait à la maison. Elle faisait le ménage, elle préparait la cuisine, ensuite elle soignait tout le bétail, préparait les enfants pour aller à l'école, et quand tout était fini, que les enfants étaient rentrés à l'école, la femme partait au travail avec le mari jusqu'à midi, des fois onze heures et demie, ça dépend, et elle revenait mettre la table, tout le monde mangeait, et nous repartions à travailler jusqu'au soir. Voilà la journée de la femme. Et la femme, en plus, le soir, faisait déjà la cuisine pour le lendemain. Donc elle n'avait jamais de repos. Jamais, jamais! Tandis qu'aujourd'hui, ce n'est plus la même chose. Avant la guerre, il n'y avait rien, il n'y avait rien.

3

What about shopping facilities in a small village? Mme Burg, a farmer's wife, talks about the local shops and weekly market.

Brigitte Qu'est-ce qu'il y a comme commerçants à Puylaroque?

Mme Burg Alors, il y a une quincaillerie, un débit de tabac, une boulangerie, deux boucheries et deux épiceries. Alors sur ce point là on trouve, pour manger, on trouve assez ce qu'il faut, mais pour vraiment les vêtements il faut aller ou à Caussade ou Montauban ou Cahors.

Brigitte Je crois qu'il y a un jour où les gens du village vont tout spécialement à Caussade.

Mme Burg Ah, oui, le lundi principalement.

Brigitte Qu'est-ce qui se passe à Caussade le lundi?

Mme Burg Le marché.

Brigitte Qu'est-ce qu'ils vendent à Caussade un jour de marché?

Mme Burg Il y de tout: la foire au bétail, il y a la foire aux volailles, pour les vêtements, les légumes, et tous les magasins sont ouverts. Il y a énormément de gens de Puylaroque et des alentours qui vont vendre des volailles, des légumes au marché à Caussade le lundi.

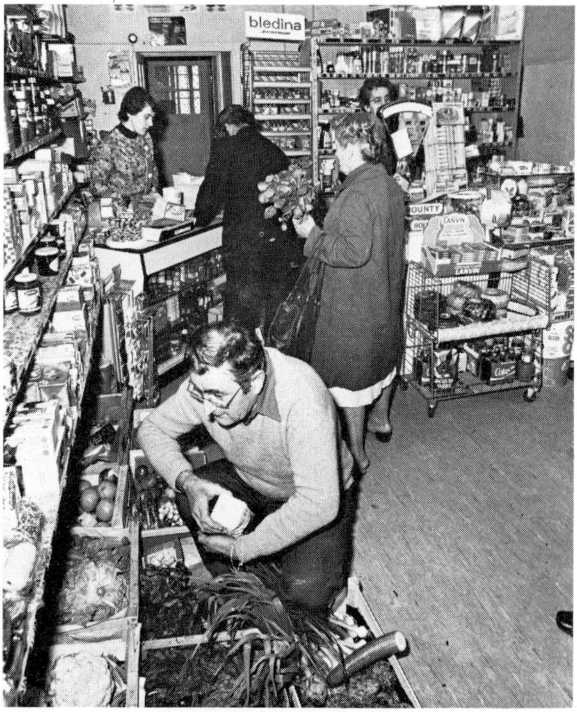

Une des deux épiceries à Puylaroque

Explications

1

Linking your ideas together

A series of short sentences one after the other will sound rather flat. If you link them together the overall result will be more lively, and the linking expressions will make the meaning clearer.

- To give the reason for something, use **parce que** or **puisque**. The two expressions are virtually interchangeable, and the difference is roughly the same as between 'because' and 'since' in English:

Nous restons à la maison parce qu'il pleut
Puisqu'il pleut, nous restons à la maison

n.b. It is unusual to begin sentences with *parce que*, so stick to *puisque* as in our second example.

- To contrast two ideas, link them with **alors que** (whereas) or **tandis que** (while or whereas):

Autrefois la vie à Puylaroque était gaie,	alors que tandis que	maintenant c'est calme.

- Draw your conclusions by using **alors** or **donc** (so therefore, etc):

Il est tard, alors il faut partir
Il est tard, donc il faut partir
Il est tard, il faut donc partir

- **Où** tells you *where*:

J'aime beaucoup Puylaroque, où je travaille depuis dix ans.

- To say when things happened, use **quand** or, if you want to be stylish, **lorsque**:

Quand on est jeune on conserve ses souvenirs
Lorsque je suis parti, j'avais vingt ans

n.b. *Quand* and *lorsque* can't follow nouns as 'when' can in English (i.e. the day *when* he arrives) – in French use *où*:

Lundi, c'est le jour où nous partons
Au moment où elle est entrée, l'orchestre jouait "Chanson d'Amour"
Est-ce qu'il y a un jour où les gens du village vont à Caussade?

- To say 'although', use **bien que** or **malgré que** – with the subjunctive:

Malgré que Bien que	ce soit une vieille école, je suis très satisfait

- **D'ailleurs** is a widely used expression, covering the ideas of 'besides', 'moreover', 'furthermore' and 'in any case':

C'est un ami – d'ailleurs, je le lui ai dit

2
Qui . . . et qui . . .

If you want to use more than one *qui*-clause, you must repeat *qui* each time. For instance:

Monsieur Béckand, **qui** est compositeur de musique, et **qui** est venu se retirer à Puylaroque . . .

Monsieur Soulié, **qui** vient de Paris et **qui** est boulanger chez nous

Informations

Le retour de captivité

Pendant la période de l'occupation allemande en France, de nombreux jeunes Français ont été déportés, surtout dans des camps de travail. A la fin de la guerre ils ont été libérés, et sont revenus chez eux: c'était le *retour de captivité.*

Le Club du Troisième Age

Dans le monde contemporain, l'idée de la vieillesse est presque devenue un tabou. Autrefois on parlait des "vieilles gens", des "vieux" ou des "vieillards"; c'était plutôt brutal, alors on a commencé à parler des "personnes âgées", une expression beaucoup plus aimable. Maintenant on parle aussi du "troisième âge": c'est l'âge des personnes retraitées. Le "Club du Troisième Age" de Puylaroque est un club destiné aux habitants les plus âgés du village.

Les fêtes

Chaque village a son comité des fêtes, qui organise les attractions – concours sportifs et autres, bals, processions – pour les fêtes annuelles. En général on fête le carnaval, au milieu de l'hiver, juste avant le carême (la période traditionnelle d'abstinence qui précède Pâques). Dans une région où on cultive la vigne, la récolte du raisin – les vendanges – est un événement d'une grande importance, le point culminant de l'année de travail, et évidemment il faut la fêter. Il y a aussi, bien sûr, la fête nationale du 14 juillet, le 11 novembre, jour de l'Armistice, et en plus, chaque village a sa fête locale, d'habitude la fête du saint patron de la localité. Dans le cas de Puylaroque, c'est la fête de Saint Jacques de Compostela, c'est-à-dire le 25 juillet.

Revise and test your knowledge

1

Choose carefully among the alternatives, to produce an informal note to a close friend.

Madame chère Madame ma chère Adèle

J'ai l'honneur de vous remercier Merci infiniment Recevez toute ma reconnaissance	de m'avoir invité(e)

pour le weekend prochain.	J'avais J'aurais J'aurai	trop beaucoup un peu	de plaisir

de à en	te revoir et	pour à y	me promener encore dans ton joli village.

Ma dernière visite	à par chez	toi	serait soit était	si agréable qu'il

est soit n'est pas	impossible	à de pour	l'oublier.

Adieu Bien amicalement Veuillez recevoir mes hommages

2

More about Paul and Virginie. Alternative words and expressions are put in italics – which one is right in each case?

Paul et Virginie pensent	*à* *aux* *des* [1]	vacances.	Paul aime	*à* *de* – [2]	

voyager, voir des pays exotiques. Pour	*il* *lui* *le* [3]	il faut que les vacances

sont *seront* *soient* [4]	un changement complet de la vie de tous les jours.

Quand il	*avait* *a été* *était* [5]	plus jeune, il est allé aux Indes, et maintenant,

s'il n'était pas marié, il	*irait* *ira* *allait* [6]	au Sahara.

Par contre, Virginie préfère *de / à / --* [7] se reposer; *ce que / ce dont / ce qui* [8] lui plaît le plus,

c'est un séjour tranquille *sur le / à / au* [9] bord de la mer. Paul considère qu'

on / il / elle [10] est indispensable qu'un couple *va / ait / aille* [11] en vacances ensemble.

Virginie est heureuse que Paul *ait / avait / a* [12] envie de rester avec elle,

mais elle ne croit pas *qui / -- / qu'* [13] un voyage dans le désert *sera / soit / va* [14]

une solution idéale. Il faut que chacun *acceptera / donnait / fasse* [15] des concessions.

Virginie choisit une brochure au hasard: la Roumanie. La Roumanie? Paul en est très enthousiasmé.

Ils commencent donc *du / à / de* [16] parler de la Roumanie, et petit à petit *elle / il / on* [17]

devient évident que c'est la seule solution.

Ils diviseront les vacances *aux / entre / en* [18] deux parties: une pour Paul,

l'autre pour Virginie. Bientôt ils ont *tous décidé / tout décidé / très décidé* [19] : ils passeront dix jours

pendant / à / pour [20] voyager *de / à / en* [21] Transylvanie, où Paul pourra

faire toutes les excursions bizarres qu'il voudra. Ensuite ils termineront les vacances au bord de la Mer Noire, où Virginie n'aura

jamais / aucune / pas [22] difficulté à trouver quelque chose qui lui *plaît / pleut / plaise* [23] :

si elle veut aller *-- / à / de* [24] danser, il y a des boîtes amusantes, si elle a envie

à / de / pour [25] nager, il y a de belles plages.

16

Puylaroque d'autrefois

Monsieur Laporte

Monsieur Laporte comes of an old Puylaroque family. Originally, he planned a military career, but was invalided out after being gassed during World War One. After thirty years in Morocco, he and his wife retired to Puylaroque, where Monsieur Laporte was able to devote himself to studying the local history and patois. Here, he talks about the village's past.

Brigitte Monsieur Laporte, le village de Puylaroque date de quelle époque?

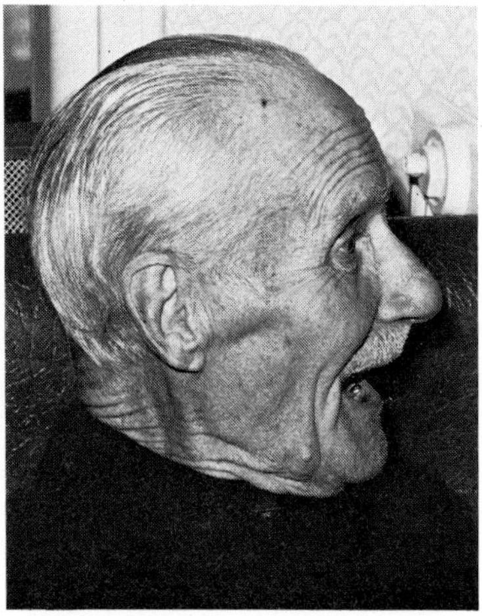

M. Laporte Le village de Puylaroque date du début du onzième siècle.

Brigitte Quelle est l'origine du nom de Puylaroque, s'il vous plaît?

M. Laporte Il faut partir de l'origine gallo-romaine, qui citait Puylaroque, du nom de *Podium Rupis*.

Brigitte Qui veut dire?

M. Laporte Qui veut dire élévation, vous voyez, sur un rocher. Voilà exactement la désignation de "Podium Rupis". Vous l'avez noté, ça, non?

Brigitte Oui.

M. Laporte Alors, le terme de "Podium Rupis" évolue et, au moment où débute véritablement la société féodale, "Podium Rupis" est devenu "Pellaroca". Tout à fait exact, vous voyez. Voilà.

Brigitte C'est occitan?

M. Laporte C'est occitan.

Brigitte Est-ce que ça s'appelle toujours "Pellaroca" en occitan, en patois?

M. Laporte Parfaitement. Toujours le terme de "Pellaroca" a été conservé depuis le onzième siècle, et nous l'avons dans notre patois occitan. Et on dit "Pellaroca". C'est très curieux.

Brigitte Qu'est-ce qui a motivé les gens à fonder une commune sur ce site?

M. Laporte Par suite de l'antagonisme, qui existait entre la Seigneurie de Montpezat et la Seigneurie de Notre-Dame de Livron. Alors, la Seigneurie de Livron a placé ici un chef féodal qui a créé le village de Puylaroque, qui s'appelait à l'époque "Pellaroca". Ce village était fortifié, et il nous reste encore une vieille appellation de ces fortifications, puisque nous avons la Place de la Citadelle.

Brigitte Comment Puylaroque a évolué depuis le onzième siècle?

M. Laporte	Au début, Puylaroque était une agglomération purement agricole qui cultivait la vigne. Par la suite, la vigne a perdu de sa valeur et il a fallu trouver d'autres moyens d'existence. Ça a été l'époque de la création de la cordonnerie et de la tannerie. Cette création a duré jusqu'à la fin du dix-neuvième siècle, à telle enseigne que, en 1900, il y avait à Puylaroque, dans un village de huit cent quatre-vingts habitants, il y avait cent trente ouvriers cordonniers.
Brigitte	Même en 1900?
M. Laporte	En 1900!
Brigitte	Et maintenant?
M. Laporte	Maintenant la tannerie a complètement disparu, et la cordonnerie également, et il n'y a plus personne. Ça, c'est sûr.
Brigitte	De quoi vivent les gens maintenant à Puylaroque?
M. Laporte	Ah, c'est que c'est pas du tout la même chose. De quoi vivent-ils? Vous avez raison! Vous me posez une question que je ne m'étais jamais posée. Eh oui, parce que de quoi vivent-ils? Ils n'ont pas d'emploi à Puylaroque. Ils trouvent les emplois à Caussade, à Montauban. Ils partent tous les jours. C'est tout ce que je peux vous répondre de ce côté-là. C'est pas fameux. C'est curieux, ça.

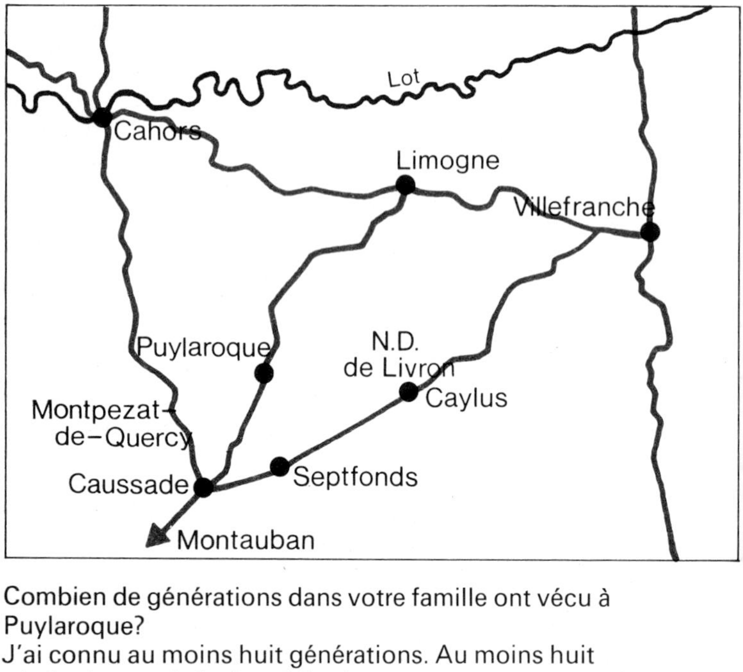

Brigitte	Combien de générations dans votre famille ont vécu à Puylaroque?
M. Laporte	J'ai connu au moins huit générations. Au moins huit générations qui vivaient à Puylaroque.
Brigitte	Vous êtes né vous-même à Puylaroque?
M. Laporte	Je suis né à Puylaroque. J'ai vécu à Puylaroque jusqu'à l'âge de 18 ans, où je me suis engagé. Voilà. Alors, j'ai fait une carrière militaire, qui a été écourtée, parce que j'ai été asphyxié par les gaz, vous voyez, et qu'on m'a réformé, voilà exactement la situation.
Brigitte	Quels sont vos souvenirs de jeunesse à Puylaroque?
M. Laporte	La vie à Puylaroque dans ma jeunesse était extrêmement calme.

Il y avait peu de distractions et encore moins d'amusements. Les enfants, à partir de 10 ans, étaient employés soit pour aller gratter la terre comme ils pouvaient, soit pour aller garder des bestiaux, en particulier des moutons. Et les instituteurs avaient beaucoup de difficulté à les conserver jusqu'au certificat d'études. Car les parents leur disaient: "Ça ne te sert à rien du tout". Et les plaisirs n'existaient pas.

Brigitte C'était une vie triste?

M. Laporte Vous me demandez si la vie était triste? Tous les gens chantaient et sifflaient, et ils étaient infiniment plus heureux que maintenant.

Brigitte Et pourquoi?

M. Laporte Parce qu'ils n'avaient pas de besoins! Et qu'ils étaient contents de leur sort – ah, vous pouvez le dire. Voilà la situation sociale de Puylaroque, euh, de la France entière. Les gens ont des désirs, des besoins immodérés. Donc, ils sont malheureux. A cette époque-là, un cordonnier gagnait six francs par semaine. Il chantait toute la journée et sifflait encore davantage. Je ne vois plus dans les rues de Puylaroque ni un chant ni un sifflet. Et les gens ont de l'argent cent fois plus qu'à l'époque dont je vous parle. Et c'est vrai! Vous pouvez dire ça aux Anglais!

Brigitte Comment se passait un dimanche à l'époque?

M. Laporte Habituellement, tous les hommes se rendaient au café. Il y avait à Puylaroque à cette époque-là cinq cafés. L'homme qui se rendait au café prenait comme argent de poche trente centimes. C'est historique, ça, trente centimes! Il demandait un café. On lui servait un café avec un petit flacon de rhum ou d'eau de vie qui faisait dans les trente ou trente-cinq degrés. Ce client du café trouvait là des camarades et pendant des heures on discutait, on chantait, on riait et tout le monde était content. Les gens buvaient peu, mais tout de même il y avait à l'époque trois ou quatre fervents de la bouteille, et je me souviens dans ma

jeunesse les avoir vus rouler par terre ivre-morts. Mais dans un village de huit cent quatre-vingts habitants, il y avait que ces deux ou trois ivrognes, qui étaient, au fond, infiniment sympathiques. Voilà la vie puylaroquaine. C'est curieux, c'est tout à fait ça, vous savez. Tout à fait ça.

Brigitte Monsieur Laporte, la vie a beaucoup changé à Puylaroque, mais vous aimez toujours votre village?

M. Laporte La vie à Puylaroque, depuis celle que j'ai connue au début du siècle, s'est complètement transformée. Mais j'aime mon village par-dessus tout, et je le préfère à n'importe quel coin de France. J'ai beaucoup voyagé et je n'ai jamais trouvé de village aussi attirant. Et c'est ici que je resterai jusqu'à mon dernier jour. Puylaroque est un village extrêmement agréable où les gens sont sympathiques. Ils ne conçoivent pas la vie comme je la conçois maintenant, mais je suis très heureux d'être à côté d'eux.

il faut partir de l'origine gallo-romaine	*you have to start with the Gallo-Roman origins*
tout à fait exact	*that's just it*
à telle enseigne que . . .	*so much so, that . . .*
c'est pas fameux	*it isn't much good*
je me suis engagé	*I joined up*
on m'a réformé	*I was invalided out*
vous pouvez le dire	*you can say that again*
qui faisait dans les trente ou trente-cinq degrés	*which was about 30–35° strong*
les avoir vus rouler par terre	*seeing them rolling on the ground*
c'est tout à fait ça	*that's it exactly*

Explications

1
Dont

Dont is a linking word like *qui* and *que*, used to add extra information to a sentence. It replaces words introduced by *de*.

Je vous parle *de l'époque* . . . → L'époque **dont** je vous parle . . .
J'ai besoin *d'un manteau* → Le manteau **dont** j'ai besoin . . .

2
Word order

People often put the verb immediately after *où, que, dont*, etc. This is done to avoid the verb coming at the end of the sentence, particularly if the subject is long and the verb is short (e.g. *est, a, veut, vont,* etc.).

. . . le restaurant **où vont** les gens élégants et riches
. . . la réforme **que veut** le Président de la République

3
Soit . . . soit

To introduce alternatives – 'either . . . or' – you can use *soit . . . soit*:

. . . les enfants étaient employés **soit** pour aller gratter la terre . . . **soit** pour aller garder les bestiaux.

4
Lequel etc.

To say 'with which', 'on which', use the appropriate preposition (*sur, avec, dans*, etc.) with one of the following words:

	Masc.	Fem.
Sing.	LEQUEL	LAQUELLE
Plur.	LESQUELS	LESQUELLES

The word you use will depend on the noun it refers to:

Le stylo avec **lequel** j'écris . . .
La ville dans **laquelle** je me trouvais . . .

A and **de** combine with *lequel, lesquels* and *lesquelles* to give:

auquel	*à laquelle*	*auxquels*	*auxquelles*
duquel	*de laquelle*	*desquels*	*desquelles*

Je pense à la question. C'est **la** question **à laquelle** je pense.

n.b. Don't be misled by commonly used English constructions like 'the pen I'm writing with'. French always expresses such ideas as 'the pen with which I am writing'.

Informations

Un petit flacon d'eau-de-vie qui faisait dans les 30 à 35 degrés

On fabrique des eaux-de-vie un peu partout: elles sont distillées à partir des boissons alcooliques de la région. Par exemple, la Normandie produit surtout du cidre, qui est distillé pour donner le Calvados – une eau-de-vie de pommes. Mais la plupart des eaux-de-vie sont fabriquées à base de vin. Les mieux connues sont le cognac et l'armagnac: le cognac est produit uniquement dans les départements de la Charente et de la Charente-Maritime, l'armagnac plus au sud, dans le Gers. Il y a évidemment une grande variété d'eaux-de-vie régionales – les "eaux-de-vie du pays", pour ainsi dire – et c'était une eau-de-vie de prune qu'on servait dans les cafés de Puylaroque à l'époque dont parlait Monsieur Laporte et qui, d'ailleurs, se boit toujours dans la région. Celle dont Monsieur Laporte parlait était assez forte – 35° dans le système français correspond à 62% en Grande Bretagne (dans le système britannique un scotch normal fait 70% – dans le système français 40°).

Les patois et les dialectes

Quelle est la différence entre "langue", "dialecte" et "patois"? D'habitude, quand on pense à une "langue", on pense au pays correspondant: par exemple, "l'italien" fait penser à l'Italie, et "le français" fait penser à la France – à toute la France. C'est parce qu'on pense à la forme officielle de la langue, celle qu'on enseigne, qui est généralement celle qu'on parle à la capitale. Mais toutes les langues varient d'une région à l'autre: la prononciation change, il y a des expressions et des mots différents, parfois des différences de grammaire. S'il s'agit d'une région plus ou moins grande, on parle d'un dialecte. Mais les dialectes varient de la même façon, et ces formes locales sont des patois. Le patois est donc la forme locale – en général rurale – de la langue.

Le patois de Puylaroque appartient au dialecte du Sud-Ouest de la France, qui s'appelle l'occitan. L'occitan lui-même est un dialecte de la langue romane du sud de la France, qui va du provençal à l'est jusqu'au catalan à l'ouest. Est-ce un dialecte ou une langue? Cela dépend du point de vue. Pour l'administration française, c'est un dialecte ou, tout au plus, une "langue régionale". Mais pour de nombreuses personnes dans le Sud-Ouest, qui voudraient que leur région devienne indépendante, ou au moins qu'il y ait une dévolution des pouvoirs administratifs, c'est une langue – une langue nationale.

Puylaroque et les seigneurs féodaux

A douze kilomètres au nord-ouest de la ville de Caussade se trouve le village de Montpezat-du-Quercy, situé à un carrefour qui domine deux vallées. A 23 kilomètres à l'est de Montpezat, Notre-Dame de Livron, perché au-dessus des gorges de la Bonnette, commande de l'autre côté une vue étendue sur tout le plateau du Quercy, jusqu'aux collines – Montpezat se trouve de l'autre côté. Puylaroque, situé à 300 mètres d'altitude, contrôle les collines à l'ouest, et le plateau à l'est: c'était donc une situation stratégique très importante. Voilà pourquoi les Seigneurs de Livron ont créé un village fortifié à Puylaroque au onzième siècle, pour se protéger contre les attaques venant de Montpezat. Le système féodal disparaît, les hostilités aussi, mais Puylaroque reste . . .

Aspects de Puylaroque

Exercices

1

You've just bumped into Mme Baratin outside the library (*la bibliothèque*).

Mme Baratin	Ah. bonjour!
Vous	(ask her if she's going to the library)
Mme Baratin	Oui, mais je ne sais pas ce que je veux lire – vous avez des idées?
Vous	(tell her you've just read a history of Chouville)
Mme Baratin	Oh! L'histoire? C'est ennuyeux, non?
Vous	(say on the contrary, it's very interesting: it's a social history)
Mme Baratin	Qu'est-ce que c'est que ça?
Vous	(how ordinary people lived – their work, their amusements and all that)
Mme Baratin	Tiens . . . Mais pour le travail, il n'y a pas d'industries à Chouville, et il y a vraiment très peu de distractions.
Vous	(it was very different in the past: there used to be some very important industries here)
Mme Baratin	Vraiment?
Vous	(tell her there was an important tannery, but it was destroyed in the First World War. And in the last century Chouville was the centre of the crinoline industry)

Mme Baratin Puis les crinolines sont passées de mode . . .
Vous (that's it, and the industry disappeared)
Mme Baratin Eh bien, je ne savais pas ça. Je pensais que Chouville avait toujours été une petite ville de campagne. Il y avait autre chose?
Vous (well, of course, there was the market)
Mme Baratin Mais il y a encore un marché toutes les semaines.
Vous (say yes, but at the time it used to be much more important than now)
Mme Baratin Ah oui?
Vous (everyone came from all the villages: it was a big event – the cafés were full all day)
Mme Baratin Il y en avait combien?
Vous (say that in 1900 there were thirty cafés in Chouville)
Mme Baratin Et maintenant?
Vous (let's see – maybe ten?)
Mme Baratin Je suppose qu'il y avait la fête annuelle comme maintenant?
Vous (there were a lot more – there was a big fête on the 14th July, of course, and the whole town participated in the feast of Saint Hermione – and there were others)
Mme Baratin La vie devait être gaie à cette époque-là. Est-ce qu'il y avait d'autres distractions?
Vous (tell her that according to the book, Chouville had four cinemas: the last one closed in 1960)
Mme Baratin Ah oui, le Sélect, je m'en souviens bien.
Vous (you wonder why they were all closed)
Mme Baratin La télévision y est sans doute pour beaucoup. En tout cas, je voudrais lire ce livre. Comment s'appelle-t-il?
Vous (that's easy – 'A Social History of Chouville')
Mme Baratin Vous vous souvenez du nom de l'auteur?
Vous (say no, you don't remember it any more – but it's a big red book)
Mme Baratin Alors, je vais chercher "Une Histoire Sociale de Chouville" roug
Vous (say that's it – see her soon)
Mme Baratin A bientôt!

2

Here's the basic data about some prominent citizens of Chouville. Tell their life stories in complete sentences and in the past where necessary.

a

Maire: Odilon Fosse. Né 1910 à Sotteville; études au lycée de Rouen; s'intéresse déjà aux sciences, passionné de radio; après service militaire, travaille pour son père, quincailler; marié en 1936; en 1937 s'installe à Chouville pour diriger nouveau magasin; en 1945, retour de captivité, reprend firme familiale; s'intéresse à la politique locale; conseiller municipal en 1952, maire adjoint en 1965, maire en 1975.

b

Organisatrice Club du Troisième Age: Mme Brigitte Lagarde. Née 1916, à Abbeville; études primaires à Abbeville; à 14 ans, vendeuse à la Coop; suit cours de danse, rêve de carrière théâtrale. A 16 ans va à Paris, cherche travail; serveuse dans boîte de nuit à Pigalle, puis danseuse; en 1932, engagée aux Folies-Bergère; jamais vedette mais trouve le travail agréable; en 1946, épouse officier en retraite, se retire à Ste-Gertrude, près de Chouville; s'y ennuie; organise cours de danse pour enfants – gros succès; perd mari en 1970; déménage à Chouville; en 1972, fonde Club du Troisième Age – actuellement 300 membres.

c

Restaurateur: Gérard Bouffe. Né 1933, à Chouville. Etudes à Chouville et à Dieppe. A 16 ans, apprenti dans restaurant du Havre. Après passe deux ans comme chef dans grand hôtel à Londres. Adore ville, mais déteste cuisine locale. Revient à Paris, achète petit restaurant près Gare Saint-Lazare; grand succès. En 1958, hérite restaurant paternel à Chouville, retourne y vivre. Grandes transformations. Beaucoup de travail, et en 1974 reçoit rosette Michelin!

3

Combine these pairs of sentences. You'll have to use *quand* or *où*.

e.g. J'étais enfant. J'ai habité Arles.
becomes: J'ai habité Arles **quand** j'étais enfant.

Monsieur Louis était maire. J'habitais Arles à cette époque-là.
becomes: J'habitais Arles **à l'époque où** Monsieur Louis était maire.

(Start your answers with the second sentence in each case.)

1 On a ouvert le supermarché. J'habitais Chouville à ce moment-là.
2 Le facteur a sonné. Pierre était encore au lit.
3 Elle s'est fiancée. Elle a passé son bac cette année-là.
4 On va partir. Il faut choisir l'heure.
5 On a construit la Tour Montparnasse. J'habitais Paris.
6 Il n'y avait pas d'électricité. La vie était dure à cette époque-là.
7 Le téléphone a sonné. Il lisait son courrier.
8 Il y avait encore le chemin de fer. La ville était plus importante.
9 Les voisins sont partis. Je n'oublierai jamais ce jour-là.
10 Nous sommes sortis du restaurant. Il pleuvait.

17

Puylaroque au travail

1

What about the people who work in Puylaroque? Monsieur and Madame Burg-Cabarroques own the charcuterie *and produce a wide range of local specialities. Madame Burg-Cabarroques tells Brigitte about her work.*

Brigitte Sur la route de Figeac, à la sortie de Puylaroque, à peu près à 150 mètres de la place de la Mairie, se trouve la charcuterie de Monsieur et Madame Burg-Cabarroques. Madame Burg-Cabarroques, vous êtes à Puylaroque depuis combien de temps?

Mme Burg-C Dix-huit ans. Je me suis mariée à Puylaroque.

Brigitte Et vous avez tout de suite ouvert cette charcuterie?

Mme Burg-C Nous avons succédé à la charcuterie familiale.

Brigitte Qu'est-ce que vous vendez dans votre charcuterie?

Mme Burg-C Nous vendons de la viande de porc fraîche, les côtelettes, les rôtis de porc et la saucisse fraîche. Ensuite, des fabrications à base de porc, des pâtés, du boudin, des fritons, spécialité du pays, du saucisson sec, de la saucisse sèche, et des conserves fabriquées dans notre laboratoire.

Brigitte Quel genre de conserves, quelle sorte de conserves?

Mme Burg-C Nous avons des conserves de pâté de foie de porc truffé, qui est notre principale spécialité, des pâtés de foie de canard, du foie d'oie truffé.

Brigitte Ce sont des grandes spécialités de la région?

Mme Burg-C Oui, oui.

Brigitte Quelles sont vos heures d'ouverture?

Mme Burg-C De sept heures et demie à une heure, et de deux heures à huit heures le soir.

Brigitte J'ai vu dans votre boutique du vin. Vous vendez également du vin?

Mme Burg-C Oui, nous vendons du vin de Cahors.

Brigitte C'est le grand vin de la région?

Mme Burg-C Ah, oui, oui.

Brigitte Vous plaisez-vous à Puylaroque?

Mme Burg-C Oui, énormément. J'aime beaucoup la campagne, et nous ne sommes pas très loin de la ville, puisque nous avons Caussade à dix kilomètres, Montauban à une trentaine de kilomètres, et cela fait que nous sommes très bien.

Brigitte Est-ce que vous n'avez jamais eu envie de partir?

Mme Burg-C Non, pas du tout. Je serais beaucoup peinée de me voir obligée de quitter Puylaroque.

des fabrications à base de porc	*pork-based products*
nous sommes très bien	*we're very happy as we are*
je serais beaucoup peinée de me voir obligée de quitter . . .	*I'd be very sad if I were obliged to leave . . .*

2

Monsieur Batut is secretary to the Town Council – but he and Madame Batut also run the bureau de tabac*, a key institution in any French community.*

Brigitte Monsieur Batut, en plus de vos fonctions de la Mairie, vous aidez votre femme à tenir le bureau de tabac de Puylaroque.

M. Batut Exactement. Euh, ma femme tient un petit commerce, comme on dit vulgairement "un petit bazar", puisqu'il y a de nombreux articles, comme sont à peu près tous les commerces des petites communes rurales. Alors, je lui donne la main quand je ne suis pas en fonction au secrétariat de la Mairie.

Brigitte Vous ne vendez pas seulement le tabac. Vous avez d'autres articles?

M. Batut Non. Alors, là, bien sûr, en plus du tabac, il y a les chaussures là, euh . . . un rayon de bonneterie, de mercerie, papeterie et les journaux.

Brigitte Quelles sont vos heures d'ouverture?

M. Batut Bon, le magasin, les heures d'ouverture? Disons, sept heures et demie du matin et sans interruption jusqu'à vingt-et-une heures.

Brigitte C'est une longue journée pour Madame . . .

M. Batut Ah ben, oui, bien sûr. Enfin, qu'est-ce que vous voulez? Les gens de la campagne, quand ils viennent, surtout entre midi et deux heures, on ne peut pas leur dire de repartir et qu'ils trouvent porte close.

Brigitte Et ils ont l'habitude que la porte soit toujours ouverte.

M. Batut Exactement, ben, oui. Et c'est valable en général pour tous les commerces locaux.

Brigitte Ils viennent plus en amis qu'en clients.

M. Batut Ah, bien souvent, bien souvent.

comme sont à peu près tous . . .	*just like nearly all . . .*
qu'ils trouvent porte close	*they find the door locked*
c'est valable en général	*that goes in general*
ils viennent plus en amis	*they come more as friends*

3

One thing Puylaroque doesn't have is a fish shop. But every Thursday morning, a blast of a horn announces that Monsieur Venzel has arrived with a vanload of good fresh fish.

Brigitte Il n'y a pas de poissonnerie à Puylaroque, mais les Puylaroquains peuvent acheter leur poisson à une poissonnerie ambulante, n'est-ce pas, Monsieur Venzel?

M. Venzel Oui, c'est ça. Je passe tous les jeudis matins.

Brigitte D'où venez-vous?

M. Venzel Je viens de Toulouse.

Brigitte Où achetez-vous votre poisson?

M. Venzel Au marché-gare de Toulouse. On reçoit à peu près de tous les ports de France, vous voyez.

Brigitte A quelle heure êtes-vous obligé de commencer votre journée?

M. Venzel Bien, le matin, ça commence à quatre heures.

Brigitte Vous vous levez à quelle heure?

M. Venzel Trois heures et demie.

Brigitte Oh, là! là! Vous faites une tournée tous les jours dans différents villages?

M. Venzel C'est ça, oui. Quatre jours par semaine, le mardi, le mercredi, le jeudi et le vendredi.

Brigitte Comment les gens sont-ils prévenus de votre arrivée au village?

M. Venzel Ben, par mon klaxon. Je klaxonne, et puis ça signale mon arrivée, quoi.

Brigitte Est-ce que vous préférez vendre dans votre voiture, en faisant des tournées, ou avoir un magasin?

M. Venzel Ben, je préfère ce genre de travail parce que c'est plus libre, puis on est toujours dehors, à la nature, et c'est mieux, quoi. La journée est suivie, et puis quand c'est fini, c'est fini.

Brigitte Une journée normale pour vous, vous faites combien de kilomètres?

M. Venzel Ben, ça se situe entre 250 et 300 kilomètres environ.

Brigitte Vous rentrez à quelle heure chez vous?

M. Venzel Ben, par exemple, ce soir ce sera entre sept et huit heures. Ça fait une dure journée.

Brigitte C'est une grande journée!

M. Venzel Voilà.

une poissonnerie ambulante	*a mobile fish-shop*
la journée est suivie	*the day is non-stop*
ça se situe	*it must be around*

4

Every village has its 'newcomers', and Brigitte went to see Monsieur and Madame Soulié soon after they arrived in Puylaroque to take over the boulangerie.

Brigitte Madame Soulié, vous et votre mari, vous êtes les nouveaux boulangers de Puylaroque.

Mme Soulié Oui.

Brigitte Depuis combien de temps?

Mme Soulié Depuis trois mois et demi.

Brigitte Vous êtes Puylaroquains?
Mme Soulié Non. Mon mari est de Toulouse et je suis Bretonne.
Brigitte Je crois que vous avez vécu dans la région parisienne?
Mme Soulié Oui, pendant deux ans. Mais au bout de . . . enfin d'un certain temps, nous en avions un peu assez de la ville, du bruit. Alors, nous avons voulu trouver une petite boulangerie à la campagne, dans un petit village comme Puylaroque justement, où la vie est beaucoup plus calme et paisible.
Brigitte Et vous avez trouvé ici à Puylaroque une boulangerie qui était à vendre?
Mme Soulié Oui. Enfin, nous sommes tombés un petit peu par hasard sur ce petit village et sur la boulangerie, en fait.
Brigitte Et maintenant que vous êtes installés à Puylaroque, est-ce que vous vous y plaisez?
Mme Soulié Je m'y plais beaucoup parce que c'est exactement ce qu'on cherchait, étant donné que le travail est quand même plaisant, nous avons vraiment tout ce qu'on recherchait.
Brigitte Les gens sont gentils avec vous?
Mme Soulié Ils sont vraiment très cordiaux, oui.
Brigitte Ils vous ont acceptés?
Mme Soulié Tout de suite.
Brigitte Plus vite qu'en Bretagne?
Mme Soulié Oui, je crois qu'en Bretagne les gens sont beaucoup plus froids et n'accordent pas facilement leur amitié, oui.
Brigitte Est-ce qu'ils aiment votre pain?
Mme Soulié Oh, je pense, oui, puisqu'ils reviennent!
Brigitte Est-ce que vous vendez votre pain uniquement dans le magasin, ou est-ce que votre mari fait des tournées?
Mme Soulié Il y a le magasin et la tournée.
Brigitte En quoi ça consiste,une tournée?
Mme Soulié Alors, la tournée, ça consiste à distribuer son pain dans un secteur déterminé de la campagne, chaque jour de la semaine, dans les fermes, dans les maisons isolées . . .
Brigitte Est-ce que vous avez envie de retourner à Paris?
Mme Soulié Absolument pas.
Brigitte Vous vous plaisez à Puylaroque?
Mme Soulié Beaucoup trop pour retrouver la ville.

5

Most rural communities have at least one cantonnier *– a man who looks after the roads and public buildings and generally keeps things spick and span. As if this weren't enough, Monsieur Eché doubles as* garde-chasse *(gamekeeper).*

Brigitte Est-ce qu'en France tout le monde peut chasser?
M. Eché Eh bien, en France tout le monde peut chasser, à condition d'être titulaire du permis de chasse et d'adhérer à une société de chasse régionale.
Brigitte Est-ce que tout le monde chasse?
M. Eché Tout le monde chasse, enfin, tout le monde . . . ceux qui en ont envie. Tout le monde ne chasse pas, heureusement, parce qu'il y aurait pas assez de place! Mais dans les régions du nord de la France, il n'y a que vraiment les riches qui peuvent se le permettre.

Brigitte	Et pourquoi?
M. Eché	Parce que les terres sont louées depuis très longtemps pour des chasses gardées.
Brigitte	C'est-à-dire qu'ils doivent payer pour chasser?
M. Eché	Ils doivent payer pour chasser, mais de très grandes sommes. Alors, ils ont des étendues qui leur sont réservées, et cela coûte très cher.
Brigitte	Est-ce que les gens braconnent?
M. Eché	Ben, il y en a qui braconnent, il en faut, parce que ceux qui ne chassent pas, il faut bien qu'ils goûtent du gibier.
Brigitte	On m'a dit que le garde-chasse braconnait . . .
M. Eché	Oui, mais ça, c'est . . . depuis qu'il y a des garde-chasse on dit qu'ils sont braconniers. C'est pour ça qu'ils savent ce que font les autres!
Brigitte	C'est votre cas?
M. Eché	Ben, ça, je ne peux pas le dire!

être titulaire d'un permis de chasse	*be in possession of a game licence*
qui peuvent se le permettre	*who can afford it*
c'est votre cas?	*does that apply to you?*

Explications

1

On ne peut pas leur dire de repartir

Orders and requests can sound rather abrupt, unless you express them indirectly – very much like reported speech (see page 68). For example:

Direct order	:	*Partez!*
Reported speech	:	*On m'a demandé de partir*
Polite request	:	*Je vais vous demander de partir*

n.b. When you're telling or asking someone to do something use **à** *before the person you're asking and* **de** *before the verb which says what has to be done.*

Anne a demandé **à** Yves **de** faire la vaisselle	Pierre a dit **à** Henri **de** partir
↓	↓
Elle **lui** a demandé **de** faire la vaisselle	Il **lui** a dit **de** partir

2

En faisant des tournées – the present participle

To express the idea that two things happen simultaneously, you can often use *en* with the present participle.

To form the present participle take the *nous* form of the present tense, and replace the *-ons* by **-ant**:

Nous form	*Present participle*
travaill*ons*	travaill**ant**
mange*ons*	mange**ant**
fais*ons*	fais**ant**
finiss*ons*	finiss**ant**

Some irregulars are *être, avoir, savoir*

sommes	**étant**
avons	**ayant**
savons	**sachant**

Vous préférez vendre dans votre voiture **en faisant** des tournées?
Il ne faut pas parler **en mangeant**

Informations

La charcuterie

A l'origine les charcuteries vendaient toutes sortes de viandes cuites (d'ailleurs, le mot charcuterie est dérivé de *chair cuite*). Etant donné les conditions hygiéniques du Moyen-Age, les résultats étaient souvent insatisfaisants, même dangereux. Alors, les charcutiers de Paris se sont organisés pour maintenir des critères professionnels, et en 1476 le roi leur a donné le droit exclusif de vendre du porc cuit. Au début du dix-septième siècle ils ont obtenu aussi le droit de vendre du porc frais.

Petit à petit les charcutiers ont ajouté de nouveaux plats, de nouveaux produits à leur répertoire – les techniques de la réfrigération y ont joué un rôle primordial – de sorte que dans une charcuterie moderne vous trouverez non seulement du porc et des produits à base du porc, mais aussi des salades et des sauces préparées, des oeufs en gelée, et une variété d'autres produits, selon les spécialités de la maison ou de la région.

Les pâtés: Le pâté n'est pas forcément un plat de luxe: on trouve des pâtés de campagne faits d'ingrédients simples, comme le lapin ou le poulet. D'autres sont un peu plus raffinés, comme les pâtés de gibier – le lièvre, les divers oiseaux que l'on chasse, et même le sanglier (le porc sauvage, qui existe encore en France). Ces pâtés ont deux points communs: ils contiennent toujours une proportion de porc hâché, et la viande est coupée en petits morceaux, de sorte que le pâté conserve son grain caractéristique. Les pâtés de foie se vendent souvent à un prix raisonnable, et certains, comme le pâté de foies de volailles, sont très faciles à faire. Ils ont une consistance plus molle que les pâtés de campagne. Mais le pâté de foie gras, c'est autre chose: c'est l'aristocrate des pâtés. Le foie gras classique vient d'oies qui sont élevées d'une façon spéciale (*voir chapitre 20*). Les pâtés de foie gras sont préparés selon diverses recettes, mais ils sont presque tous d'une consistance légère, souvent comme une mousse. Les meilleurs contiennent des truffes – des champignons noirs souterrains récoltés par des chiens ou des cochons. Puisque les truffes coûtent même plus cher que le caviar, il est évident qu'un pâté de foie gras n'est pas un plat économique . . .

Chaque charcuterie a ses spécialités: les Burg-Cabarroques produisent non seulement toute la charcuterie classique, mais aussi des *fritons*. Les fritons sont les petits morceaux solides qui restent lorsqu'on a fait fondre la graisse d'oie; on les fait frire.

La chasse

Il ne faut pas confondre la chasse française et *"hunting"* à l'anglaise. Bien sûr, dans certaines régions de la France, il y a des gens qui mettent un habit rouge, et qui montent à cheval pour chasser le renard ou le sanglier mais c'est la *chasse à courre*. La chasse proprement dite correspond à *"shooting"*; en Grande-Bretagne c'est fondamentalement un sport réservé aux riches, mais en France tout le monde peut chasser – sujet, bien sûr, à certaines conditions. Seulement, si on n'a pas de permis de chasse, ce n'est plus chasser, mais braconner! Le garde-chasse est responsable de vérifier que tous les chasseurs sont légitimes – mais étant donné que c'est le garde-chasse qui connaît mieux le terrain, on le soupçonne souvent de profiter de ses connaissances spécialisées et d'être braconnier pendant ses heures libres . . .

Exercices

1

You're helping out in the *Syndicat d'Initiative* in Septfonds, near Caussade. A rather prosperous-looking tourist comes in . . .

Vous (greet him politely)
Lui Bonjour. Je voudrais des renseignements, s'il vous plaît.
Vous (with pleasure: ask what you can do for him)
Lui Je vais passer quinze jours dans la région, et je voudrais savoir ce qu'il y a à faire.
Vous (there are lots of interesting things to do in the region – what interests him specially – history? nature? shooting?)
Lui Oh . . . tout! Je voudrais connaître la région un peu.
Vous (ask him if he has a car)
Lui Oui, oui, je suis venu en voiture.
Vous (good – if one doesn't have a car, one has to take buses, and they aren't very frequent)
Lui Qu'est-ce qu'il y a comme monuments?
Vous (oh, there are a lot of them: fortified villages, old churches . . . ask if he'd like a brochure)

Lui Oui, merci. Est-ce que Moissac est près?
Vous (it isn't very near, but since he has a car, that would be an interesting excursion for one day – if architecture interests him, he absolutely must visit Moissac) [use *il faut que*]
Lui Et est-ce qu'il y a de belles promenades dans la région?
Vous (if he likes walking, there are lots, but he must avoid the private shoots [*les chasses gardées*]
Lui Ah oui, on peut chasser par ici, n'est-ce pas?
Vous (of course – he has a shooting licence, hasn't he?)
Lui Ah non.
Vous (then say you're sorry, it's impossible)
Lui Bon, tant pis.
Vous (you see that he has a camera – then photography interests him?)
Lui Ah oui, beaucoup!
Vous (ask him if he'd like a map of the region – it would be useful)
Lui Ah oui, s'il vous plaît.
Vous (. . . but it costs five francs)
Lui Ça va. Merci bien. Au revoir.
Vous (say thanks and goodbye)

2

Make these requests sound more polite! Sometimes there will be two possible ways:

e.g. J'ai dit: "Attendez, Jeanne!" *becomes:* J'ai dit à Jeanne d'attendre
or: Je lui ai dit d'attendre

1 Pierre vous a dit: "Sortez!"
2 Le guide a dit aux touristes: "Suivez-moi"
3 Elle a crié: "Arrêtez-vous, les enfants!"
4 Le patron m'a dit: "Revenez bientôt"
5 Eliane demande: "Georges, ouvrez le vin"
6 L'hôtesse dit aux invités: "Mettez-vous à table"
7 Jacques écrit à sa mère: "Envoie-moi de l'argent"
8 Sylvie demande à son oncle: "Emmène-moi au zoo"
9 Les agents ont demandé à tout le monde: "Rentrez à la maison"
10 La secrétaire a dit aux clients: "Laissez votre nom et votre adresse"

3

Things happen simultaneously – so rephrase the following sentences along these lines:

Madame Baratin parle quand elle fait la cuisine
becomes
Madame Baratin parle en faisant la cuisine

1 Georges pleurait à grosses larmes quand il coupait les oignons
2 Louise regardait les vitrines quand elle se promenait
3 Monsieur Puce siffle toujours quand il travaille
4 Myriam s'est endormie quand elle écoutait le discours
5 Le curé s'excusait de son retard quand il est entré
6 Paul et Virginie souriaient quand ils se regardaient
7 Lucie faisait du stop quand elle est allée au Portugal
8 Monsieur Panse fait des bruits étranges quand il mange sa soupe

18

Puylaroque en fête et en musique

1

A new institution in Puylaroque is la fanfare – *the municipal band. It all started when Monsieur Béckand, the composer, left Belgium to settle in Puylaroque, and he and the Mayor realised there was a wealth of local talent waiting to be exploited.*

Brigitte Monsieur Béckand, vous êtes directeur musical de la fanfare de Puylaroque, "La Lyre Puylaroquaine". Depuis combien de temps?

M. Béckand Eh bien, nous avons créé cette fanfare l'année dernière, exactement le 12 juillet 1975, à la demande de Monsieur Bessières, notre sympathique Maire de Puylaroque.

Brigitte Il n'y avait pas de fanfare auparavant?

M. Béckand Il existait autrefois une fanfare à Puylaroque, mais il y a certainement une cinquantaine d'années qu'elle n'existe plus.

Brigitte Qui est-ce qui joue dans la fanfare? Ce sont des Puylaroquains?

M. Béckand Oui, nous avons exclusivement des Puylaroquains. Et, une chose formidable, nous avons pratiquement la majorité du Conseil Municipal, puisque nous avons le Maire lui-même, le premier adjoint, plusieurs conseillers municipal, et même le secrétaire de Mairie, qui font partie de notre fanfare. Donc,

	vous voyez, on peut vraiment dire qu'elle est cent pour cent puylaroquaine.
Brigitte	Est-ce que ces personnes avaient fait de la musique auparavant?
M. Béckand	Aucun de nos musiciens n'avait jamais fait aucune étude musicale auparavant.
Brigitte	Est-ce qu'il est difficile de leur enseigner la musique?
M. Béckand	Rien n'est difficile quand on le fait avec coeur, quand on a envie de le faire, vous savez, rien n'est difficile.
Brigitte	Cela doit demander de nombreuses répétitions.
M. Béckand	Bien entendu, il est nécessaire de répéter très souvent. Pour le moment, par exemple, nous répétons trois fois par semaine avec l'ensemble, et de plus, pratiquement journellement, je fais des répétitions personnelles avec chacun ou avec chaque groupe d'instruments.
Brigitte	De quels instruments jouent les personnes de la fanfare?
M. Béckand	Bien entendu, il y a différents instruments. Nous avons une flûte, qui est d'ailleurs notre doyen, qui aura bientôt 68 ans; nous avons une clarinette, nous avons plusieurs saxos, trompettes, barytons, basses et, bien entendu, la grosse caisse, les tambours et la clique.
Brigitte	Vous êtes combien au total dans la fanfare?
M. Béckand	Actuellement, avec les jeunes tambours, nous sommes une petite trentaine.
Brigitte	Quelles sont les occasions pour lesquelles vous jouez?
M. Béckand	Jusqu'à présent, nous nous bornons à sortir dans les occasions des festivités locales, nationales, c'est-à-dire, le 14 juillet, le 11 novembre, ou encore pour la fête de Puylaroque.
Brigitte	Quels morceaux jouez-vous?
M. Béckand	A l'instant, notre répertoire est encore très limité, c'est-à-dire, à part la Marseillaise, bien entendu, que nous jouons pour les cérémonies officielles, nos musiciens se bornent à jouer trois ou quatre petites marches que j'ai composées moi-même à leur intention.
Brigitte	Pourquoi avez-vous choisi de venir vous installer à Puylaroque?
M. Béckand	Eh bien, c'est toute une histoire. Nous recherchions, ma femme et moi, une région de France où l'air soit pur, le plus sain, avec le moins de pollution possible. Et un de nos amis, directeur à la météo française, a bien voulu faire des recherches en se reportant dix années en arrière parmi toute sa documentation, et le hasard a voulu que la région la plus saine soit centrée sur Puylaroque.
Brigitte	Vous vous plaisez à Puylaroque?
M. Béckand	Je pense que la question ne se pose même pas, car sinon nous serions déjà déménagés depuis longtemps.

une petite trentaine	*just under thirty*
à leur intention	*specially for them*
en se rapportant dix années en arrière	*going back over ten years*
le hasard a voulu que	*as chance had it*
la question ne se pose même pas	*the question doesn't even arise*

2

La fanfare *plays on special occasions, which are the responsibility of Monsieur Lequin, president of the* Comité des Fêtes.

Brigitte Est-ce que vous pouvez nous décrire un jour de fête à Puylaroque?

M. Lequin Le jour de fête à Puylaroque commence traditionnellement comme dans tous nos villages par la messe. A la sortie de la messe, en général, nous avons une fanfare – nous avons la chance à Puylaroque d'avoir reformé une fanfare depuis un an, ce qui nous permet d'avoir notre propre fanfare, qui défile dans les rues de Puylaroque, qui annonce la fête et qui essaie de mettre un peu de gaieté dans le village. Ensuite, les gens se rassemblent au café pour prendre l'apéritif. En général, beaucoup de gens restent à ce café, qui fait en général aussi restaurant pour manger et, vers deux heures de l'après-midi, le bal local commence. En plus du bal, il est traditionnel que dans les fêtes de village il y ait différents concours, tels que les concours de boules, les concours de quilles qui se déroulent pendant toute l'après-midi, pratiquement. Vers sept heures du soir, il y a la remise des prix des différents concours de boules et autres, et ensuite commence le bal en nocturne qui, lui en général, attire le plus de monde et est organisé par des orchestres qu'on essaie d'être célèbres dans la mesure des moyens financiers du comité des fêtes.

Brigitte Quelles fêtes prévoyez-vous pour l'année prochaine?

M. Lequin Alors, nous voudrions prévoir d'abord toutes les fêtes traditionnelles dont j'ai parlé tout à l'heure, c'est-à-dire les fêtes du printemps, le feu de la Saint-Jean, la fête annuelle qui est traditionnelle, c'est-à-dire celle de la Saint-Jacques, la fête des vendanges, et en plus nous aimerions même pendant l'été essayer de mettre des bals le samedi soir, ainsi que d'organiser des concours amateurs de boules et faire des concours de ball-trap aussi.

à la sortie de la messe	*when they come out of Mass*
la remise des prix	*the prize-giving*
le bal en nocturne	*the evening dance*
qu'on essaie d'être célèbres	*we try to make sure they're well-known*
dans la mesure des moyens financiers	*as far as finances allow*

Explications

1

How negative can you get?

In English, double negatives are generally frowned upon, but in French, you can have two, three, even four negatives in a row. For example, Monsieur Béckand said:

Aucun de nos musiciens *n'*avait *jamais* fait *aucune* étude musicale

The main negative words (and the question words that might give rise to them) are:

Question	*Negative answer*
qui?	**personne**
qu'est-ce que . . .?	**rien**
combien?	**aucun** *(none/not one)*
quand?	**jamais**
où?	**nulle part** *(nowhere)*
encore? (still)	**plus** *(no longer)*
lequel?	**ni . . ni . .**

Except in single-word answers (*Jamais!* and *Rien!*) **ne** is usually included:

Je **n**'ai **rien** trouvé **nulle part**
Aucun touriste **n**'a **rien** fait

n.b. Even when *personne* and *rien* come at the beginning of the sentence, they are still followed by *ne*:

Personne n'est arrivé
Rien n'est difficile quand on le fait avec coeur

Or an extreme example:

Personne ne fait **plus jamais rien nulle part**
No-one ever does *anything anywhere any more*

2
Faire

Faire is almost as widely used (and with as great a range of meanings) as the word 'get' is in English.

Here is a list of the most common usages appearing in Allez France!:

a *make*	elle fait	du pain les lits	
b *do*	je fais	tout le travail à la maison la vaisselle les exercices	
c *be* (about the weather)	il fait	froid chaud mauvais beau	
d *other uses*	ça fait vingt francs		(comes to)
	il fait	anglais 60 kilos assez grand	(looks)

e *faire with the infinitive*

- Can mean you're getting someone else to do something for you:

j'ai *fait laver* la voiture
je vais *faire réparer* la télévision

- But the idea of compulsion isn't always present:

je vais vous *faire voir* Paris	(show/let you see)
je vous *faire sentir* 'L' de Lubin	(let you smell/try)
on va vous *faire visiter* le château	(take you to)

3
Vouloir bien

Vouloir bien can be used to introduce polite requests:

Voulez-vous bien m'indiquer l'adresse? (Could you please . . ?)

Or to imply gratitude:

Un de nos amis **a bien voulu** faire des recherches (was kind enough . . .)

Informations

La fanfare

Les villes ou les villages qui ont leur propre fanfare municipale en sont fiers, à juste raison. Les fanfares sont composées essentiellement de musiciens amateurs, qui jouent les jours de fête et pour les événements importants. Une fanfare se compose d'instruments à vent (la flûte, le basson, le saxophone, la trompette, le trombone, le tuba, etcétéra) et de percussion (par exemple, les tambours et la grosse caisse).

Le 11 novembre

Le II novembre 1918, dans un wagon de chemin de fer à Rethondes, près de Compiègne, des représentants allemands et alliés ont signé l'armistice qui a mis fin à la Première Guerre Mondiale. Depuis, chaque année on commémore l'armistice et la mémoire des millions de soldats tombés dans le conflit. Le II novembre il y a un défilé solennel, fanfare municipale en tête, jusqu'au monument aux morts, où on dépose des fleurs – surtout des chrysanthèmes.

Le feu de la Saint-Jean

La Saint-Jean, c'est -à-dire la fête Saint-Jean, tombe le 24 juin, au milieu de l'été, près du jour le plus long. Dans les campagnes, il est traditionnel de fêter le milieu de l'été avec un bal et un grand feu: un feu de joie.

Le ball-trap

Pour un concours de ball-trap, on a besoin d'un appareil spécial qui lance des disques en l'air un peu au hasard. Chaque concurrent a un fusil, et doit "fusiller" les disques tandis qu'ils sont encore en mouvement.

Exercices

1

What do you feel about doing things? Say it in one sentence each time. Faire une omelette? C'est facile.
becomes:

Il est facile de faire une omelette

1 Se baigner quand il fait froid? C'est désagréable
2 Goûter le Beaujolais nouveau? C'est intéressant
3 Penser à tout en même temps? C'est impossible
4 Fermer la porte du frigidaire? C'est essentiel
5 Lire Madame Bovary en chinois? C'est difficile
6 Être Président de la République? C'est dur
7 Penser à l'avenir? C'est inquiétant
8 Se reposer le dimanche? C'est bien agréable
9 Avoir une machine à laver? C'est commode
10 Voir disparaître les vieux quartiers? C'est pénible
11 Regarder les vieilles photos de famille? C'est amusant
12 Lire des romans de science-fiction? C'est passionnant

2

Make these sentences as negative as you possibly can, replacing all the words in italics. You'll need to use: *aucun, personne, plus, jamais, ni, nulle part, rien* and, of course, *ne.*

1 *Tout le monde* a *toujours* aimé lire La Rochefoucauld
2 Georges sort *encore* tous les soirs
3 On trouve *encore des carottes partout*
4 J'ai trouvé *quelque chose* d'intéressant derrière le piano
5 *Tout* est *toujours* amusant quand il pleut le dimanche
6 *Tous les* commerçants restent ouverts le lundi
7 Georges *et* Noémie ont beaucoup d'amis
8 *Les* touristes ont fait beaucoup de photographies
9 Joséphine va acheter *soit* des courgettes, *soit* des aubergines
10 J'ai *souvent* rencontré *des gens* intéressants au Café du Commerce

3

The manager of *Les Majorettes de Chouville* has gone down with 'flu, and you've been asked to stand in for her. Here comes a journalist – fortunately, you've been well briefed.

(* means you should use *il faut que* with a subjunctive)

Vous (greet her politely)
Elle Depuis quand est-ce qu'il y a une troupe de majorettes à Chouville?
Vous (tell her the majorette troupe was founded three years ago by Madame Lagarde who once used to be a dancing teacher)
Elle Et vous avez combien de majorettes en ce moment?
Vous (say now there are thirty young girls in the troupe – they're between 8 and 15 years old)
Elle Il faut sans doute beaucoup de travail pour organiser des majorettes . . .
Vous (say of course it's indispensable to rehearse at least twice a week – every day when you're preparing something important)
Elle Quelles sont les qualités que vous cherchez dans une majorette?
Vous (well, she has to* be fairly tall, she has to* know how to dance, she has to* have nice legs, and she has to* be polite)
Elle Pourquoi?
Vous (well, she has to* smile all the time, she has to* be happy, even if it's raining or it's cold)
Elle Je comprends. Quand est-ce que les majorettes paraissent en public?
Vous (tell her for all the important fêtes, for example the 14th July, the village fête, and the carnival)
Elle Et leur uniforme: voulez-vous me les décrire?
Vous (each majorette wears a red dress with a short skirt, and white boots)
Elle Et sur la tête?
Vous (tell her yes, each one has a white képi with a blue feather)
Elle Et elles achètent tout ça?
Vous (no: each majorette receives 150 francs from the town, and she has to* prepare her own uniform – or her mother makes it)
Elle Et quelles routines vont-elles faire cette année?
Vous (tell her it's a secret – she must* speak to Madame Lagarde if she wants to know)

19

Les nouveaux Puylaroquains

1

Puylaroque may be smaller than it was at the beginning of the century, but people are moving back from the big towns. What do they think of village life? A key member of the community is Monsieur Thouvay – the doctor – who, with his English wife, arrived recently from Paris.

Brigitte Quelles sont les différences entre l'exercice à la campagne et l'exercice à la ville?

M. Thouvay L'exercice à la campagne est beaucoup plus agréable que l'exercice en ville, principalement en raison du nombre de malades que nous sommes amenés à voir dans une journée. Il est beaucoup plus important à la ville qu'à la campagne, et partant de là, à la campagne nous avons beaucoup plus de temps à consacrer aux malades. A la campagne les gens ont plus de bons sens, à mon avis, qu'en ville, et attendent de voir un petit peu comment la situation va évoluer avant de venir consulter le médecin.

Brigitte Vous voulez dire par là que les gens à la ville viennent un petit peu pour n'importe quoi voir leur médecin?

M. Thouvay Exactement, c'est ça, les gens viennent consulter le médecin parce que le médecin est une personne finalement très abordable à qui on vient se confier. En ville la personne, le patient, n'acceptera pas que le médecin ne lui délivre pas d'ordonnance. S'il va consulter un médecin et que celui-ci ne lui donne pas de médicament, il y a de grandes chances qu'il va, en sortant du cabinet du médecin, aller voir un autre médecin pour qu'il lui donne un médicament. C'est également le cas avec les arrêts de travail.

Brigitte Vous me disiez auparavant qu'en ville une personne sur dix venait consulter le médecin en étant vraiment malade. Est-ce que c'est différent à la campagne?

M. Thouvay Totalement. A la campagne, parmi le nombre de personnes qu'on est amené à voir dans la journée, il y en a à peu près neuf sur dix qui posent effectivement un problème médical. En ville, ce pourcentage est à peu près l'inverse: dix pour cent seulement des gens sont malades physiquement, quatre-vingt-dix pour cent ont des problèmes psychologiques.

Brigitte Est-ce que l'alimentation est différente à la campagne?

M. Thouvay L'alimentation est différente à la campagne. Les gens cultivent eux-mêmes leurs légumes, leurs fruits, font eux-mêmes leur viande, et en grande partie leur alimentation est constituée par des produits naturels, ce qui contraste beaucoup avec la ville où les conserves sont fréquentes, les viandes surgelées également, ce qui est totalement inconnu à la campagne.

Brigitte Les gens sont des gros mangeurs dans la région?
M. Thouvay Les gens sont des gros mangeurs parce qu'ils aiment bien manger. Un bon repas est une chose importante et nécessaire puisque leur travail physique est également important. Du matin au soir ils sont dehors dans les champs, ils dépensent une grosse quantité d'énergie et par conséquent ils ont besoin d'un apport calorique important. Voilà pourquoi bien manger est un plaisir.
Brigitte Est-ce que les gens ici boivent beaucoup?
M. Thouvay Oui, les gens ici boivent beaucoup pour les mêmes raisons. Travaillant physiquement beaucoup dans la journée, ils ont besoin d'un apport important de boisson. Or, faisant leur vin eux-mêmes, le vin est la boisson qu'ils absorbent principalement.
Brigitte Qu'est-ce qui vous a attiré personnellement à exercer à la campagne?
M. Thouvay Le mode de vie, le mode de vie que l'on a à la campagne. Dans le cas du médecin, je trouve qu'il est beaucoup plus agréable d'aller faire ses visites dans des fermes plutôt que d'aller en banlieue dans des immeubles, monter dix étages, redescendre par l'ascenseur ou à pied si celui-ci est en panne, et être pris dans les embouteillages. En sortant d'une ferme, il est agréable de regarder le soleil, les champs. Je crois que ça, c'est fondamentalement ce qui m'a attiré à la campagne.
Brigitte Quand vous avez des loisirs, comment les occupez-vous?
M. Thouvay Mes loisirs sont occupés principalement par le football, puisque, ayant créé un club de football à Puylaroque, le dimanche matin j'accompagne les jeunes de Puylaroque qui font du football pour la première année et, étant encore jeune, l'après-midi je pratique moi-même, ce qui fait que mon dimanche est principalement occupé par les sports.
Brigitte Qu'est-ce que votre femme en pense?
M. Thouvay Je préfère ne pas répondre à cette question!

en raison du nombre de malades que nous sommes amenés à voir	*because of the number of patients we are called upon to see*
partant de là	*leading on from that*
délivrer une ordonnance	*issue a prescription*
l'arrêt de travail	*doctor's certificate*
un apport calorique important	*a high calorie intake*

2

Everyone in Puylaroque seems to have two jobs. The town clerk helps run the bureau de tabac, *the doctor takes care of football training, the baker runs the judo club. Monsieur Lequin looks after the* Comité des Fêtes *(chapter 18), and he also owns the village* pharmacie.

Brigitte Monsieur Lequin, vous êtes le nouveau pharmacien de Puylaroque. Depuis combien de temps êtes-vous installé?

M. Lequin Je suis installé depuis pratiquement un an à l'heure actuelle.

Brigitte Vous venez d'une grand ville?

M. Lequin Je viens d'Albi, qui a environ 50.000 habitants et qui est une ville en plus touristique et artistique.

Brigitte Est-ce que vous avez été facilement accepté par les Puylaroquains?

M. Lequin J'ai eu d'abord un assez gros avantage pour être accepté par les Puylaroquains, c'est que je suis d'Albi, qui n'est pas très loin de Puylaroque, et surtout ma femme est Cadurcienne, c'est-à-dire qu'elle est née á Cahors, qui est à une vingtaine de kilomètres de Puylaroque et qui, surtout, fait partie du Quercy. Puylaroque commence déjà à faire partie du Quercy, et ils se sentent très solidaires de tout le Quercy en général. De plus, je comprends leur patois, ce qui est assez indispensable à la campagne pour pouvoir obtenir la confiance des gens.

Brigitte Est-ce qu'il y a des gens qui vous parlent en patois dans la pharmacie?

M. Lequin Ah oui, beaucoup. Ils aiment beaucoup me parler patois parce qu'ils ont l'impression qu'on fait un peu partie de la famille quand ils parlent patois. Ils se sentent beaucoup plus libres, et c'est assez amusant de penser, par exemple, dans un domaine qui n'a rien à voir avec la pharmacie, mais qu'à la chasse on ne parlera jamais un mot de français mais toujours en patois.

Brigitte Quelles sont vos heures d'ouverture?

M. Lequin A l'heure actuelle, j'ouvre à huit heures et demie, dans mes possibilités, et je tiens ma pharmacie ouverte sans interruption jusqu'à sept heures et demie du soir.

Brigitte Et vous fermez dans la semaine?

M. Lequin Je ferme le dimanche après-midi. Je ne peux pas fermer le dimanche matin parce qu'il faut bien se rendre compte que dans les campagnes, le dimanche est un jour de fête, et ils ont vraiment l'impression, même en venant dans un village comme Puylaroque, de venir à la ville et de venir voir ce que devient la ville en elle-même.

Brigitte Et qu'est-ce qu'ils font un dimanche matin lorsqu'ils viennent au village?

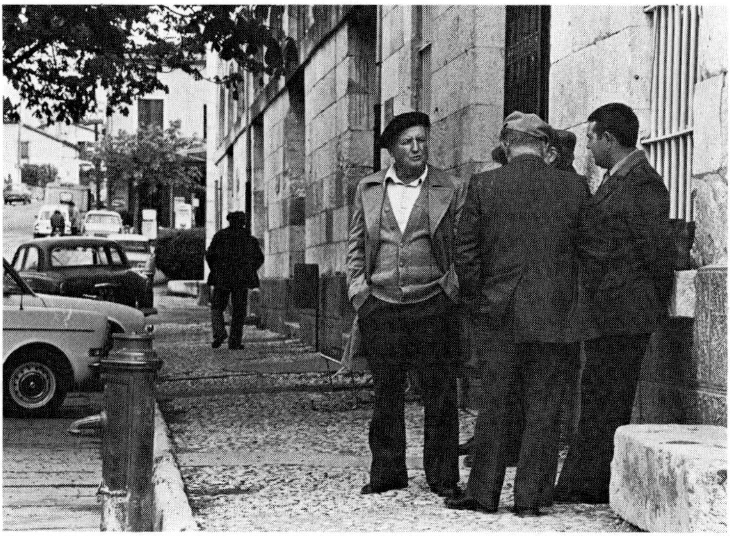

M. Lequin Eh bien, le dimanche matin, quand ils viennent au village, les femmes vont à la messe et les hommes, eux, se regroupent sur la place centrale, vont prendre l'apéritif, comme de bons Français, et surtout tous ces gens des campagnes sont plus ou moins apparentés entre eux, et ça leur permet de se donner des nouvelles, de savoir ce que devient un aïeul ou quelqu'un qu'ils connaissaient. Ça leur permet justement de renouer un peu avec la civilisation, parce qu'ils sont vraiment très isolés dans leurs fermes, et ça leur permet de voir un peu ce que devient le monde extérieur.

ils se sentent très solidaires de tout le Quercy	*they really feel they belong to Quercy*
dans mes possibilités	*as far as I can*

Explications

1
Reported questions

When you report other people's questions, the word order changes, or new words are added in various ways:

● Drop *est-ce que* when you're reporting a question:

Comment *est-ce que vous faites* ça? (direct question)
Les gens veulent savoir comment **vous faites** ça (reported question)

● If in the direct question the verb comes immediately after the question word, change the word order:

Où *vont-ils?* → J'aimerais savoir où **ils vont**

● If the direct question could be answered by 'yes' or 'no', use *si* to introduce the reported question:

Est-ce qu'il pleut? *Pleut-il?*	→	Il voudrait savoir Il me demande Pouvez-vous me dire	**s**'il pleut

● If the direct question begins with *Qu'est-ce qui* or *Qu'est-ce que* or *Que*, use *ce qui* or *ce que* in the reported question:

Qu'est-ce qui fait ce bruit?	→	Il veut savoir	**ce qui** fait ce bruit
Qu'est-ce que vous voulez?		Il me demande	**ce que** vous voulez
Que faites-vous?		Dites-moi	**ce que** vous faites
Qu'est-ce qui se passe?		Pouvez-vous me dire	**ce qui** se passe

2

More about the present participle

You can use the present participle (see page 159) to state the reason why (rather like *comme*):

Travaillant beaucoup dans la journée, ils ont besoin de bien manger
= Comme ils travaillent . . .

Voyant que tout était calme, l'agent de police est reparti
= Comme il a vu . . .

Etant toujours jeune, je joue au football
= Comme je suis . . .

Informations

Le Quercy

Le Quercy était une des anciennes provinces françaises dont la capitale était Cahors. Son territoire correspondait aux départements actuels du Lot et du Tarn-et-Garonne. Le Quercy a été réuni au royaume français en 1472.

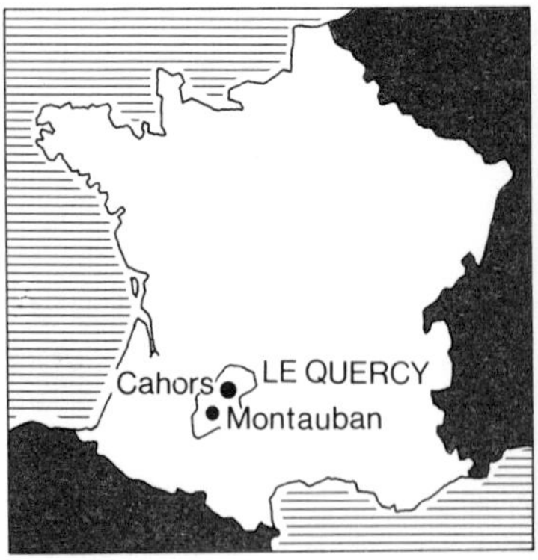

Les aïeuls

"Les aïeuls" sont, pour être précis, les grands-parents. "Les aïeux", par contre, sont les ancêtres en général.

La pharmacie

La profession de pharmacien a toujours eu beaucoup de prestige en France: chaque université importante a sa faculté de pharmacie à côté de sa faculté de médecine. Une fois installé dans sa pharmacie, le pharmacien ou la pharmacienne doit assumer des responsabilités considérables: on vient lui demander conseil pour des maladies mineures, comme des rhumes, ou pour des blessures légères. Mais la partie la plus importante de son travail consiste, évidemment, à préparer et à dispenser les médicaments recommandés par le médecin: la précision est d'une importance cruciale pour les malades – mais pour le pharmacien aussi, car s'il y a une erreur, même si c'est une erreur de la part du médecin, c'est le pharmacien qui en porte l'entière responsabilité, devant ses collègues et devant la loi.

Exercices

1

Make these direct questions reported questions. (You may have to change pronouns, verb tenses, etc.)

e.g. Madame Baratin demande: "Est-ce que mes valises sont arrivées?"
becomes: Madame Baratin demande *si ses* valises sont arrivées

1 La concierge veut savoir: "Est-ce que tout le monde est parti?"
2 On vous demande: "Voulez-vous du thé ou du café?"
3 Georgette se demande: "Que font les enfants?"
4 Je leur ai demandé: "Qui est-ce qui sait parler anglais?"
5 Pierre ne sait pas: "Où est-ce qu'on peut acheter des timbres?"
6 Dites-moi: "Qu'est-ce qu'il faut?"
7 Voulez-vous expliquer: "Comment est-ce qu'on fait la mayonnaise?"
8 Georges demande à Lucie: "Croyez-vous que ce soit une bonne idée?"
9 On veut savoir: "Pourquoi est-ce que tout coûte de plus en plus cher?"
10 Je voudrais savoir: "Pourquoi pensez-vous qu'il fera chaud demain?"

2

Use present participles to express the explanations (introduced by **comme**) in the following sentences:

1 Comme elle voyait qu'il n'y avait plus de pain, Jacqueline est descendue en chercher
2 Comme elle est très croyante, Sylvie va régulièrement à la messe
3 Comme il ne voulait pas trop manger, Jean a commandé un repas léger
4 Comme elle pensait qu'il allait pleuvoir, Hortense a pris son parapluie
5 Comme il savait que Virginie serait en retard, Paul ne s'est pas pressé
6 Comme elle était au courant de la situation, Anne l'a expliquée aux journalistes
7 Comme elle se souvenait de ce qui s'était passé le 14 juillet, Janine n'a pas donné de cognac à son oncle Gilbert
8 Comme elle avait toujours aimé l'architecture classique, Madame Baratin a adoré Nancy
9 Comme elle voulait faire plaisir à son hôtesse, Sabine a mis une robe longue
10 Comme il se sentait un peu fatigué, Victor s'est assis à la terrasse d'un café

3

You're picking up your prescription at the *pharmacie*: who do you meet there but Madame Baratin?

Mme Baratin	Tiens! Bonjour, ça va?
Vous	(say you're all right thanks, and ask her how she is)
Mme Baratin	Oh, ça va assez bien, mais je me sens très fatiguée depuis quelques jours.
Vous	(ask her if she's been to see the doctor)
Mme Baratin	Oui, je l'ai vu tout à l'heure: il m'a donné une ordonnance, et je dois aussi suivre un régime.
Vous	(oh yes? What sort of diet?)
Mme Baratin	C'est très sévère, puisque je dois perdre dix kilos. Alors, pas de pommes de terre, pas de pain, pas de beurre, pas de vin – c'est affreux!
Vous	(tell her she's right – it is rather severe)
Mme Baratin	On verra! Enfin, que faites-vous ici?
Vous	(you've got a prescription too)
Mme Baratin	Ah? Vous êtes donc malade?
Vous	(say no, not really, you're just a little tired, like her – and you have to follow a diet too)
Mme Baratin	Vous aussi?
Vous	(say yes, but it isn't like hers – it's the opposite. Say the doctor told you that you have to* eat lots of steak and vegetables and fruit, with bread and potatoes. And you have to* drink a bottle of Burgundy every day. Oh yes, you have to* take a large scotch before going to bed)
Mme Baratin	Dites . . . je peux vous poser une question?
Vous	(of course – what would she like to know?)
Mme Baratin	Voulez-vous me donner l'adresse de votre médecin?

20

Puylaroque : l'idéal et la réalité

1

Puylaroque not only has a rich past and a lively present, but it also looks to the future. In the former monastery, a small community is experimenting with lifestyles for the future. Brigitte found out more about their ideals from Monsieur Bize, the founder of "Serapolis" . . .

M. Bize

Brigitte Il y a trois ans, une association philosophique qui s'appelle "Les Compagnons de Serapolis" s'est installée à Puylaroque dans l'ancien monastère. Nous sommes installés au coin du feu pour parler avec le fondateur de cette association, Monsieur Bize. Monsieur Bize, que veut dire "Serapolis"?

M. Bize Le nom de cette association signifie, étymologiquement, "ville future". "Polis" en grec signifie "ville", et "sera" est l'expression du futur.

Brigitte Pourquoi avez-vous choisi Puylaroque pour construire cette ville future?

M. Bize Eh bien, ce petit village réunit un ensemble de petites qualités, et cet ensemble de petites qualités est éminemment favorable à la réalisation de notre grand projet. A savoir que le village se trouve à 300 mètres d'altitude, ce qui pour la qualité de l'air est excellent. Par ailleurs, Caussade, qui est une agglomération d'une certaine importance, se trouve à treize kilomètres de Puylaroque, et en outre, le village est déjà vivant, en ce sens que la vie s'y trouve organisée. Il y a un médecin, un pharmacien, un dentiste, des commerçants, des artisans. Et enfin, Puylaroque se situe sur le chemin de Saint Jacques de Compostela, ce qui nous intéresse au plus haut point, étant donné la source philosophique, la tradition philosophique de notre association.

Brigitte Dans cette ville future, comment la vie va-t-elle être organisée?

M. Bize Dans un premier point, nous souhaitons remplacer l'argent, comme monnaie d'échange, par le service. Et cette fraternité exige de la part des membres de notre association qu'ils travaillent les uns pour les autres et gratuitement. Ainsi, le médecin, l'ingénieur, l'avocat, l'agriculteur, offrent le produit de leur travail, et ils ne comptabilisent pas combien vaut ce travail. Quand à leur tour, ils ont besoin de ceci ou de cela, ils vont chez l'épicier, ou ils vont chez le cordonnier, ou ils vont chez le médecin, qui, à leur tour,

	offrent leur service. On ne comptabilise pas, on ne dit pas "ceci vaut tant". Ce n'est pas un retour au troc, c'est une libération de l'individu vis-à-vis des chaînes du matérialisme.
Brigitte	Quelle est la réaction des gens de Puylaroque devant votre . . . l'installation de votre association ici?
M. Bize	S'ils tolèrent notre association, cela se situe essentiellement au niveau du coeur. C'est-à-dire, nos relations sur le plan de l'amitié et de la fraternité sont excellentes. Maintenant, sur le plan de la pensée, je crois que les Puylaroquains sont dépassés par notre idéal – ils ont beaucoup de difficulté à le comprendre. Et cela est normal car, pour le comprendre, nous devons disposer du temps nécessaire pour leur expliquer.
Brigitte	Puylaroque sera le site de cette ville future?
M. Bize	Eh bien, cela dépend des Puylaroquains eux-mêmes. S'ils souhaitent voir leur village devenir le centre d'un mouvement fraternel international, personnellement j'en serai très heureux.

à savoir que	*that is*
ce qui nous intéresse au plus haut point	*which is of the greatest interest to us*
dans un premier point	*the first point is that . . .*
ils ne comptabilisent pas	*they don't keep accounts*
au niveau du coeur	*on the emotional level*
sur le plan de la pensée	*on the intellectual level*

2

. . . and the down to earth reality. Brigitte went to the Blancs' farm, to talk to Madame Blanc about the ducks she raises.

Brigitte	Aujourd'hui, par une belle matinée ensoleillée et froide, nous nous trouvons à la ferme de Monsieur et Madame Blanc à environ trois kilomètres du village de Puylaroque. Madame Blanc, qu'est-ce que vous faites exactement?
Mme Blanc	Bien, j'élève des canards mulards pour faire le gras.
Brigitte	Qu'est-ce que ça veut dire, "faire le gras"?
Mme Blanc	C'est-à-dire, faire le confit de canard. La bête est élevée en liberté tout au long de l'année . . .
Brigitte	Dans les prairies, que l'on voit autour de la ferme?
Mme Blanc	Voilà, dans les prairies, oui, élevées au grain.
Brigitte	Pendant combien de temps?
Mme Blanc	Pendant cinq mois, pendant cinq mois, et après, on les rentre pendant quatre semaines pour les gaver, alors, au maïs.
Brigitte	Qu'est-ce qui se passe à ce moment-là?
Mme Blanc	A ce moment-là, le canard prend beaucoup de maïs et il grossit assez rapidement et . . . ce qui lui fait développer le foie.
Brigitte	En quelque sorte, vous le rendez malade?
Mme Blanc	Eh bien, oui. On lui donne la maladie de foie parce qu'on l'oblige à manger par force.
Brigitte	Est-ce que vous ne pensez pas que c'est un petit peu cruel, ce que vous faites?
Mme Blanc	Eh bien, peut-être, mais enfin, c'est une habitude et on n'y fait pas attention.
Brigitte	Le canard souffre?

Des agriculteurs de Puylaroque

Mme Blanc Oh, le canard ne souffre pas, je pense pas, enfin, cela dépend des bêtes: il y a des bêtes qui souffrent quand même parce qu'elles ont du mal à s'habituer à manger autant, si l'on peut dire.

Brigitte Le foie de canard est une spécialité de la région?

Mme Blanc Euh, je pense, oui euh, surtout dans le département du Tarn-et-Garonne, dans quelques autres départements aussi, mais enfin il s'en fait beaucoup dans le Tarn-et-Garonne.

Brigitte Pourquoi?

Mme Blanc C'est une tradition dans la région.

Brigitte Est-ce que vous pouvez nous décrire une journée typique à la ferme?

Mme Blanc Eh bien, cela dépend des saisons. L'été, par exemple, le matin il faut se lever très tôt, vers les quatre heures du matin. On soigne les bêtes, enfin, on traie les vaches; après cela on déjeune, et puis on va dans les champs. Suivant la saison, c'est le ramassage du foin, ou bien aux mois d'août et septembre, c'est surtout le ramassage du melon, car ici nous faisons du melon. Le soir vers les cinq heures, euh, vers les six heures même du soir, on ramène les bêtes à l'étable pour traire à nouveau, et ensuite c'est le souper, et puis le coucher vers les dix heures du soir. Et . . . l'hiver, comme maintenant, le matin c'est toujours vers les cinq heures du matin, il faut se lever pour toujours pareil, traire les vaches, et ensuite on les emmène encore aux pâturages, mais bientôt on va les laisser dedans tout au long de l'hiver.

Brigitte C'est une vie saine, qui n'est pas trop difficile?

Mme Blanc Ben, c'est une vie saine, peut-être, mais très dure, et pénible, parce que d'abord il y a beaucoup d'heures dans la journée.

Brigitte Est-ce que vous aimez cette vie?

Mme Blanc On aime bien cette vie parce que on est habitués, et on a un peu notre liberté, tout en ayant beaucoup de travail. On est son propre maître.

Brigitte Vous n'avez jamais eu envie de partir?

Mme Blanc Oh non, ça, non, j'ai toujours aimé la campagne et mon mari aussi d'ailleurs. On a toujours vécu à la campagne et on aime bien ça.

élevées au grain	*reared on wheat*
pour les gaver au maïs	*to force-feed them with corn*
elles ont du mal à manger autant	*it's hard for them to eat so much*
si l'on peut dire	*if I can put it that way*
il s'en fait beaucoup	*a lot of it is made*
tout en ayant beaucoup de travail	*even though we've got a lot of work*

3

Young people may be leaving the land to work in towns, but other people are coming back to rural life. Like Monsieur Chalou:

Brigitte Monsieur Chalou, vous venez de vous installer dans le région, vous avez quitté la ville pour venir à la campagne, pourquoi?

M. Chalou Mais j'ai quitté la ville parce que c'était une vie qui ne me convenait pas. Elle était trop rapide pour moi et ne correspondait pas à ma pensée. Je me sens à la campagne un homme beaucoup plus libre, plus responsable de ses actes et ayant beaucoup plus de temps pour réfléchir.

Brigitte Quelle était votre profession en ville?

M. Chalou Eh, en ville j'étais technicien.

Brigitte Vous avez travaillé longtemps en tant que technicien?

M. Chalou Oui, j'ai travaillé trois ans en tant que technicien, de ma sortie d'école jusqu'à l'âge de 25 ans.

Brigitte Dans quelles villes avez-vous travaillé?

M. Chalou J'ai travaillé à Paris.

Brigitte Est-ce que vous pouvez nous décrire une journée de votre travail?

M. Chalou Oui, bien sûr. Ça consistait à se lever le matin vers 6h moins le quart. Ensuite, après avoir déjeuné rapidement je prenais un train à 7 heures, à la gare située à environ 4 kilomètres de mon domicile. Ensuite de là je prenais le train, le trajet durait environ une heure. Puis de là une demi-heure de métro pour arriver au bureau. Ensuite, à midi, trois-quarts d'heure pour manger. La journée se terminait à 5 heures et demie. Il fallait ensuite attendre un train jusqu'à 6 heures et demie à la gare; de 6 heures et demie retour chez moi à 7 heures et demie, et retour à la maison par le même trajet.

Brigitte Et en plus vous travailliez pour des autres.

M. Chalou Oui, c'est ça. En plus, je n'étais pas mon propre maître, aucune décision sur mon sort. Je travaillais uniquement pour l'attrait du salaire.

Brigitte Vous n'avez pas envie de retourner en ville?

M. Chalou Je vous répondrai franchement que c'est hors de question.

Brigitte Pourquoi?

M. Chalou Parce que j'ai trouvé ici mon équilibre. Je me sens un homme parfaitement heureux et je crois que je n'ai jamais été si heureux que depuis que je suis ici.

Brigitte	La vie à la campagne est dure!
M. Chalou	Certes, elle est dure, pénible, mais elle offre énormément de satisfactions. Elle offre la facilité de se sentir un homme libre.
Brigitte	Plus libre qu'en ville?
M. Chalou	Beaucoup plus libre.
Brigitte	Vous ne vous sentez jamais seul?
M. Chalou	Peut-être un jour je me sentirai seul – mais pour l'instant je ne me sens jamais seul.

ne correspondait pas à ma pensée	*didn't fit in with my ideas*
en tant que technicien	*as a technician*
de ma sortie d'école	*since leaving school*
c'est hors de question	*it's out of the question*

Explications

The future

As you can see from M. Bize's interview, you can often get away with using the present tense to talk about the future:

e.g. Nous **souhaitons** remplacer l'argent par le service.

• Another common way of saying what you're going to do is by using *aller* and the infinitive.

e.g. Je **vais aller** en France cet été.
Est-ce que Puylaroque **va être** le site d'une ville future?

• But in written language and more formal speech, the *future tense* is more common. It is formed with exactly the same stems as the conditional (see page 105). Only the endings are different:

je	STEM	–**ai**
tu		–**as**
il		–**a**
nous		–**ons**
vous		–**ez**
ils		–**ont**

When to use the future

• Generally in writing and in formal speech:

Le musée **sera** inauguré par le maire

• To express a long-term future:

Gisèle commence ses études; dans sept ans elle **sera** médecin

• When you're making a condition using si *with the present tense*:

S'ils le souhaitent, j'en **serai** très heureux

Informations

Serapolis

Depuis "La République" de Platon, on rêve de sociétés nouvelles, mieux organisées que celles que nous habitons. Plus tard, au seizième siècle, dans le roman "Gargantua", François Rabelais décrit son utopie personnelle, l'abbaye de Thélème, où, les habitants vivaient en liberté et se consacraient aux plaisirs. Il y avait, quand même, une faiblesse dans l'utopie de Rabelais: personne ne travaillait à Thélème, car tout était financé par un riche patron anonyme, qui habitait sans doute le monde extérieur. Ce n'était donc qu'une utopie partielle . . .

Aux dix-huitième et dix-neuvième siècles, il y a eu beaucoup de spéculation sur la forme possible d'une société idéale: par exemple, Etienne Cabet (1788–1856), prévoyait une société beaucoup plus pratique que Thélème, car tout le monde y travaille et l'Etat distribue à chaque famille ce dont elle a besoin. Plus réaliste encore (sauf sur le plan, peut-être, de la nature humaine), Charles Fourier (1772–1837) concevait une société future regroupée en une série de petites communautés de 1.620 habitants chacune, des "phalanstères" organisés suivant des principes de coopération, de démocratie et d'égalité.

A l'époque actuelle, on fait de nombreuses tentatives pour trouver des modes de vie plus sains, plus naturels, plus humains que dans la société "normale". D'habitude ces expériences sont accompagnées d'un effort de "retour à la nature", loin des grandes villes. Ces communautés sont parfois petites, comme les "communes" d'inspiration américaine, ou peuvent prendre des formes plus structurées, à orientation philosophique, comme Serapolis, fondé tout récemment par Monsieur Bize à Puylaroque.

Le chemin de Compostela

D'après une tradition espagnole (aujourd'hui considérée comme très douteuse), l'apôtre Jacques est venu prêcher en Espagne, et il y a été enterré, à Compostela. Au Moyen-Age, Compostela est devenu un des centres de pèlerinage les plus importants du monde chrétien, et le prestige du pèlerinage s'attachait également aux villes où s'arrêtaient les pèlerins qui allaient à Compostela, ou qui en revenaient, portant la coquille, qui était l'emblème des pèlerins de Saint-Jacques.

Les oies . . . et les canards

Les oies à foie gras comme les canards d'ailleurs, sont beaucoup plus grandes – et plus grosses – que les oies ordinaires. Heureusement pour les agriculteurs, les oies coûtent peu à nourrir, et elles sont très gourmandes. Pendant l'été, les oies vivent en liberté dans les champs, puis en automne, quand il commence à faire froid, on les renferme dans des étables où on les fait manger sans cesse, souvent de force: ceci s'appelle *le gavage*. Sans exercice physique, mangeant pratiquement sans cesse, les oies grossissent considérablement et leurs foies deviennent énormes: *le foie gras*. Après quatre semaines de gavage environ, on tue les oies et on les vend dans les marchés de la région. Les régions renommées pour le foie gras sont le Quercy et le Périgord (où on trouve également les truffes), et aux environs de Strasbourg et de Toulouse.

Revise and test your knowledge

1

Be a little more formal and use the future tense: e.g. instead of "Je *vais sortir* la semaine prochaine", say: "Je **sortirai** la semaine prochaine".

1 Mercredi prochain il va y avoir un grand gala au casino
2 Tout le monde va y assister
3 Le Maire va venir
4 Des journalistes vont faire des photos
5 On va boire du champagne
6 Les majorettes vont présenter un spectacle
7 A onze heures on va dîner aux chandelles
8 Après, des chanteurs célèbres vont participer à la soirée
9 La Croix-Rouge va vendre des billets de tombola
10 Le Maire va remettre les prix
11 On va danser toute la nuit
12 Ça va être sensationnel

2

Still more about Paul and Virginie. Choose the appropriate alternatives shown in italics.

Paul et Virginie | *vivent* / *habitent* / *ont vécu* |[1] le centre de la ville | *il y a* / *puisque* / *depuis* |[2] leur mariage.

Il a toujours fallu qu'ils | *aient* / *soient* / *seront* |[3] près du centre, car ils travaillent

| *tout deux* / *il et elle* / *tous les deux* |[4] à des heures bizarres, Paul | *être* / *été* / *étant* |[5] journaliste et

Virginie | *travailleuse* / *travaillant* / *travail* |[6] comme infirmière à l'hôpital.

L'appartement qu'ils habitent est petit mais pratique: il n'y a qu'un seul

inconvénient: il n'y a pas | *aucun* / *un* / *de* |[7] garage, alors il faut toujours trouver

une place pour la voiture | *sur* / *à* / *dans* |[8] la rue chaque soir – | *que* / *quelle* / *ce qui* |[9]

est quelquefois assez difficile. Mais maintenant tout cela

| *faut* / *vaut* / *doit* |[10] changer, | *quand* / *pour que* / *parce que* |[11] Virginie s'est aperçue qu'elle attend

[*le / plusieurs / un*] [12] bébé. Ils devront [*donc / puis / alors*] [13] chercher un appartement

[*plus grand / grandeur / majeur*] [14] pour qu'il y [*soit / a / ait*] [15] une chambre [*à / de / pour*] [16] l'enfant. Au moins,

c'est l'idée de Virginie. Mais, [*selon / après / près*] [17] Paul, [*tandis qu' / puisqu' / étant qu'*] [18]

ils doivent déménager en tout cas, pourquoi ne [*cherchent / chercheront / cherchaient*] [19]

-ils pas une maison [*à / en / y*] [20] banlieue? A son avis, [*elle / on / il*] [21] [*serait / a été / était*] [22] agréable

d'avoir un jardin, et Paul pourrait avoir son [*bureau propre / à lui bureau / propre bureau*] [23].

Tout d'abord, Virginie n'avait pas [*l'envie / d'envie / envie*] [24] de quitter le centre.

Paul lui a répondu [*de / si / que*] [25] la maison aurait quand même

[*certains avantages / de certains avantages / avantages certains*] [26] : en banlieue l'air est [*mieux / meilleur / plus bon*] [27] et l'enfant

[*pu / pouvait / pourrait*] [28] jouer dehors. D'ailleurs, si Paul avait un vrai bureau, il ne

[*sera / va / serait*] [29] plus obligé [*à / de / pour*] [30] travailler au salon ou dans la chambre.

Mais le travail ménager? Paul suggère qu'ils [*puissent / pourraient / ont pu*] [31] engager une

femme de ménage. Virginie est d'accord, mais la seule chose

[*qui / dont / que*] [32] lui [*déplaît / déteste / déplaise*] [33] c'est le problème du travail: habitant [*à / la / y*] [34]

banlieue, elle aurait des problèmes pour aller à l'hôpital, et elle veut

absolument recommencer [*à / de / –*] [35] travailler après la naissance de l'enfant.

Puis elle pense	*d'* – *à*	[36] une solution: elle se rappelle	*de* *que* *à*	[37] l'année		

de devant *dernière* *précédente*	[38] on avait construit une nouvelle clinique	*sud* *à sud* *au sud*	[39] de la ville.	

Si on	*pouvait* *puisse* *avait pu*	[40] trouver une maison dans le même quartier,	*il sera* *il était* *il serait*	[41]

facile de continuer	*de* – *à*	[42] travailler.	*Vu* *Voyant* *Étant vu*	[43] qu'elle était d'accord, Paul

l' *y* *lui*	[44] a proposé	*à* *d'* *pour*	[45] aller explorer les quartiers du sud . . .

Answers to Exercises

1

C'est assez grand.
C'est haut d'à peu près quarante centimètres.
Non, c'est cylindrique.
C'est solide et liquide.
Mais si.
Pas spécialement.
Non, mais on peut le boire.
Oui, c'est une énorme bouteille de whisky.

2

Merci.
C'est quelque chose pour servir les hors d'oeuvres.
C'est une grande planche de (*or* en) bois avec six petits bols.
Ils sont en verre.
C'est assez grand. Voyons: les bols sont carrés – à peu près dix centimètres. La planche est longue d'à peu près trente-cinq centimètres.
Ça vaut deux cent cinquante francs.

3

La Tour Eiffel est haute de 300 mètres.
La Seine est longue de 776 kilomètres.
L'arbre est haut de 20 mètres.
La rue du Chat qui Pêche est large de 3 mètres.
Le tapis est long de 3 mètres et large de 1 mètre 50.
Le Mont Blanc est haut de 4.807 mètres.

4

Je ne sais pas comment ça s'appelle.
Ça sert à mettre de l'argent (dedans).
Peut-être; je pense (*or* je crois) que c'est sur la petite table blanche près de la porte.
Oui. C'est un portefeuille en (*or* de) cuir et c'est noir.
Eh bien, je pense (*or* je crois) qu'il y a à peu près cinquante francs, un passeport et . . . ah, oui, une photo de trois petits enfants.
Ah! Merci monsieur.
Oui, bien sûr. A quelle heure?
Bon – huit heures trente (*or* et demie)? Ça va?
A demain. Merci, monsieur, et bonsoir.

5

Je voudrais quelque chose pour ouvrir les bouteilles de bière.

- pour ouvrir les bouteilles de vin.
- pour écrire.
- pour passer le thé.
- pour ouvrir à la fois les bouteilles de vin et les bouteilles de bière.
- pour laver les dents.
- pour presser les citrons.
- pour mettre de l'argent (dedans).

CHAPTER 2

1

Bonjour mademoiselle.
Je voudrais du parfum.
"Capiteux" – qu'est-ce que c'est exactement?
Bon. Je voudrais un parfum capiteux.
C'est pour une amie.
Elle est petite et blonde.
Elle a peut-être soixante ans.
Oui, mais je ne suis pas sûr(e) – (est-ce que) vous avez (*or* avez-vous) quelque chose d'autre?
Qu'est-ce que c'est, cette grande bouteille là?
D'accord! (Est-ce que) vous avez (*or* avez-vous) quelque chose d'autre?
Mm, c'est parfait. Combien ça coûte? (*or* Coûte-t-il?)
C'est un peu cher.
Je prends l'eau de toilette à cinquante francs, s'il vous plaît.
Voulez-vous me faire un paquet-cadeau, s'il vous plaît?
Merci mademoiselle. Au revoir.

2

There are several possible solutions in each case, e.g.:

1 C'est une jeune femme. Elle a vingt-trois ans (Elle est âgée de 23 ans). Elle a les cheveux blonds. Elle a les yeux gris. Elle mesure un mètre soixante. Elle pèse soixante-trois kilos. Elle a (porte) des lunettes. Elle porte (elle est habillée d') une robe jaune, un manteau gris, et des chaussures noires.

C'est une femme qui a vingt-trois ans, qui a les cheveux blonds et les yeux gris. Elle mesure un mètre soixante et elle pèse soixante-trois kilos. Elle porte des lunettes et elle est habillée (*or* vêtue) d'une robe jaune, d'un manteau gris et de souliers noirs.

2 C'est un homme qui a quarante-cinq ans, qui est chauve et qui a les yeux noirs. Il mesure un mètre soixante-dix et il pèse quatre-vingts kilos. Il a une barbe et il est habillé (*or* vêtu) d'un costume bleu marine, d'une cravate à rayures et de chaussures marron.

3 C'est un homme qui a une trentaine d'années, qui a les cheveux bruns et les yeux bruns. Il mesure un mètre quatre-vingts et il pèse à peu près soixante-dix kilos. Il a les cheveux longs et une moustache. Il est habillé (*or* vêtu) d'un pullover blanc, d'un blue jeans et de bottes noires.

4 C'est une femme qui a soixante ans, qui a les cheveux gris et les yeux bleus. Elle mesure un mètre cinquante et elle pèse à peu près soixante kilos. Elle porte des lunettes en or, et elle est habillée (*or* vêtue) d'un costume noir, d'un manteau de fourrure et d'un foulard vert.

3

Un paquet de beurre
Une assiette à beurre
Une boîte à cigarettes
Une boîte d'allumettes
Une brosse à dents
Un coûteau à pain
Un coûteau de table
Un livre de cuisine
Une brosse à cheveux
Une bouteille de cognac
Des verres à cognac
Une chemise à carreaux
Quelque chose d'autre
Quelque chose à manger
Une tasse à thé
Un verre de lait
Le train de Lyon
Un pot de moutarde
Deux mètres de coton
Le car de Lille (*or* pour Lille).

4

Qu'est-ce que vous (me) conseillez? Je prends des huîtres et la sole Véronique.
Je voudrais quelque chose de sec, s'il vous plaît.
Je connais le Muscadet, c'est très bon mais je voudrais essayer quelque chose de différent.
(Est-ce que) vous avez (*or* avez-vous) un autre vin blanc de Bourgogne?
Pouilly Fuissé? Je ne le connais pas.
C'est intéressant.
Oui, c'est une soirée très spéciale.
C'est ça! Je prends une bouteille de Montrachet, s'il vous plaît.
Et je voudrais une bouteille de Muscadet avec les huîtres, s'il vous plaît.
C'est ça. Merci monsieur.

CHAPTER 3

1

avant de; pour; signifient; sans; pour; se passe?

2

Dans un café ou dans un restaurant, sur la note (*or* l'addition).
Cela veut dire que le pourboire est compris.
Elles signifient "toutes taxes comprises".
Par exemple: la t.v.a.
Cela veut dire que c'est moins cher que d'habitude.

3

Oui, bien sûr. Avec plaisir.
Pas exactement, j'habite un petit village près de Reims.
C'est une petite maison avec un grand jardin.
Eh bien, aujourd'hui je suis à Reims pour faire les courses.
Non, la petite maison de campagne est la résidence secondaire de mes parents.
Je suis étudiant(e).
Je suis à la faculté dentaire de Reims.

4

Euh . . . oui, si vous voulez.
Assez souvent, oui.
Eh bien . . . du pain, deux bouteilles de vin et de la viande.
Un gigot d'agneau.

Pas très souvent – mais aujourd'hui c'est en réclame.
Cela veut dire que la chose est moins chère que d'habitude.
Oui, je vais aux grands magasins.
Je vais acheter des draps.
Parce qu'il y a une remise de dix pour cent sur les blancs cette semaine.
De rien (*or* Pas du tout); au revoir.

5

1 Qu'est-ce que c'est, une résidence secondaire?
2 Qu'est-ce que cela veut dire, SNCF?
3 Qu'est-ce que c'est, le gros lot?
4 Qu'est-ce que cela veut dire, "en réclame"?
5 Qu'est-ce que cela veut dire, remise de dix pour cent sur les blancs?
6 Qu'est-ce que c'est, un parfum capiteux?
7 Qu'est-ce que c'est, un passe-thé?
8 Que signifient les initiales t.v.a.?
9 Que signifie "service compris"? (*or* Qu'est-ce que cela veut dire?).
10 Qu'est-ce que c'est, un décapsuleur?

CHAPTER 4

1

1 Ce que Françoise déteste, c'est faire la vaisselle.
2 Ce qui l'intéresse beaucoup plus, c'est faire la cuisine.
3 Ce qu'elle aime beaucoup, c'est le vin blanc . . .
4 . . . mais ce qui la rend malade, c'est le vin rougê.
5 Ce que Françoise n'aime pas, c'est regarder la télévision.
6 Ce qu'elle préfère, c'est écouter des disques.
7 Ce qui la passionne, c'est la musique classique . . .
8 . . . mais ce qui la laisse froide, c'est la musique pop.
9 Ce que Françoise n'aime pas beaucoup, c'est (*or* ce sont) les grandes villes.
10 Ce qui lui plaît davantage, c'est la vie à la campagne.
11 Ce qui la gêne un peu, c'est l'absence de chauffage central . . .
12 . . . mais ce qu'elle aime énormément, c'est se promener dans la forêt.

2

1 passer 2 peux 3 venir 4 allons 5 peux 6 représente 7 commencer
8 continue 9 travailler 10 sommes 11 réviser 12 avons 13 faire
14 aimerais 15 passer 16 respirer 17 regarder 18 est

3

Est-ce que vous écoutez la radio quelquefois? (*or* Ça vous arrive d'écouter la radio?)
Quelle chaîne de radio écoutez-vous le plus souvent?
Quelle chaîne préférez-vous?
Vous aimez la musique classique? Quel genre?
Quels sont vos compositeurs préférés?
(Est-ce que) vous aimez Brahms?
Quand est-ce que vous écoutez Europe Numéro 1?
(Est-ce que) vous écoutez les informations?
Est-ce qu'il y a quelque chose que vous n'aimez pas?
Il y en a beaucoup?

4

Bonjour mademoiselle.
Non, je suis de Cardiff.
Non, j'habite ici.
J'habite Chouville depuis quatre ans à peu près.
De plus en plus tous les jours. D'abord, c'est très différent.
Eh bien, c'est une petite ville, et les gens sont très ouverts.
Oui – ce n'est pas du tout le même mode (*or* genre) de vie.
C'est une petite ville, c'est propre et c'est tranquille – et j'ai beaucoup d'amis ici.
Eh bien . . . il n'y a pas beaucoup de magasins et il n'y a pas de cinéma, mais nous ne sommes pas loin de Dieppe, alors ça va.
En somme, oui, je suis très content(e) de la vie à Chouville.

5

Je voudrais du poisson, s'il vous plaît.
(Est-ce que) vous avez (*or* avez-vous) de la sole?
C'est pour quatre personnes, s'il vous plaît.
Ça va, merci.
Oui, je pense (*or* je crois) . . . attendez, qu'est-ce que c'est que ça?
Qu'est-ce que c'est, la rascasse?
Un poisson de la Méditerranée – à Paris? Comment?
Où est-ce que vous achetez votre poisson?
Rungis? Qu'est que c'est?
C'est loin d'ici, n'est-ce pas?
Vous commencez à travailler à cinq heures du matin! Quand est-ce que vous ouvrez le magasin?
(Est-ce que) vous vendez beaucoup de poisson?
Pourquoi particulièrement le vendredi?
Ah oui, bien sûr; (est-ce que) le magasin est ouvert tous les jours?
Et vous restez ouvert jusqu'à quelle heure?
C'est une longue journée. Vous êtes là tout le temps?
Bon – eh bien merci. Au revoir monsieur.

CHAPTER 5

1

1 Mme. Baratin est âgée de 45 ans. Elle pèse à peu près 65 kilos et mesure 1 mètre 50. C'est quelqu'un de sympathique. Elle porte une veste noire, une robe de (*or* en) soie à carreaux et des bottes en (*or* de) cuir.
2 Je ne prends jamais mes vacances au mois de février.
3 Je voudrais du vin rouge. – Oui, quel genre de vin préférez-vous? – Celui-ci.
4 Qu'est-ce qui se passe? C'est la fête du 14 juillet.
5 Un téléscope est un objet de forme cylindrique qui sert à voir les objets distants.
6 Il n'y a rien d'intéressant à la télévision ce soir: alors on va au cinéma.
7 L'Amazone est long de 5.500 kilomètres.
8 Quelle maison habitez-vous? – Celle de gauche; celle qui est à côté est vide.
9 Odette vient d'acheter une machine à laver la vaisselle. Elle va y mettre toutes les tasses à café et les verres à vin. Maintenant elle va avoir beaucoup moins de travail à la maison.
10 Ce que j'aime en France, c'est la cuisine traditionnelle.
11 Ça (*or* cela) m'arrive d'aller au cinéma quelquefois. Normalement j'y vais tous les quinze jours à peu près.

12 La tour est haute de 25 mètres.
13 Un décapsuleur est un objet en (*or* de) métal qui sert à ouvrir les bouteilles de bière.
14 Georges n'a vu personne d'intéressant au théâtre.
15 Pierre a 40 ans. Il a les cheveux blonds et les yeux gris. Il mesure 1 mètre 70 et il pèse environ 70 kilos. Il est habillé d'un pantalon gris à rayures; il porte aussi une veste en (*or* de) laine et une cravate à pois.
16 Il n'y a personne dans la rue; cela signifie que c'est dimanche.
17 Mme Baratin va en Angleterre deux fois par an. Elle aime voir sa fille qui vit à Londres.
18 La cheminée est haute de 10 mètres.
19 L'Italie est une péninsule en forme de botte.
20 Quelle est la chaîne de radio que vous écoutez le plus souvent?

2

Nos amis vont arriver cet après-midi. Nous les aimons beaucoup, car ils sont extrêment amusants et très aimables. Nous allons chez eux de temps en temps; ils ont une grande maison à la campagne. On part à dix heures du matin et on est. là à l'heure du déjeuner. On y mange bien; tout est fait à la maison et il y a des légumes excellents – surtout les haricots. En été on mange souvent dans le jardin: c'est idyllique.

CHAPTER 6

1

Il est né en mille huit cent soixante-dix. Il a passé son enfance dans la pauvreté. Le médecin du village a été frappé par son intelligence et a payé ses études à Paris. Il a obtenu des résultats brillants; quand il a terminé son service militaire il est entré au Ministère des Affaires Etrangères. En mille huit cent quatre-vingt seize il est parti à Prague comme troisième secrétaire au consulat; il a été consul à Pekin de mille neuf cents à mille neuf cent six; ensuite il est allé à Toronto. En mille neuf cent onze il est revenu à Paris, où il s'est marié. Sa fille unique (plus tard elle a eu une carrière brillante au théâtre) est née en mille neuf cent treize. Au cours de la première guerre il a montré beaucoup de courage; en mille neuf cent dix-huit on l'a décoré de la croix de guerre. Il s'est présenté comme candidat aux élections – sa femme aussi – et en mille neuf cent vingt-et-un ils sont devenus députés. Neuf ans plus tard ils ont décidé de quitter la vie politique et se sont installés au village. Ils y ont vécu tranquillement: il a créé un jardin magnifique et sa femme s'est occupée des enfants pauvres. Elle est morte en mille neuf cent trente-sept; il est mort deux ans plus tard.

2

1 Je suis né à Nancy en 1940; j'ai fait mon Baccalauréat classique au Lycée Stanislas à Nancy en 1958; j'ai étudié le grec ancien à l'Université de Nancy de 1959 à 1963; j'ai été professeur au lycée de 1964 à 1969; en 1969 j'ai quitté l'enseignement et j'ai ouvert une librairie d'avant-garde (qui a été fermée en 1975); je suis actuellement sans travail.
2 Je suis née à Montauban en 1925; j'ai fait mon Baccalauréat de langues modernes en 1943; j'ai étudié l'anglais à l'Université de Toulouse de 1943 à 1947; de 1947 à 1950 j'ai été professeur de français à Leeds et à Glasgow. De 1950 à 1960 j'ai été traductrice technique dans une grande société à Paris; depuis 1960 je suis lectrice et traductrice dans une maison d'éditions à Paris.

3 Je suis né à Alger en 1934; j'ai fait mon Baccalauréat en mathématiques en 1952; j'ai étudié les sciences économiques de 1952 à 1956; de 1956 à 1961 j'ai été comptable dans la firme de mon père; de 1961 à 1970 j'ai été employé dans une banque parisienne; depuis 1970 je travaille au service des finances de l'hôpital de Reims.

3

Oui, merci. Ça va.

Euh . . . oui, merci – comment est-ce que vous savez (*or* savez-vous) que je suis sorti(e)?

J'espère que je ne vous ai pas dérangée – c'était assez tard.

Ça s'est très bien passé. (Est-ce que) vous connaissez mon amie Véronique?

C'est ça – eh bien, elle et mon frère se sont fiancés et on a célébré ça hier soir.

On a dîné ensemble à la "Salamandre" – vous la connaissez?

Très – on a pris des hors d'oeuvre variés, le coq au vin, un dessert et du café.

On a bu un très bon Muscadet et un excellent Vosne-Romanée – et avec le dessert mon frère a commandé du champagne.

Pas vraiment – avec les vins, pour quatre personnes, le repas a coûté trois cents francs.

Oh non! On est allé au Métropole et on a dansé jusqu'à minuit.

Je l'ai toujours aimé – il y a une bonne ambiance.

Non, Véronique a invité tout le monde chez elle. Elle a fait du café et on a écouté des disques et parlé. Puis je suis rentré(e) (à la maison) à environ trois heures du matin.

Dormir!

4

Lundi soir, à dix heures et demie, l'actrice célèbre Fifine Gâteau est arrivée à Chouville et s'est installée à l'Hôtel des Ducs. Mardi matin, elle s'est levée à sept heures et demie et elle a pris son petit déjeuner dans sa chambre. A neuf heures, elle a reçu des journalistes et à dix heures le chauffeur est arrivé. A dix heures et demie elle a visite l'école maternelle et à onze heures et demie elle a inauguré le nouveau supermarché, où elle a signé de nombreux autographes. A midi et demi elle a assisté à une réception à la mairie et elle a déjeuné avec le Maire. A trois heures de l'après-midi elle est partie faire quelques courses en ville, et une heure plus tard elle a distribué les prix au lycée. Elle est revenue à l'hôtel à cinq heures et demie et s'est reposée un peu. Puis à sept heures un journaliste l'a interviewée pour la télévision locale. Le soir, à neuf heures, elle a participé au spectacle de gala au théâtre municipal et à onze heures et demie elle a terminé la soirée avec des amis dans un petit restaurant discret.

Mercredi matin, elle s'est levée à neuf heures et elle est partie pour l'aéroport à dix heures et demie. Elle a pris l'avion de onze heures et demie pour des vacances au Maroc.

CHAPTER 7

1

1 Jacques a dit qu'il n'avait pas envie d'aller au travail le lendemain.
2 Simone a annoncé qu'elle devait partir parce que son mari l'attendait.
3 Mme Baratin a déclaré qu'il y avait de plus en plus d'augmentations de prix et qu'elle ne pouvait plus vivre comme l'année précédente.
4 Le journaliste a pensé qu'il devait préparer ses questions avec soin parce que le ministre allait probablement essayer de cacher la vérité.

5 Solange a affirmé qu'elle avait l'intention de partir le lendemain pour la campagne. Son mari allait la rejoindre samedi et ils allaient continuer les vacances ensemble.
6 Georges a expliqué que sa femme ne l'accompagnait pas à la piscine parce qu'elle ne savait pas nager.
7 La vendeuse a dit qu'elle était vraiment désolée mais qu'elle avait vendu son dernier limonadier la veille.
8 Pierre a admis qu'il n'était jamais allé en Suisse parce qu'il préférait la mer.
9 Eva m'a dit qu'elle avait vu Jean en ville la veille et qu'il était avec Marie.
10 Victor s'est rappelé qu'il avait oublié l'adresse des Duval et qu'il allait la demander à sa secrétaire.

2

1 J'ai habité Chouville pendant dix ans.
2 J'habite Chouville depuis dix ans.
3 J'ai habité Chouville de mille neuf cent soixante à mille neuf cent soixante-cinq.
4 J'habitais Chouville autrefois.
5 J'habitais Chouville au moment de mon mariage.
6 J'habite Chouville pour le moment.
7 J'ai habité Chouville l'été dernier pendant deux mois.
8 J'habitais Chouville quand ils ont construit la nouvelle autoroute.
9 J'habitais Chouville quand c'était encore une petite ville.
10 J'ai habité Chouville toute ma vie.

3

Bonjour mademoiselle.
Non. Il y a un problème. Vous avez déjà fait mon linge.
Mais j'ai laissé huit chemises et quand j'ai ouvert le paquet il y en avait seulement six.
Oui, voici la liste.
Une chemise était blanche à rayures bleues. L'autre était verte à pois bleus.
Excusez-moi, mais je suis très pressé(e)
Oui: le deux cent sept-treize-soixante-dix.
Mais si vous ne trouvez pas mes chemises?
Ça va. Merci, au revoir mademoiselle.

4

Bonjour tout le monde.
Oui merci, très bien.
Eh bien j'ai fait (*or* j'ai eu) un cauchemar.
J'étais dans le désert, j'étais habillé(e) (*or* vêtu(e)) d'un manteau; il faisait très chaud et j'avais deux énormes valises.
Puis les valises étaient ouvertes et elles étaient pleines de grandes fleurs bleues.
Oui, s'il vous plaît – et les fleurs parlaient; la plus grande récitait un poème de La Fontaine et une autre parlait grec.
Quatre, s'il vous plaît – je ne parle pas le grec mais je savais que c'était du grec – c'est comme ça dans les rêves.
Oui merci – puis ce n'était plus le désert – je ne sais pas comment mais j'étais dans un train. Tout le monde buvait du champagne et un homme jouait du piano.
Le voici. Puis il y avait un petit garçon qui vendait des journaux mais je regardais un escalier. Je suis monté(e) – et je pouvais entendre un bruit d'eau.

C'était une grande chambre et le petit garçon a expliqué que c'était votre maison.
Vous ne faisiez rien – vous n'étiez pas là – mais il y avait une piscine dans la chambre et des gens y nageaient.
Eh bien, peut-être le voyage d'hier. Et peut-être qu'il pleuvait. Mais je ne sais pas.

CHAPTER 8

1

était; avait; était; passait; s'est arrêté; est descendue; a payé; est reparti; portait; est entrée; est allée; a posé; a regardé; paraissait; a ouvert; avait; a pris; a allumé; a mis; chauffait; s'est occupée; pensait; était; est allée; s'est mis.

2

a Bonjour madame.
J'ai laissé un costume hier; il est prêt?
Le voici.
Oui, merci – attendez, qu'est-ce que c'est sur la veste?
Je ne sais pas – la tache n'était pas là quand j'ai laissé le costume, j'en suis sûr(e).
Quand est-ce que je peux venir le prendre?
Oui, mais demain matin je pars pour Paris.
Oui, ça va.
Merci. Au revoir madame.

b Je crois qu'il y a une erreur. J'ai reçu une facture pour un billet de première classe.
Mais j'ai voyagé en touriste.
Mais bien sûr – j'ai gardé le billet – le voici.
Très bien – merci – au revoir monsieur.

c Bonjour. Regardez, j'ai acheté ces piles ce matin.
Mais elles sont trop grandes pour mon transistor. Voulez-vous les changer, s'il vous plaît?
D'accord, mais j'ai acheté les piles il y a une heure.
Mais j'ai dit deux fois que les piles étaient pour un Yoko B16. Il y a eu une erreur.
La jolie jeune fille aux cheveux noirs.
C'est ça.
Oh ce n'est pas grave.
Merci, monsieur. Au revoir.
Merci – au revoir messieurs-dames.

3

Non, j'étais chez les voisins – c'est une longue histoire.
Oh ce n'est rien d'important. Eh bien, j'étais en colère avec les voisins.
Ils n'ont rien fait – c'était leur chat.
Eh bien hier soir je préparais le dîner – c'était du poisson. Puis le téléphone a sonné. C'était ma mère et elle a parlé pendant vingt minutes au moins.
Quand je suis retourné(e) à la cuisine le chat des Buse était là – il mangeait le poisson.
Et ce n'était pas la première fois!
Eh bien la fenêtre était ouverte. De toute façon il est sorti par la fenêtre – et vite!

J'étais fâché(e) et je suis allé(e) directement chez les Buse.
J'ai essayé d'être poli(e) – je leur ai dit que leur chat avait mangé mon poisson.
Non! Ils ont ri!
C'est ce que j'ai dit. Et j'ai dit que j'en ai avais marre (*or* assez) de leur chat – et qu'ils n'étaient pas de très bons voisins.
M. Buse m'a appelé un imbécile et Mme Buse m'a dit que tous les chats avaient toujours faim!
C'était vraiment très stupide (*or* bête).
J'allais dire un mot français bien connu; puis – je ne sais pas pourquoi – j'ai commencé à rire.
Tout le monde a ri. Puis nous avons tous pris un apéritif et Mme Buse m'a invité(e) à dîner.

CHAPTER 9

1

L'abbaye des Capucins a été construite en 1410.
L'abbaye a été détruite par le feu en 1640.
L'Hôtel Corps-Morant a été construit sur le site de l'ancienne abbaye par le Marquis de Corps-Morant en 1660.
L'architecte italien Fiammiferi a été engagé par le fils du marquis pour moderniser l'Hôtel en 1710.
Le fils a été tué dans un duel en 1725.
A la Révolution, les derniers Corps-Morant ont été arrêtés; en 1789 l'Hôtel a été annexé par l'Etat.
L'Hôtel a été utilisé comme hôpital par la municipalité en 1805.
Il a été transformé en collège en 1848.
Un musée a été fondé dans l'Hôtel de Ville en 1870.
Une magnifique collection de tableaux a été offerte à la ville par la Baronne Cloche en 1880.
La collection a été installée dans l'Hôtel Corps-Morant en 1881.
L'Hôtel a été rebaptisé "Musée Cloche" en 1883.
Le musée a été bombardé en 1944.
L'Hôtel a été reconstruit et les tableaux ont été restaurés entre 1947 et 1955.
Le nouveau Musée Cloche a été inauguré par le Président de la République en 1956.

2

Elle habite Paris depuis dix-huit mois.
Enormément – elle a toujours aimé Paris – c'est une très belle ville.
Oui, elle est directrice du personnel.
Quelquefois – elle comprend tout, mais elle ne parle pas très bien.
Tout de même, on la comprend d'habitude. Mais elle étudie la langue à l'Alliance Française.
Elle a un appartement près du Bois de Boulogne.
Pas vraiment – le Bois est splendide, mais son appartement est très petit et elle n'aime pas beaucoup le quartier.
Elle aimerait habiter la Rive Gauche – dans le Quartier Latin peut-être.
Le Quartier Latin a une ambiance très spéciale; il y a beaucoup de variété et les gens sont beaucoup plus ouverts.
Elle cherche un appartement maintenant – mais c'est difficile.

Elle essaie de trouver un grand appartement – quatre ou cinq pièces – dans un ancien (*or* vieil) immeuble – dans une rue tranquille si possible.
Elle a trouvé deux ou trois appartements magnifiques, mais ils étaient beaucoup trop chers.
Ça c'est facile – Place Furstemberg – si vous pouvez lui prêter un demi million de francs!

3
Bonjour Madame Baratin. Ça va?
Vous avez besoin de vacances.
Où est-ce que vous aimeriez aller?
Comment est-ce que vous passeriez votre temps?
Oh si. J'aimerais beaucoup voyager un peu.
Peut-être au bord de la mer. Non – je préférerais passer quelques jours dans une grande ville.
Je suis allé(e) à Amsterdam il y a dix ans et je voudrais (*or* j'aimerais) y retourner.
Je visiterais les musées, et je veux particulièrement voir le nouveau musée Van Gogh . . .
. . . et je voudrais voir les canaux. Ils sont très jolis en automne. Et je regarderais les vieilles maisons.
Oh oui! J'essaierais toutes les spécialités. Vous adoreriez les petits restaurants exotiques.
Je chercherais du bon fromage – et j'achèterais des livres d'art. Et je vous achèterais un gros diamant . . .
. . . si vous me donnez l'argent.

4
1 Je voudrais réserver une place. 2 Pourriez-vous me donner votre nom? 3 Les Baratin voudraient visiter Londres. 4 Pourrait-on faire des photos ici? 5 Voudriez-vous m'aider avec les bagages? 6 Mlle Cloche désirerait visiter les catacombes. 7 Georges voudrait savoir votre âge. 8 Pourrais-je partir de bonne heure?

CHAPTER 10

1
1 sortis 2 allés 3 ont vu 4 connaissait 5 du 6 y ont mangé 7 choisissait 8 des 9 faire 10 a choisi 11 au 12 a préféré 13 en était 14 a 15 de 16 était 17 était 18 fallait 19 devaient 20 le lendemain 21 sont sortis 22 sont allés 23 n'était 24 cherché 25 un quart 26 ont décidé 27 avait 28 à 29 ont téléphoné 30 à la 31 leur 32 la 33 a dit 34 pourraient 35 le lendemain 36 faisait 37 il pleuvait 38 était 39 a ramené 40 eux

2
Monsieur le Directeur,

Je voudrais vous demander s'il est possible de réserver une chambre à un lit – de préférence avec salle de bains – pour la période du 1er au 15 juillet.

Comme j'ai le sommeil difficile, je préférerais une chambre qui ne donne pas sur la rue.

Veuillez agréer, Monsieur, l'expression de mes salutations distinguées.

CHAPTER 11

1

1 Si Georges gagnait à la Loterie, il achèterait une villa sur la Côte d'Azur.
2 Si Eliane devenait Président, elle construirait un tunnel sous la Manche.
3 Si Jacques parlait espagnol, il pourrait travailler à Madrid.
4 S'il n'avait pas de responsabilités, il ferait le tour du monde.
5 Si je pouvais choisir, j'habiterais l'Ile Saint-Louis.
6 Si Liliane ne travaillait pas le dimanche, elle irait voir ses parents.
7 Si Dominique m'aimait, la vie serait belle!
8 S'il y avait des oeufs, je ferais une omelette.
9 Si l'ambassadeur était là, il recevrait la délégation.
10 Si on volait ma voiture, je serais furieux.

2

1 Je dirais qu'il y avait une erreur et je rendrais l'argent.
2 J'irais au consulat.
3 Je la chercherais, puis je téléphonerais à la police.
4 Si ce n'était pas sérieux, je serais furieux (*or* furieuse).
5 J'ouvrirais toutes les fenêtres et je ne fumerais pas.
6 Je visiterais les musées et j'irais au théâtre tous les soirs.
7 Je choisirais le Montrachet.
8 Je retournerais au magasin et je demanderais un autre pullover.
9 J'irais à la pharmacie et je demanderais l'adresse d'un bon dentiste.

3

Bonne idée – s'il y avait une piscine, j'y irais toutes les semaines.
Oui, s'il y avait une route périphérique, il n'y aurait plus d'embouteillages au centre ville.
S'il n'était pas si laid, ce serait une bonne idée.
Oui, si vous démolissiez l'ancien lycée, vous pourriez créer un parc – et s'il y avait un parc dans le quartier les enfants pourraient y jouer.
S'il y avait de l'argent.
Si les taxes locales augmentaient les gens ne seraient pas très heureux (*or* contents).
Je sais, je sais – mais si on organisait une loterie municipale? C'est possible?
Si cela dépendait de moi, oui.
Si j'avais le vote, je voterais pour vous, bien sûr – mais je ne peux pas voter parce que je ne suis pas français(e) – vous avez oublié?

4

Pas du tout – je viens de faire du café – vous en voulez?
Eh bien, ce n'est pas la première fois. Si je peux vous aider . . .
J'aimerais leur montrer (*or* leur faire voir) le château, bien sûr. S'il faisait beau nous passerions un après-midi sur la plage.
Nous irions à un petit restaurant dans la vieille ville, où les visiteurs pourraient essayer tous les plats régionaux.
Voyons – si c'était pour une semaine, il faudrait deux jours pour visiter Chouville. Puis vous pourriez passer une journée à Rouen.
S'il y avait un car, vous pourriez organiser une excursion en Normandie.
Ça serait parfait.
Ce serait agréable s'il y avait une réception à l'Hôtel de Ville.
Vous pourriez toujours organiser une autre réception au centre culturel.
Splendide! Tout le monde va s'amuser.

CHAPTER 12

1

Oui, des travellers – ça va?
Des livres – cinquante livres, s'il vous plaît.
Je regrette – je n'ai pas entendu ce que vous avez dit.
Oui, bien sûr – les voici.
Oh oui, j'oublie toujours qu'il faut présenter le passeport.
Bon – un instant – oh je l'ai perdu!
C'est vrai – il faut rester calme . . . non, mon passeport n'est pas là.
Qu'est-ce qu'il faut faire?
Alors il faut téléphoner à la police – (est-ce que) vous avez le numéro, s'il vous plaît?
Je suis venu(e) directement de l'hôtel à la banque – et j'avais mon passeport à l'hôtel.
Oh oui! Je vois! Il faut montrer le passeport à l'hôtel – et je l'ai laissé à la réception.
Comment s'appelle-t-il? . . . L'Hôtel Saint-Simon
Ça va – merci beaucoup, monsieur, et à tout à l'heure.

2

C'est du boeuf bourguignon – est-ce que vous le connaissez?
Oui, c'est facile. Il faut un kilo de boeuf, six oignons, des herbes, une bouteille de vin rouge, cent grammes de beurre, du sel et du poivre, et de la farine.
Eh bien, il faut couper le boeuf en cubes. Puis il faut les mettre dans une casserole avec le beurre.
Et il faut ajouter la farine – et il faut remuer tout le temps.
C'est ça – quand la viande est dorée il faut ajouter les trois quarts du vin – et il ne faut pas arrêter de remuer.
Puis il faut mettre les oignons et il faut ajouter le sel, le poivre et les herbes.
Oui – puis il faut couvrir la casserole et le laisser cuire.
Il faut le laisser cuire très lentement – à peu près deux heures et demie.
Comme vous préférez – de la purée de pommes de terre par exemple.
Oui, quoi?
Eh bien, il ne faut jamais laisser du vin dans une bouteille ouverte.
Il faut mettre le vin dans un verre et il faut le boire lentement pendant que vous attendez le boeuf bourguignon.

3

1 Il faut que je dise au revoir aux voisins.
2 Il faut que vous descendiez en ville.
3 Il faut que vous achetiez les billets.
4 Il faut que vous rentriez le plus vite possible.
5 Il faut que je demande un taxi.
6 Il faut que le taxi vienne à 8 heures.
7 Il faut que nous nettoyions la maison.
8 Il faut que la maison soit en bon état.
9 Il faut qu'on fasse les valises.
10 Il faut que je prenne un bain.
11 Il faut que le dîner soit prêt à 7 heures.
12 Il faut que nous soyons à la gare à 8 heures et demie.

CHAPTER 13

1

1 Je veux que Louise fasse la vaisselle.
2 Je veux que grand-père dorme.
3 Je veux que Pierre écrive à Anne.
4 Je ne veux pas que vous fumiez.
5 Je veux que les enfants aillent au lit (*or* se couchent).
6 Je ne veux pas que Henri et Paul fassent du bruit.
7 Et moi, je veux regarder la télévision.

2

Quelle sorte d'expérience exactement?
Je suis allé(e) au lycée à Nancy, puis j'ai étudié l'anglais et l'allemand à l'Université de Strasbourg.
Un peu d'italien, oui.
Non, pas vraiment – oh si, quand j'étais étudiant(e) j'ai travaillé comme guide pendant les vacances.
Puis après j'ai travaillé comme journaliste pour des journaux à Metz et à Paris,
J'écris des romans depuis que je suis à Chouville.
Ce serait intéressant – et il y a une autre raison aussi – il y a beaucoup de travail en été mais en hiver c'est tranquille (*or* calme), alors je pourrais continuer à écrire.
Il faut qu'il y ait une bonne liste d'hôtels. Et il faut que vous organisiez de la publicité dans les journaux nationaux. Il faut qu'il y ait une liste de guides et d'interprètes aussi – et il faut que vous arrangiez plus d'excursions dans la région.
Il faut qu'elles parlent des langues, mais surtout il faut qu'elles aient une personnalité sympathique – et beaucoup de patience.

3

1 a + d; b + c. 2 a + d; b + c. 3 a + d; b + c. 4 a + d; b + c. 5 a + d; b + c.
6 a + c; b + d. 7 a + d; b + c. 8 a + d; b + c. 9 a + d; b + c. 10 a + d; b + c.

4

Bonjour. Qu'est-ce qui se passe?
Alors elle est en vacances?
C'est la nièce qui est au lycée?
Bien sûr, il faut qu'elle termine ses études ici à Paris.
Eh bien, il faut qu'elle ait une chambre tranquille.
Quelles matières est-ce qu'elle prépare?
(Est-ce que) vous voulez qu'elle aille en Angleterre pendant les vacances?
Si vous voulez, je vais demander à mes cousins qui habitent Bootle.
Qu'est-ce que votre nièce veut faire après ses études?
C'est une bonne idée – puis elle peut changer ses projets si elle veut.
Quoi?
Eh bien il faut qu'elle ait de la liberté, cette fille – après tout on ne peut pas travailler tout le temps.
Il ne faut pas que vous vous inquiétiez. Elle va réussir – c'est une fille intelligente, n'est-ce pas?
Il faut qu'elle soit patiente, c'est tout.

CHAPTER 14

1

1 ont acheté 2 ont eu 3 commencent à avoir 4 veulent engager 5 sache parler 6 ait 7 ont placé 8 ont répondu 9 avait 10 puisse 11 ont 12 d'essayer 13 a décidé d'écrire 14 voir 15 a 16 cherchent 17 va 18 puissent l'aider à trouver 19 fallait 20 parler 21 serait 22 est 23 soit 24 continue

2

Bonjour Madame. Cela vous dérange si je prends des notes?
Alors, pour commencer, je voudrais vous poser des questions.
Quand est-ce que vous avez commencé à écrire?
Ah oui, c'était l'histoire de la duchesse qui était amoureuse d'un acrobate, n'est-ce pas?
"Passion à Pontoise" était donc votre deuxième roman?
Combien de romans avez-vous écrit?
Où est-ce que vous trouvez l'inspiration pour tous ces livres?
Est-ce que "L'Amour en Australie" est basé sur votre expérience personnelle?
Oui, c'était l'histoire de la femme d'un fermier qui est tombée amoureuse d'un chanteur célèbre.
Je crois que vous êtes allée en Ecosse pour un de vos romans?
C'est l'histoire d'une duchesse écossaise qui est tombée amoureuse d'un boucher?
Mais Dundee est au bord de la mer!
Est-ce que je peux vous demander si vous avez l'intention d'écrire un roman à Chouville?
Quel est le titre de votre nouveau roman?
Et l'histoire?
Ça ne va donc pas être une autre histoire d'amour?
Quand est-ce que vous allez le terminer?
Oh oui? Quand est-ce que vous avez commencé à l'écrire?
Vraiment? Voulez-vous me dire le thème?
Euh . . . bon, au revoir, merci madame. Il faut que je parte maintenant.

3

Ce n'était pas une coïncidence – je suis allé(e) spécialement à Paris pour le voir.
Non: c'était mon amie Elisabeth – elle avait un rendez-vous pour un interview et elle m'a demandé de l'accompagner.
Eh bien, on est arrivé en retard parce qu'il y avait beaucoup de circulation dans le quartier – et il habite une rue qui était très difficile à trouver.
C'est très joli – l'appartement est tranquille et simple – il y a beaucoup de livres et de disques et une énorme table de bois – ça me faisait penser à une maison de campagne.
C'est vrai – l'ambiance était très décontractée – et tout de suite nous avons tous commencé à nous tutoyer.
Elisabeth lui a demandé de parler de sa vie – il a commencé à étudier la musique quand il était très jeune.
Non – il a deux soeurs – elles sont musiciennes aussi.
Anne est professeur au Conservatoire et Catherine est chanteuse.
Elisabeth a commencé à parler de sa carrière.
Même pendant son service militaire il a continué à écrire des chansons et à chanter.

Il a chanté dans tous les principaux théâtres de Paris, il a enregistré plusieurs disques, et il a fait beaucoup de tournées.
Il a commencé en France et dans les pays de langue française – et il a donné plusieurs concerts en Union Soviétique. Et il vient de revenir du Canada.
Beaucoup – c'était un peu difficile au début parce qu'il critique beaucoup ses propres chansons.
Il est difficile de choisir – elles sont toutes intéressantes – j'aime "Les Lettres" mais c'est assez triste – je pense que je préfère "Comme un arbre dans la ville".
Oui – elle s'appelle "Dialogue".
Il a essayé d'exprimer l'idée que les adultes trouvent que les jeunes sont difficiles à comprendre – et vice versa.
Bien sûr. Vous voulez l'écouter?

CHAPTER 15

1

Ma chère Adèle,

Merci infiniment de m'avoir invité(e) pour le weekend prochain. J'aurai beaucoup de plaisir à te revoir et à me promener encore dans ton joli village. Ma dernière visite chez toi était si agréable qu'il est impossible de l'oublier.

Bien amicalement,

2

1 aux 2 – 3 lui 4 soient 5 était 6 irait 7 – 8 ce qui 9 au 10 il 11 aille 12 ait 13 qu' 14 soit 15 fasse 16 à 17 il 18 en 19 tout décidé 20 à 21 en 22 aucune 23 plaise 24 – 25 de

CHAPTER 16

1

Vous allez à la bibliothèque?
Je viens de lire une histoire de Chouville.
Au contraire, c'est très intéressant – c'est une histoire sociale.
Comment les gens ordinaires vivaient – leur travail, leurs amusements et tout ça.
C'était très différent autrefois; il y avait des industries très importantes ici.
Il y avait une tannerie importante, mais elle a été détruite pendant la première guerre mondiale. Et au siècle dernier Chouville était le centre de l'industrie des crinolines.
C'est ça, et l'industrie a disparu.
Bien sûr il y avait le marché.
Oui, mais à l'époque il était beaucoup plus important que maintenant
Tout le monde venait de tous les villages: c'était un grand événement – les cafés étaient pleins toute la journée.
En 1900 il y avait trente cafés à Chouville.
Voyons – peut-être dix?
Il y en avait beaucoup plus – il y avait une grande fête le 14 juillet, bien sûr, et toute la ville participait à la fête de Saint Hermione – et il y en avait d'autres.
D'après le livre, Chouville avait quatre cinémas: le dernier a fermé en 1960.
Je me demande pourquoi ils ont tous été fermés.
C'est facile – "Une histoire sociale de Chouville".
Non, je ne m'en souviens plus – mais c'est un grand livre rouge.
C'est ça – à bientôt.

2

A Le Maire est Odilon Fosse. Il est né en 1910 à Sotteville et il a fait ses études au lycée de Rouen. Il s'intéressait déjà aux sciences et était passionné de radio. Après son service militaire il a travaillé pour son père, qui était quincailler. Il s'est marié en 1936 et en 1937 il s'est installé à Chouville pour diriger un nouveau magasin. En 1945, à son retour de captivité, il a repris la firme familiale. Il s'est interessé à la politique locale et il est devenu conseiller municipal en 1952, maire adjoint en 1965 et maire en 1975.

B L'organisatrice du Club du Troisième Age est Mme Brigitte Lagarde. Elle est née en 1916 à Abbeville, où elle a fait ses études primaires. A 14 ans elle est devenue vendeuse à la Coop et elle a suivi un cours de danse parce qu'elle rêvait d'une carrière théâtrale. A 16 ans elle est allée à Paris chercher du travail. Elle a été d'abord serveuse dans une boîte de nuit à Pigalle, puis danseuse. En 1932 elle s'est engagée aux Folies-Bergère. Elle n'a jamais été vedette mais elle a trouvé le travail agréable. En 1946 elle a épousé un officier en retraite et ils se sont retirés à Ste-Gertrude près de Chouville. Elle s'y est ennuyée et elle a donc organisé un cours de danse pour enfants qui a eu un gros succès. Elle a perdu son mari en 1970 et elle a déménagé à Chouville. En 1972 elle a fondé le Club du Troisième Age, qui a actuellement 300 membres.

C Le restaurateur Gérard Bouffe est né en 1933 à Chouville. Il a fait ses études à Chouville et à Dieppe. A 16 ans il est devenu apprenti dans un restaurant du Havre. Après il a passé deux ans comme chef dans un grand hôtel à Londres. Il adorait la ville mais il détestait la cuisine locale. Il est revenu à Paris, et a acheté un petit restaurant près de la Gare Saint-Lazare qui a eu un grand succès. En 1958 il a hérité du restaurant paternel à Chouville et il est retourné y vivre. Il a fait de grandes transformations et beaucoup travaillé, et en 1974 il a reçu une rosette Michelin.

3

1. J'habitais Chouville au moment où on a ouvert le supermarché.
2. Pierre était encore au lit quand le facteur a sonné.
3. Elle a passé son bac l'année où elle s'est fiancée.
4. Il faut choisir l'heure où on va partir.
5. J'habitais Paris quand on a construit la Tour Montparnasse.
6. La vie était dure à l'époque où il n'y avait pas d'éléctricité.
7. Il lisait son courrier quand le téléphone a sonné.
8. La ville était plus importante quand il y avait encore le chemin de fer.
9. Je n'oublierai jamais le jour où les voisins sont partis.
10. Il pleuvait quand nous sommes sortis du restaurant.

CHAPTER 17

1

Bonjour monsieur.
Avec plaisir; qu'est-ce que je peux faire pour vous?
Il y a beaucoup de choses intéressantes à faire dans la région – qu'est-ce qui vous intéresse spécialement – l'histoire? la nature? la chasse?
Avez-vous une voiture?
Bon, si on n'a pas de voiture on doit prendre des cars et ils ne sont pas très fréquents.
Oh, il y en a beaucoup; des villages fortifiés, de vieilles églises . . . vous voulez une brochure?

Ce n'est pas très près mais puisque vous avez une voiture ça serait une excursion intéressante pour une journée – si l'architecture vous intéresse, il faut absolument que vous visitiez Moissac.
Si vous aimez vous promener, il y en a beaucoup, mais il faut éviter les chasses gardées.
Bien sûr – vous avez un permis de chasse, n'est-ce pas?
Alors, je suis désolé(e), c'est impossible.
Je vois que vous avez un appareil de photo – alors la photographie vous intéresse?
Vous voulez une carte de la région – ça serait utile . . . mais elle coûte cinq francs.
Merci, au revoir monsieur.

2

1 Pierre vous a dit de sortir.
2 Le guide a dit aux touristes (*or* leur a dit) de le suivre.
3 Elle a crié aux enfants (*or* leur a crié) de s'arrêter.
4 Le patron m'a dit de revenir bientôt.
5 Eliane demande à Georges (*or* lui demande) d'ouvrir le vin.
6 L'hôtesse dit aux invités (*or* leur dit) de se mettre à table.
7 Jacques écrit à sa mère (*or* lui écrit) de lui envoyer de l'argent.
8 Sylvie demande à son oncle (*or* lui demande) de l'emmener au zoo.
9 Les agents ont demandé à tout le monde (*or* leur ont demandé) de rentrer à la maison.
10 La secrétaire a dit aux clients (*or* leur a dit) de laisser leur nom et leur adresse.

3

1 Georges pleurait à grosses larmes en coupant les oignons. 2 . . . en se promenant. 3 . . . en travaillant. 4 . . . en écoutant le discours. 5 . . . en entrant. 6 . . . en se regardant. 7 . . . en allant au Portugal. 8 . . . en mangeant sa soupe.

CHAPTER 18

1

1 Il est désagréable de se baigner quand il fait froid.
2 Il est intéressant de goûter le Beaujolais nouveau.
3 Il est impossible de penser à tout en même temps.
4 Il est essentiel de fermer la porte du frigidaire.
5 Il est difficile de lire Madame Bovary en chinois.
6 Il est dur d'être Président de la République.
7 Il est inquiétant de penser à l'avenir.
8 Il est bien agréable de se reposer le dimanche.
9 Il est commode d'avoir une machine à laver.
10 Il est pénible de voir disparaître les vieux quartiers.
11 Il est amusant de regarder les vieilles photos de famille.
12 Il est passionnant de lire des romans de science-fiction.

2

1 Personne n'a jamais aimé lire La Rochefoucauld.
2 Georges ne sort plus tous les soirs.
3 On ne trouve plus rien nulle part.
4 Je n'ai rien trouvé d'intéressant derrière le piano.

5 Rien n'est jamais amusant quand il pleut le dimanche.
6 Aucun commerçant ne reste ouvert le lundi.
7 Ni Georges ni Noémie n'a beaucoup d'amis.
8 Aucun touriste n'a fait beaucoup de photographies.
9 Joséphine ne va acheter ni des courgettes ni des aubergines.
10 Je n'ai jamais rencontré personne d'intéressant au Café du Commerce.

3

Bonjour madame.
La troupe de majorettes a été fondée il y a trois ans par Mme Lagarde, qui était autrefois professeur de danse.
Maintenant il y a trente jeunes filles dans la troupe – elles ont entre 8 et 15 ans.
Bien sûr il est indispensable de répéter au moins deux fois par semaine – tous les jours quand nous préparons quelque chose d'important.
Eh bien, il faut qu'elle soit assez grande, il faut qu'elle sache danser, il faut qu'elle ait de jolies jambes et il faut qu'elle soit polie.
Eh bien, il faut qu'elle sourie tout le temps, et il faut qu'elle soit contente, même s'il pleut ou s'il fait froid.
Pour toutes les fêtes importantes, par exemple le 14 juillet, la fête du village et le carnaval.
Chaque majorette porte une robe rouge avec une jupe courte et des bottes blanches.
Oui, chacune a un képi blanc avec une plume bleue.
Non, chaque majorette reçoit 150 francs de la ville et il faut qu'elle prépare son propre uniforme – ou sa mère le fait.
C'est un secret – il faut que vous parliez à Madame Lagarde si vous voulez savoir.

CHAPTER 19

1

1 La concierge veut savoir si tout le monde est parti.
2 On vous demande si vous voulez du thé ou du café.
3 Georgette se demande ce que font les enfants.
4 Je leur ai demandé qui sait parler anglais.
5 Pierre ne sait pas où on peut acheter des timbres.
6 Dites-moi ce qu'il faut.
7 Voulez-vous expliquer comment on fait la mayonnaise?
8 Georges demande à Lucie si elle croit que c'est une bonne idée.
9 On veut savoir pourquoi tout coûte de plus en plus cher.
10 Je voudrais savoir pourquoi vous pensez qu'il fera chaud demain.

2

1 Voyant qu'il n'y avait plus de pain . . .
2 Etant très croyante . . .
3 Ne voulant pas trop manger . . .
4 Pensant qu'il allait pleuvoir . . .
5 Sachant que Virginie serait en retard . . .
6 Etant au courant de la situation . . .
7 Se souvenant de ce qui s'était passé . . .
8 Ayant toujours aimé l'architecture classique . . .
9 Voulant faire plaisir à son hôtesse . . .
10 Se sentant un peu fatigué . . .

3

Ça va merci. Et vous?
Vous êtes allée voir le médecin?
Oh oui? Quelle sorte de régime?
Vous avez raison – c'est assez sévère.
J'ai une ordonnance aussi.
Non, pas vraiment – je suis seulement un peu fatigué(e), comme vous – et je dois suivre un régime aussi.
Oui mais ce n'est pas comme le vôtre – c'est le contraire. Le médecin m'a dit qu'il faut que je mange beaucoup de steak, de légumes et de fruits, avec du pain et des pommes de terre. Et il faut que je boive une bouteille de Bourgogne tous les jours. Ah oui – il faut que je prenne un grand scotch avant de me coucher (*or* aller au lit).
Bien sûr. Qu'est-ce que vous voudriez savoir?

CHAPTER 20

1

1 Mercredi prochain il y aura un grand gala au casino.
2 Tout le monde y assistera.
3 Le Maire viendra.
4 Des journalistes feront des photos.
5 On boira du champagne.
6 Les majorettes présenteront un spectacle.
7 A onze heures on dînera aux chandelles.
8 Après, des chanteurs célèbres participeront à la soirée.
9 La Croix Rouge vendra des billets de tombola.
10 Le Maire remettra les prix.
11 On dansera toute la nuit.
12 Ça sera sensationnel.

2

1 habitent 2 depuis 3 soient 4 tous les deux 5 étant 6 travaillant 7 de 8 dans 9 ce qui 10 doit 11 parce que 12 un 13 donc 14 plus grand 15 ait 16 pour 17 selon 18 puisqu' 19 cherchent 20 en 21 il 22 serait 23 propre bureau 24 envie 25 que 26 certains avantages 27 meilleur 28 pourrait 29 serait 30 de 31 pourraient 32 qui 33 déplaise 34 la 35 à 36 à 37 que 38 précédente 39 au sud 40 pouvait 41 il serait 42 à 43 voyant 44 lui 45 d'.

Verb List

1
The three most irregular verbs in French are also the three most frequently used: *avoir*, *être* and *aller*

Infinitive	Present	Imperfect	Future	Subjunctive
Avoir	j'ai tu as il a nous avons vous avez ils ont	j'avais tu avais il avait nous avions vous aviez ils avaient	j'aurai tu auras il aura nous aurons vous aurez ils auront	j'aie tu aies il ait nous ayons vous ayez ils aient

Past participle: *eu* Present participle: *ayant*

Etre	je suis tu es il est nous sommes vous êtes ils sont	j'étais tu étais il était nous étions vous étiez ils étaient	je serai tu seras il sera nous serons vous serez ils seront	je sois tu sois il soit nous soyons vous soyez ils soient

Past participle: *été* Present participle: *étant*

Aller	je vais tu vas il va nous allons vous allez ils vont	j'allais tu allais il allait nous allions vous alliez ils allaient	j'irai tu iras il ira nous irons vous irez ils iront	j'aille tu ailles il aille nous allions vous alliez ils aillent

Past participle: *allé* Present participle: *allant*

2
The three most important groups of regular verbs have *-er*, *-ir* or *-re* as the ending of the infinitive. For instance:

Infinitive	Present	Imperfect	Future	Subjunctive
Préparer	je prépare tu prépares il prépare nous préparons vous préparez ils préparent	je préparais tu préparais il préparait nous préparions vous prépariez ils préparaient	je préparerai tu prépareras il préparera nous préparerons vous préparerez ils prépareront	je prépare tu prépares il prépare nous préparions vous prépariez ils préparent

Past participle: *préparé*

Infinitive	Present	Imperfect	Future	Subjunctive
Finir	je finis tu finis il finis nous finissons vous finissez ils finissent	je finissais tu finissais il finissait nous finissions vous finissiez ils finissaient	je finirai tu finiras il finira nous finirons vous finirez ils finiront	je finisse tu finisses il finisse nous finissions vous finissiez ils finissent

Past participle: *fini*

Vendre	je vends tu vends il vend nous vendons vous vendez ils vendent	je vendais tu vendais il vendait nous vendions vous vendiez ils vendaient	je vendrai tu vendras il vendra nous vendrons vous vendrez ils vendront	je vende tu vendes il vende nous vendions vous vendiez ils vendent

Past participle: *vendu*

3

There are many verbs that do not follow these patterns and can therefore be thought of as 'irregular'. But even with irregular verbs, clues to the formation of other tenses can be found in the present tense – and the key parts are the *nous* and *ils* forms. Remember the following points:

(a) Where the *nous* form of the present (and present subjunctive) ends **-ons**, the *vous* form ends **-ez**, and the few exceptions are shown in bold type.

(b) We have given the first person of the future tense only in the list. The endings are always *-ai, -as, -a, -ons, -ez, -ont*. The conditional is formed for all verbs with the same stem but with the endings: *-ais, -ais, -ait, -ions, -iez, -aient*.

(c) The imperfect is always formed from the *nous* form of the present (e.g. nous voy**ons** – je voy**ais** etc.). The present participle is formed in the same way: nous voy**ons**: voy**ant**.

(d) The subjunctive endings are always: *-e, -es, -e, -ions, -iez, -ent*. For the vast majority of verbs the stem remains the same throughout. For a few, it changes in the *nous* and *vous* forms. These exceptions we have shown in bold type.

Infinitive	Present	Future	Subjunctive	Past Participle
Boire	je bois nous buvons ils boivent	je boirai	je boive **nous buvions** **vous buviez**	bu
Croire	je crois nous croyons ils croient	je croirai	je croie **nous croyions** **vous croyiez**	cru
Devoir	je dois nous devons ils doivent	je devrai	je doive **nous devions** **vous deviez**	dû

Infinitive	Present	Future	Subjunctive	Past Participle
Dire	je dis nous disons **vous dites** ils disent	je dirai	je dise	dit
Dormir	**je dors** nous dormons ils dorment	je dormirai	je dorme	dormi
Also: ***s'endormir***				
Ecrire	j'écris nous écrivons ils écrivent	j'écrirai	j'écrive	écrit
Also: ***décrire***				
Faire	je fais nous faisons **vous faites** ils font	je ferai	je fasse	fait
Falloir	il faut (impersonal)	il faudra	il faille	fallu
Lever	je lève nous levons ils lèvent	je lèverai	je lève **nous levions** **vous leviez**	levé
Also: ***amener***, ***emmener***, ***mener***, ***ramener***				
Lire	je lis nous lisons ils lisent	je lirai	je lise	lu
Mettre	je mets nous mettons ils mettent	je mettrai	je mette	mis
Also: ***permettre***, ***admettre***, ***transmettre***				
Ouvrir	j'ouvre nous ouvrons ils ouvrent	j'ouvrirai	j'ouvre	ouvert
Also: ***couvrir***, ***offrir***, ***souffrir***				
Paraître	je parais il paraît nous paraissons ils paraissent	je paraîtrai	je paraisse	paru
Also: ***apparaître***, ***connaître***, ***disparaître***				
Partir	je pars nous partons ils partent	je partirai	je parte	parti
Also: ***repartir***, ***ressentir***, ***sentir***, ***servir***, ***sortir***				

Infinitive	Present	Future	Subjunctive	Past Participle
Pouvoir	je peux nous pouvons ils peuvent	je pourrai	je puisse	pu
Prendre	je prends nous prenons ils prennent	je prendrai	je prenne **nous prenions** **vous preniez**	pris
Also: ***apprendre, comprendre, entreprendre***				
Recevoir	je reçois nous recevons ils reçoivent	je recevrai	je reçoive **nous recevions** **vous receviez**	reçu
Also: ***s'apercevoir, concevoir***				
Savoir	je sais nous savons ils savent	je saurai	je sache	su
n.b. Present participle: **sachant**				
Venir	je viens nous venons ils viennent	je viendrai	je vienne **nous venions** **vous veniez**	venu
Also: ***appartenir, devenir, obtenir, prévenir, revenir, soutenir, se souvenir, tenir***				
Vivre	je vis nous vivons ils vivent	je vivrai	je vive	vécu
Voir	je vois nous voyons ils voient	je verrai	je voie **nous voyions** **vous voyiez**	vu
Vouloir	je veux nous voulons ils veulent	je voudrai	je veuille **nous voulions** **vous vouliez**	voulu

Vocabulary : English-French

You may find this list useful when doing the exercises which take the form of a dialogue. But many of the words you will need are included in the French parts of the dialogues and so the number of words in this vocabulary has been kept to a minimum.

(E) means that a verb forms the perfect with *être*.

* indicates a verb with irregular forms, and is included in the verb list p 206–209.

A

according to *selon*
to add *ajouter*
to advise *conseiller*
agreed *d'accord*
all the same *tout de même*
all right? *ça va?*
angry *fâché, en colère*
appointment *le rendez-vous*
atmosphere *l'ambiance* (*f*)

B

beach *la plage*
bed: to go to bed *se coucher; aller au lit*
board *la planche*
building *l'immeuble* (*m*)

C

camera *l'appareil* (*m*) *photo*
century *le siècle*
cheese *le fromage*
church *l'église* (*f*)
clean *propre*
coach *le car*
to come back *revenir* (*E*)*
to come home *rentrer* (*E*)
compelled (to) *obligé (de)*
composer *le compositeur*
congratulations *félicitations* (*f*)
to cover *couvrir*
cup *la tasse*

D

to demolish *démolir*
department stores *les grands magasins* (*m*)
to depend *dépendre*; it depends *ça dépend*
to destroy *détruire*
diamond *le diamant*
dinner: to have dinner *dîner*
dish *le plat*
to disappear *disparaître**
to disturb *déranger*
dressed (in) *vêtu/habillé(de)*
dry *sec*
duchess *la duchesse*

E

engaged: to get engaged *se fiancer*
event *l'événement* (*m*)
to express *exprimer*

F

farmer *l'agriculteur* (*m*)
favourite *préféré*
feather *la plume*
fed up: I'm fed up *j'en ai marre de . . .*
first of all *tout d'abord*
to found *fonder*
freedom *la liberté*

G

to go out *sortir* (*E*)*

H

to have fun *s'amuser*
herbs *les herbes* (*f*)
hurry: in a hurry *pressé*

I

ill *malade*

L

to laugh *rire*
to leave *laisser; partir* (*E*)*
leg *la jambe*
leg of lamb *le gigot d'agneau*
to lend *prêter*
linen *le linge*
to lose *perdre*
love: in love *amoureux*; to fall in love *tomber amoureux*

M

map *la carte*
mistake *l'erreur* (*f*)
mixed (*hors d'oeuvres*) *variés*

N

neighbour *le voisin*
the news *les informations* (*f*)
newspaper *le journal*
nightmare *le cauchemar*
novel *le roman*

O

often *souvent*
open *ouvert*; to open *ouvrir**
to order *commander*
overcoat *le manteau*
oyster *l'huître* (*f*)

P

parcel *le paquet*
pepper *le poivre*
plan *le projet*
pound *la livre*

Q

quiet *tranquille*

R

radio network *la chaîne* (*de radio*)
to record *enregistrer*
to ring *sonner*
ring-road *la* (*route*) *périphérique*

S

salt *le sel*
saucepan *la casserole*
serious *sérieux, grave*
sister *la soeur*
to show *montrer*
skirt *la jupe*
to smile *sourire*
sorry *désolé(e)*
spotted *à pois*
staircase *l'escalier* (*m*)
to stay *rester* (*E*)
straight away *tout de suite*
stripe *la rayure*
subject (at school) *la matière*
suitcase *la valise*
swimming pool *la piscine*

T

ticket *le billet*
tip *le pourboire*
title *le titre*
traffic *la circulation*
traffic jam *l'embouteillage* (*m*)
to travel *voyager*
travellers' cheques *les travellers* (*m*)

U

ugly *laid*
usually *d'habitude*

W

washing: to do the washing *faire* le linge*
way (of life) *le mode (de vie)*
week *la semaine*
to wonder *se demander*

Vocabulary : French-English

At this level it is advisable for students to be equipped with a good French dictionary. We have omitted a number of very common or easily recognisable words (e.g. national *national*).

Translations given apply to the words *as they are used in the texts*.

All reflexive verbs (starting *se*) and other verbs marked (E) form the perfect tense with *être*.

Verbs marked * have irregular forms, and are included in the verb list pp 206–209.

Adjectives are normally given in the masculine singular form only. Irregular feminine or plural endings are shown in brackets.

Abbreviations: *f* feminine, *m* masculine, *pl* plural, *fam* familiar, *adj* adjective.

A

abaisser *to reduce*
l' abbaye (f) *abbey*
d' abord *first*; tout d'abord *first of all*
abordable *approachable*
absolument *absolutely*
l' abus (m) *insult, cheek*
l' Académie de la bière (*see note p 107*)
accentuer *to emphasise*
accompagner *to accompany, go with*
d' accord *okay, alright, agreed*
accorder *to bestow*
s' accroître *to grow*
l' accueil (m) *welcome*
l' achat (m) *purchase*
acheter *to buy*
l' acier (m) *steel*
actuellement *at the moment, nowadays*; à l'heure actuelle *at the present*
les actualités (f pl) *news, current affairs*
adhérer à *to belong to* (*club, etc.*)
l' adjoint (m) *deputy*
* admettre *to admit*; admis *accepted*
s' adresser à *to report to*
les affaires (f pl) *business*
affectueusement *affectionately*
affirmer *to confirm*
l' affluence (f) *influx*
s' affoler *to be hopping mad*
affreux (f-euse) *awful*
afin que *so that*
l' âge (m) *age*; troisième âge *old age*
âgé *old*
l' agent (*m*) *policeman*
agir *to act*; s'agir de *to be about*
agréable *pleasant*
agricole *agricultural*
l' agriculteur (*m*) *farmer*
aider *to help*
l' aïeul *grandfather* (*see p. 174*)
ailleurs *somewhere else*; par ailleurs *in other respects*; d'ailleurs *what's more*
aimable *pleasant, kind*
ainsi *so*
l' air (*m*) *air*; avoir l'air *to look*
l' alimentation (*f*) *food*
ajouter *to add*
les alentours (*m pl*) *surrounding area*
l' Allemagne (*f*) *Germany*
* aller (E) *to go*; s'en aller *to leave, go away*
allumer *to turn on*
l' allusion (*f*) *reference*; faire allusion à *to refer to*
alors *well* (*now*); alors que *whereas*
l' ambiance (*f*) *atmosphere*
ambulant *travelling* (*adj*)
l' âme (*f*) *soul*
l' amitié (*f*) *friendship*
s' amuser *to enjoy one's self*
l' an (*m*) *year*
ancien (*f* -enne) *old, former*
animé *full of life*
l' année (*f*) *year*
annexer *to take over*
l' annonce (*f*) *advertisement*
*s' apercevoir *to notice*
l' appareil (*m*) photo *camera*
apparenté *related*
l' appartement (*m*) *flat*
* appartenir *to belong*

l' appellation (*f*) *name*
s' appeler *to be called*
apporter *to bring*
* apprendre *to learn*
s' approcher *to approach*
après *after*; l'après-midi (*m or f*) *afternoon*; d'après vous *according to you*
l' arbre (*m*) *tree*
l' argent (*m*) *money*; *silver*
l' armature (*f*) *base*
l' armée (*f*) *army*
l' arôme (*m*) *smell, aroma*
arrêter *to stop*; *arrest*
l' arrivant (*m*) *arrival*
l' arrivée (*f*) *arrival*
arriver (E) *to arrive*; *to happen*; il (*or* ça) m'arrive *I sometimes . . .* ; arriver à *to manage*; j'arrive! *I'm coming*!
l' arrondissement (*m*) *district*
l' artichaut (*m*) *artichoke*
s' asseoir *to sit down*
l' ascenseur (*m*) *lift*
assez *enough, fairly*
assister à *to attend*
assorti *matching* (*colours*)
l' assurance (*f*) *insurance*
atroce *terrible*
attendre *to wait* (*for*); *to expect*
l' attestation (*f*) d'assurance *insurance certificate*
attirer *to attract, call*; attirant *appealing*
aucun *no* (*adj*), *not one*
l' audition (*f*) *listening*
augmenter *to increase*
l' augmentation (*f*) *increase*
auparavant *before*
auprès de *beside*
aussi *also*; *as*
aussitôt *straight away*
autant *as much, that much*
l' auteur (*m* or *f*) *author*
l' autobus (*m*) *bus*
l' autorisation (*f*) *permission*
autour (de) *around*
l' autoroute (*f*) *motorway*
autre *other, another*
autrefois *formerly*
autrement *otherwise*; autrement dit *in other words*
avancé *advanced*
avant *before*
l' avantage (*m*) *advantage*
l' avenir (*m*) *future*
l' aventure (*f*) *adventure*
l' avion (*m*) *'plane*
l' avis (*m*) *opinion*; à mon avis *in my opinion*
aviser *to inform*
l' avocat (*m*) *lawyer*
* avoir *to have*
avouer *to confess, admit*

B

le bac: *baccalauréat* (*see p. 122*)
les bagages (*m pl*) *luggage*
la bagarre *fight, row*
se bagarrer *to fight, row*
se baigner *to go for a swim*
le bain *bath*
le bal *dance*
le ball-trap *clay-pigeon shooting*
la banlieue *suburb*
le bas *bottom*
la base *base*
basé *based on*
le bateau *boat*; bateau-mouche *pleasure-boat* (*see p. 106*)
le bâtiment *building*
bavarder *to chatter*
beau (*f* belle) *beautiful*; il fait beau *the weather's fine*
le bébé *baby*
belge *Belgian*
bénéficier de *to enjoy*
bénir *to bless*
le besoin *need*; avoir besoin de *to need*
les bestiaux (*m pl*) *cattle, livestock*
le bétail *cattle*
la bête *animal*
bête *stupid*
le beurre *butter*
bien *well*; *good*; bien sûr *of course*; bien entendu *of course*
bientôt *soon*; à bientôt *see you soon*
la bière *beer*
le billet *ticket*
bizarre *odd*
le bizuth *fresher*; le bizuthage *initiation ceremony*
blanc (*f* -che) *white*
le blanc *linen*
bleu *blue*; bleu-marine *navy blue*
blond *fair*
le boeuf *ox, bullock*
* boire *to drink*
le bois *wood*

la boisson *drink*
la boîte *tin*; (*night*)*club*
le bol *bowl*
bombarder *to bomb*
bon (*f* bonne) *good*; *right* (*correct*); bon marché *cheap*
la bonne *maid*
la bonneterie *hosiery*
le bord *edge*; le bord de la mer *seaside*
la bordure *edge*
se borner *to restrict one's self*
la botte *boot*
la boucherie *butcher's*
le bouchon *cork*
bouclé *curly*
le boudin *kind of sausage*
la bouillabaisse *fish-stew*
la boulangerie *baker's*
les boules (*f*) *game of bowls*
bousculé *hassled*
la bouteille *bottle*
la boutique *shop*
le bouton *button*
boutonné *buttoned*
braconner *to poach*
brancher *to plug in*
brave *good, decent*
briller *to shine, glitter*
la brosse *brush*
le bruit *noise*
brun *dark*; *brown*
bruyant *noisy*
le bureau *office*; le bureau de tourisme *tourist office*; le bureau de tabac *tobacconist's*
le but *aim, purpose*
la butte *hill*

C

ça *that, it*; ça, alors! *really*!; ça va *okay, that's fine*
le cabinet *consulting room*
la cacahuète *peanut*
cacher *to hide*
le cadeau *present*
la caisse *till*; la grosse caisse *bass drum*
calmer *to calm*
le camarade *chum*
le camion *lorry*
la campagne *countryside*
le canard *duck*
la canne à sucre *sugar-cane*
le cantonnier *roadmender*
capiteux *heady*
la capsule *bottle-top*
car *because*
carré *square*
à carreaux (*m pl*) *checked*
la carrière *career*
la carte *card*; la carte des vins *wine list*; carte grise *logbook*
le cas *case*; en tout cas *in any case*
le case *house* (*in Créole*)
cassant *curt*
la casserole *saucepan*
la catégorie *class*
le cauchemar *nightmare*
la cause *cause*; à cause de *because of*
ce (*f* cette, *pl* ces) *this, that* (*adj*)
ceci *this*
cela *that*
célèbre *famous*
celui (*f* celle, *m pl* ceux) *the one*; *this, that* (*see p. 12*)
certain *certain* (*see also p. 130*)
certes *sure*
cesse; sans cesse *all the time*
chacun *each one*
la chaîne *chain, bond*; la chaîne de radio *station*
la chambre *bedroom*
le champ *field*
la chance *luck*
la chandelle *candle*
le changement *change*
la chanson *song*
chanter *to sing*
le chanteur *singer*
le chapeau *hat*
la charcuterie *pork butcher's* (*see p. 160*)
charger *to load*
la chasse *hunting* (*see p. 161*)
chasser *to go hunting*
le chat *cat*
châtain *chestnut-coloured*
le château *castle*
chaud *warm, hot*
le chauffage *heating*
chauffer *to heat*
la chaussette *sock*
la chaussure *shoe*
chauve *bald*
le chef *chef, chief*
le chemin *way, route*; chemin de fer *railway*
la cheminée *chimney*
la chemise *shirt*

le chemisier *blouse*
cher (*f* -ère) *dear*
chercher *to look for*
les cheveux (*m pl*) *hair*
chez *at the home of*; chez toi *at your house*
chic *smart*
le chien/la chienne *dog*
la Chine *China*
chinois *Chinese*
les chips (*m pl*) *crisps*
choisir *to choose*
le choix *choice*
choquer *to surprise, be out of place*
la chose *thing*
le chou *cabbage*; les choux de Bruxelles *Brussel sprouts*
la circulation *traffic*
les ciseaux (*m pl*) à ongles *nail-scissors*
citer *to mention, to quote*
le citron *lemon*
citronné *lemony*
clair *light* (*colour*)
le client/la cliente *customer*
la clique *drum and bugle band*
coiffé: être mal coiffé *to have untidy hair*
le coeur *heart*; de bon coeur *good-heartedly*
le coin *corner*
le col *neck* (*of sweater, etc.*)
la colère *anger*
le collègue *colleague*
le collier *necklace*
le comédien (*f* -enne) *actor*
le comité *committee*
commander *to order*
comme *like, as*
commencer *begin*
comment *how*; *what*!
le/la commerçant(e) *shopkeeper*
le commerce *shop*
le commissariat *police station* (*see p. 114*)
commode *handy*
composé *made up of*
le compositeur *composer*
* comprendre *to understand*
compris *included*
comptabiliser *to keep accounts*
le comptable *accountant*
compte: se rendre compte *to realise*
compter *to count*
la comtesse *countess*
concernant *concerning, regarding*
* concevoir *to conceive* (*of*)
le concours *competition*
la concierge *caretaker*
la confiance *trust*
la confiture *jam*
* connaître *to* (*get to*) *know*
consacrer *to give, devote*
connu (*well-*)*known*
le conseil *council*; *advice*
le conseiller *councillor*
conseiller *to advise*
par conséquent *as a result*
le conserve *tinned food*
conserver *to preserve, keep*
consister à *or* en *to consist of*
construire *to build*
la consommation *consumption*
la contenance *contents*
contraint *restricted*
au contraire *on the contrary*
contre *against*; par contre *on the other hand*
le contrôleur (*bus*) *conductor*
convaincre *to convince*
convenir *to suit*
cordial (*pl* aux) *cordial*
la cordonnerie *shoe-making*
le cordonnier *cobbler*
Corse *Corsican*
le costume *suit*
le côté *side*; à côté de *next to*; du côté de *around*; de mon côté *for my part*
la côtelette *chop*
le cou *neck*
se coucher *to go to bed*
la couleur *colour*
couper *to cut*
la cour (*court*)*yard*
courageux (*f* -euse) *brave*
courant *normal, usual*; au courant *in touch with*
courir *to run*
le courrier *post*
le cours *course*; au cours de *during*
les courses (*f pl*) *shopping*
court *short*
le couteau *knife*
coûter *to cost*
la coutume *custom*
la couture *dress-making*
la cravate *tie*
le crayon *pencil*
créer *to create, make, build*
crever *to die* (*fam*)
crier *to shout*

* croire *to think, believe*
la croix *cross*; croix de guerre *military cross*
croyant *religious*
la cuiller *spoon*
le cuir *leather*
cultiver *to cultivate*
curieux (*f* -euse) *curious*

D

la dame *lady*
dater (de) *to date* (*from*)
davantage *more*
le débat *debate*
debout *standing up*
débranché *disconnected*
le début *beginning*
débuter *to begin*
décacheter *to unseal*
le décapsuleur *bottle-opener*
décharger *to unload*
décidément! *really*!
la déclaration *statement*
déclarer *to declare*
décontracté *informal*
découper *to cut up*
découvrir *to discover*
décrire *to describe*
dedans *inside*
dédommager *to compensate*
se défaire de *to get rid of*
le défilé *procession*
défiler *to march by*
dégoûtant *disgusting*
le degré *degree*
dehors *outside*
déjà *already*; *ever*
déjeuner *to have lunch*
le déjeuner *lunch*
délivrer une ordonnance *to issue a prescription*
demain *tomorrow*; à demain *see you tomorrow*
demander *to ask* (*for*) ; *to demand*
déménager *to move* (*house*)
le demi *half*
démolir *to demolish*
la dent *tooth*
le dentifrice *toothpaste*
le départ *departure*; *beginning*
dépasser *to go beyond*
dépaysé(e) *homesick*
dépendre *to depend*
dépenser *to spend, use up*
déplaire *to displease*
déposer *place*
depuis *since, for* (*see p. 43*)
le député *M.P.*
déranger *to disturb, bother*
dernier (*f*-ière) *last*
dernièrement *only the other day*
derrière *behind*
désagréable *unpleasant*
la descendance *descent*
descendre (E) *to go/come down*; *get out* (*of car, bus,* etc.)
dès demain *first thing tomorrow*
désert *deserted*
la désignation *meaning*
le désir *want, desire*
désirer *to want*
désolé(e) *sorry*
au dessus de *on top of*; par-dessus tout *above all*
détester *to hate*
détruire *to destroy*
devant *in front of*
* devenir (E) *to become* (*of*)
deviner *to guess*
* devoir *to have to*; *to owe*
d' habitude *usually*
diffuser *to transmit*; *send out*
le dimanche *Sunday*
diminuer *to decrease*
le dîner *dinner*
* dire *to say, tell*; c'est-à-dire *that's to say*; pour ainsi dire *so to speak*
directement *compulsorily*
la direction *direction*; *management*
diriger *to organise, run*
le discours *speech*
discret (*f* -ète) *discreet*
discuter *to discuss*
* disparaître *to disappear*
disponible *free, available*
la dispute *argument*
le disque *record*
la distraction *diversion; amusement*
distribuer *to present*
le divertissement *entertainment*
diviser *to divide*
le domaine *area*
le domicile *residence, home*
donc *so, therefore*
dont *of/about which* (*see p. 149*)
donner *to give*; donner sur *to overlook*
dorer *to brown*
* dormir *to sleep*

la douche *shower*
le doute *doubt*; sans doute *no doubt*
doux (*f* douce) *mild*
le doyen *oldest member*
le drap *sheet*
le droit *right*
la drogue *drugs*; se droguer *to take drugs*
drôle *funny*
dû (*f* due) à *due to*
dur *hard*
durant *during*
la durée *duration*
durer *to last*

E

l' eau (*f*) *water*; l'eau de vie (*see p. 150*)
échanger *to exchange*
écourter *to cut short*
écouter *to listen* (*to*)
effectivement *in actual fact*
en effet! *exactly*!
égal: ça m'est égal *I don't care*
également *as well, too*
égarer *to mislay*
l' église (*f*) *church*
l' élève (*m* or *f*) *pupil*
élever *to breed, bring up*; mal élevé *bad-mannered*
éloigné(e) *far away from*
emballer *to wrap up*
embêtant *annoying*
emmener *to lead*; *to take*
l' émission (*f*) *programme*
empêcher *to stop, prevent*
l' emploi (*m*) *use*; *employment*
employer *to use*; *employ*
empoisonner *to poison*
emporter *to take away*
en *in*; en tant que *as*; en train de *in the process of*
enchanté *delighted*
encore *again*; *even*; *yet*; encore plus *even more*
s' endormir *to fall asleep*
l' endroit (*m*) *place*
enduit *smeared*
énerver *to get you down*
l' enfance (*f*) *childhood*
enfin *at last*; *well*
engager *to engage*; s'engager *to join up*
engorgé *stuffed up*
s' ennuyer *to get bored*
ennuyeux (*f* -euse) *boring*
énormément *enormously*; énormément de *a large number of*
enregistrer *to check in*; *to record*
l' enseignement (*m*) *education, teaching*
enseigner *to teach*
ensemble *together*
l' ensemble (*m*) *group*
ensoleillé *sunny*
ensuite *then, after that*
entendre *to hear*; entendre par *to mean by*
enterrer *to bury*
entêter *to go to one's head*
enthousiasmé *thrilled*
entier (*f*-ière) *whole*
entreprendre *to undertake*
entrer (E) *to come/go in*
s' envenimer *to turn nasty*
l' envie (*f*) *inclination*; avoir envie (de) *to feel like*
environ *approximately*
envisager *to imagine*
envoyer *to send*; envoyer bouillir *to tell someone to take a running jump*
épeler *to spell*
éphémère *ephemeral*
l' épicier (*m*) *grocer*
les épinards (*m pl*) *spinach*
l' époque (*f*) *time, period*
épouser *to marry*
l' équilibre (*m*) *stability; balance*
l' esclave (*m* or *f*) *slave*
espagnol *Spanish*
espérer *to hope*
l' espoir (*m*) *hope*
essayer *to try*
essentiellement *mainly*
estimer *to consider*
établir *to establish*; *set up*
étant *being*
l' état (*m*) *state*
l' été (*m*) *summer*
s' étendre *to stretch out, extend*
l' étendue (*f*) *area*
l' étiquette (*f*) *ticket, label*
étonner *to shock, surprise*
étranger (*f*-ère) *foreign*; à l'étranger *abroad*
* être *to be*
étroit *narrow*
les études (*f pl*) *studies*
l' étudiant(e) (*m* or *f*) *student*
étudier *to study*
évidemment *obviously*

évident *obvious*
évoluer *to develop, evolve*
excédé *at the end of one's tether*
excuser *to excuse*; s'excuser *to say sorry*
les excuses (*f pl*) *apologies*
exécrable *absolutely terrible*
exercer *to practise* (*profession*)
l' exercice (*m*) *exercise; practice*
l' exemple (*m*) *exemple*; par exemple *for example*
l' exotisme *exoticism*
expliquer *to explain*
exprimer *to express*
l' extérieur (*m*) *the outside*

F

en face de *opposite*
se fâcher *to get angry*
facile *easy*
la facilité *facility; possibility*
la façon *way*
le facteur *postman*
la faim *hunger*; avoir faim *to be hungry*
* faire *to make, do*; il fait anglais *he looks English* (*see p. 166*)
le fait *fact*; en fait *in fact*
* falloir *to have to*; il faut *it is necessary*
pas fameux! *not much good*! (*fam*)
familier (*f*-ère) *colloquial*
la fanfare *brass band*
la farine *flour*
fatigué *tired*
* il faut *one has to; one needs*
la faute *fault*
la femme *wife; woman*; femme de ménage *cleaning lady*
féodal *feudal*
le fer à repasser *iron*
la ferme *farm*
fermer *to shut, do up; turn off*
le fervent *enthusiast*
la fête *party, fête*
le feu *fire*; au coin du feu *at the fireside*
se fiancer *to get engaged*
le fil *wire*
le filet *fillet*
la fille *daughter; girl*
le fils *son*
la fin *end*
finalement *when all's said and done*
finir *to finish*
la firme *firm*
le flacon *bottle; flask*
la fleur *flower*
fleuri *flowery*
le flic (*fam*) *cop*
la foi *faith*
le foie *liver*
la foire *fair, market*
la fois *time*; à la fois (*all*) *at the same time*
foncé *dark*
la fonction *duty*
le fonctionnaire *civil servant*
fonctionner *to function*
le fondateur *founder*
le fond *basis*
fonder *to found*
forcément *necessarily*
la forêt *forest, wood*
la forme *shape, form*
formidable *tremendous*
fort *strong*
le foulard *scarf*
la fourrure *fur*
la fraîcheur *freshness*
frais (*f* fraîche) *fresh*
les frais (*m pl*) *expenses*
franchir *to cross*
frappé *struck; affected*
la fraternité *fraternity, brotherhood*
frisé *fuzzy*
le friton (*see p. 161*)
froid *cold*
le fromage *cheese*
fruité *full-bodied* (*wine*)
furieux (*f* -euse) *furious*

G

le gadget *gadget, gimmick*
gagner *to win; to earn; to gain*
gai *lively, gay*
gaillard *beautiful* (*in Creole*)
le gant *glove*
le garagiste *garage-owner*
le garçon *boy; waiter*
le garde-chasse *gamekeeper*
garder *to keep; to guard*
le gardien de la paix *policeman*
le gars *fellow, lad*
les gâteaux (*m*) apéritif *savoury biscuits*
gâter *to spoil*
gauche *left*; à/de gauche *on the left*
gaver *to force-feed*
le gaz *gas*
la gendarmerie *police station* (*see p. 114*)
gêner *to bother*

génial *brilliant*
le genre *type, sort*
les gens (*m* or *f pl*) *people*
gentil (*f* -ille) *nice, kind*
gentiment *politely*
le gérant *manager*
la glace *ice-cream*
le gibier *game* (*hunting*)
la gourmette *identity bracelet*
goûter *to taste*
le grain *grain*
grandir *to grow up*
gratuitement *free, without charge*
gratter *to scratch*
le grec *Greek*
gris *grey*
gros (*f* grosse) *fat, big*
grossier (*f* -ière) *rude*
grossir *to get fat; to exaggerate*
grouper *to group*
la guerre *war*
le guichet *counter, desk*
guindé *snooty*

H

habillé (de) *dressed* (*in*)
s' habiller *to get dressed*
l' habitant (*m*) *inhabitant*
habiter *to live* (*in*)
les habits (*m pl*) *clothes*
l' habitude (*f*) *custom*; avoir l'habitude *to be used to*; d'habitude *normally*
habituellement *usually*
s' habituer à *to get used to*
le haricot *bean*; les haricots verts *French beans*; les haricots gourmands *sugar-beans*
le hasard *chance*; au hasard *at random*
haut *tall, high*
le haut *top*
hein? *eh?*
l' heure (*f*) *hour; time*; de bonne heure *early*
heureux (*f* -euse) *happy*
hier *yesterday*
l' histoire (*f*) *story; history*
l' hiver (*m*) *winter*
honnête *honest*
honteux (*f* -euse) *ashamed*
l' Hôtel de Ville *Town Hall*
l' hôtesse (*f*) *hostess; guide; receptionist*
l' huître (*f*) *oyster*
hurler *to yell*

I

l' idée (*f*) *idea*
ignorer *not to know*
l' île (*f*) *island*; l'île Maurice *Mauritius*
il y a *there is/are; ago*
l' immeuble (*m*) *block*
immodéré *excessive*
l' impasse (*f*) *cul de sac*
impoli *impolite*
s' imposer *to impose oneself*
l' impôt (*m*) *tax*
impressionnant *impressive*
inaugurer *to open*
incessament *any moment now*
l' inconvénient (*m*) *disadvantage*
incroyable *unbelievable*
l' Inde (*f*) *or* les Indes *India*
s' indigner *to get indignant*
indiquer *to point out, show*
indisposer *to upset*
infernal *hellish*
infiniment *infinitely*
l' infirmière (*f*) *nurse*
les informations (*f pl*) *news*
inquiéter *to worry*
inscrit *written on*
l' insecte (*m*) *insect*
l' installation (*f*) *display* (*of goods*)
installer *to set up*
s' installer *to settle down, come to live*
l' instant *moment*
l' instituteur (*m*) (*f* -trice) *teacher*
insupportable *unbearable*
l' intention (*f*) *intention*; avoir l'intention de *to intend to*
l' intérêt (*m*) *interest*
l' intérieur (*m*) *the inside*
interne *inside, internal*
l' invité(e) (*m* or *f*) *guest*
ironiquement *ironically*
l' irréel (*m*) *unreal*
isolé *isolated*
italien (*f* -enne) *italian*
l' itinéraire (*m*) *route*
ivre *drunk*
l' ivrogne (*m* or *f*) *drunkard*

J

jamais *never*
la jambe *leg*
le jambon *ham*
janvier *January*
le jardin *garden*

le jeans *jeans* (*see p. 25*)
le jeu *game; movement*
la jeunesse *youth*
la joie de vivre *zest for living*
joli *pretty*
le joueur *gambler*
jouer *to play; to gamble*
le jour *day*
le journal (*pl* -aux) *newspaper*
la journée *day*
journellement *daily*
joyeux (*f* -euse) *happy*
la jupe *skirt*
juridique *legal*
le juron *swear-word*
jusqu'à *until*; jusqu'ici *up till now*
juste *just, correct*
justement *as it happens*

K

le klaxon (*motor*) *horn*
klaxonner *to hoot*

L

là *there*; là-bas *over there*; là-haut *up there*
lâche *cowardly*
le lainage *wool*
la laine *wool*
laisser *to leave; to let*
le lait *milk*
se lancer *to go in for*
la langue *language, tongue*
large *wide*
la larme *tear*
lassant *boring, tedious*
laver *to wash*
le lecteur (*f* lectrice) *proof-reader*
la lecture *reading*
léger (*f* -ère) *light*
le légume *vegetable*
le lendemain *the next day*
lentement *slowly*
lequel (*f* laquelle) *which, which one* (*see p. 149*)
*se lever *to get up*
la liaison (*see p. 52–3*)
la librairie *bookshop*
libre *free*
la licence *university degree*
le lien *connection*
le lieu *place*; au lieu de *instead of*
le limonadier *waiter's knife*
le linge *linen; washing*
* lire *to read*
local (*pl* -aux) *local*
loin *far*
le loisir *leisure*
le logement *home*
Londres *London*
long (*f*-gue) *long*; mi-long *medium length*
longtemps *a long time*
lors de *after*
lorsque *when*
lot: le gros lot *first prize in lottery* (*see p. 34*)
louer *to rent, hire*
lourd *heavy*
la lumière *picture; light*
les lunettes (*f pl*) *glasses*
le lycée *grammar school*
le lycéen (*f* -nne) *schoolboy*

M

le maire *mayor*
la mairie *town-hall*
le maïs *maize*
la maison *house*; *firm*; à la maison *at home*
la maison de couture *fashion-house*
le maître *master*
la maîtresse *mistress*
le mal: faire mal *to hurt*; mal aux dents *toothache*; avoir du mal à . . . *to find it hard to . . .*; mal chance *bad luck*; pas mal de *quite a lot of*
malade *ill*; le malade *patient*
malgré *despite the fact*
malheureusement *unfortunately*
malheureux (*f* -euse) *unhappy*
la Manche *English Channel*
la manière *way*; de toute manière *in any case*
manquer *to lack; to be missing*
le manteau *overcoat*
le/la marchand(e) *seller, merchant*
la marchandise *goods*
le marché *market*
marcher *to walk; to work*
le mari *husband*
se marier *to get married*
la marque *make* (*of goods*)
marquer *to mark*
le marquis *marquis*
marre: j'en ai marre *I'm fed up*

marron *brown*
le matériel *equipment*
maternel (*f-le*) *mother* (*tongue*); la maternelle *nursery school*
la matière *material*; *subject*
mauvais *bad*
le médecin *doctor*
le médicament *medicine*
meilleur *better*
le mélange *mixture*
mêlé *mixed*
même *same even*; tout de même *all the same*
le ménage *household*; *couple*; *housework*
la mercerie *haberdashery*
merde! *shit, damn! (see note p. 77)*
la messe *mass*
la mesure *extent*
le métier *trade, job*
la météo *meteorological office*
la métropole (*see p. 62*)
* mettre *to put in/on*; mettre la table *to lay the table*; se mettre en colère *to lose your temper*; se mettre à *to begin*
le Midi *the south of France*
mieux *better*
mince *slim*
le mineur *miner*
le ministère *ministry*
minuit *midnight*
le mode *style*
le modèle *size, model*
moi *me*; moi-même *myself*
moins *less*; les moins *least*; au moins *at least*; à moins que *unless*; de moins en moins *less and less*
le mois *month*
la moitié *half*; à moitié *half* (*adj.*)
le moldave *Moldavian*
le monastère *monastery*
le monde *people*; *the world*; tout le monde *everyone*
mondial (*m pl* mondiaux) *world* (*adj.*)
la monnaie *change*; *currency*; monnaie d'échange *means of exchange*
la montagne *mountain*
monter (E) *to go/come up*; monter à la tête *to go to the head*
la montre *watch*
montrer *to show*
se moquer *to make fun*
le morceau *piece*
la mort *death*
la moto *motorbike*
mouler *to mould*
mourir (E) *to die*
le mouton *sheep*
le mouvement *movement*
moyen *medium*
le moyen *means*
mulard *mullard* (*duck*)
le musée *museum*

N

nager *to swim*
la naissance *birth*
naître (E) *to be born*
narguer *to snap at*
la natte *plait* (*hair*)
né *born*
nerveux (*f* -euse) *nervous*
net(te) *clear*
nettoyer *to clean*
la nièce *niece*
le niveau *level*; au niveau de *in the area of*
Noël *Christmas*
le nombre *number*
nombreux (*f* -euse) *numerous*
nommer *to name*
le nord *North*
normand *Norman*
la note *bill*
noter *to note down*
nouveau (*f* -elle) *new*
la nouveauté *latest thing*
les nouvelles (*f pl*) *news*

O

l' objet (*m*) *object*
obligatoire *compulsory*
obligé *obliged, compelled*
* obtenir *to obtain, get, gain*
occidental *west, western*
occitan *Occitanian* (*see p. 150*)
s' occuper de *to take care of*
l' oeuf (*m*) *egg*
* offrir *to donate*
l' oignon (*m*) *onion*
l' oie (*f*) *goose*
l' oiseau (*m*) *bird*
l' opératrice (*f*) *operator*
or *well now*
l' or (*m*) *gold*
originaire (de) *originally* (*from*)
oser *to dare*

ou *or*; ou . . . ou *either . . . or*
où *where*; *when* (*see p. 141*)
oublier *to forget*
outre: en outre *furthermore;* Outre-Mer (*see p. 62*)
ouvert *open*
l' ouverture (*f*) *opening*
l' ouvre-boîte (*m*) *tin-opener*
l' ouvrier (*m*) *worker*
* ouvrir *to open*

P

la paille *straw*
paisible *peaceful*
la paix *peace*
le/la pamplemousse *grapefruit*
la pancarte *sign*; *notice*
panne: en panne *broken down*
le pantalon *trousers*
la papeterie *stationery*
le papier *paper*
le paquet-cadeau *gift-wrapped packet*
par *by*; une fois par semaine *once a week*
* paraître *to appear, look*
le parapluie *umbrella*
pareil (*f* -eille) *same, similar*
parfait *perfect*
parfois *sometimes*
parmi *among*
le part *part*; d'autre part *on the other hand*; à part *except for*
la partie *part*
* partir (E) *to leave, go away*; à partir de *from*
partout *everywhere*
le passé *past*
le passe-thé *tea-strainer*
passer *to spend (time)*; *to sit* (*exam*); (E) *to come/go by, pass*
se passer *to happen, take place*
passionner *to thrill*
paternel (*f* elle) *father's*
le patois *local dialect*
le patron *owner of a bar/café*
pauvre *poor*
la pauvreté *poverty*
payer *to pay*
le pays *country, region*
le paysage *landscape, scenery*
la peau *skin*
peine: à peine *hardly*
peiné *sad*
la pellicule *film*
pendant *during*; *for*
pénible *tough, hard*
la pensée *thought*
penser *to think*; *to intend*
perdre *to lose*
périmé *out-of-date*
la périphérie *outskirts*
se permettre *to afford*
le permis *licence*
personne *nobody*
la personne *person*
le personnel *staff*
la perte *loss*
peser *to weigh*
le pétanque *French bowls*
petit *small*; le petit déjeuner *breakfast*
peu *little*; un peu *a little*; à peu près *approximately, about*
le peuple *ordinary people*
la peur *fear*; avoir peur *to be afraid*; faire peur *to frighten*
peut-être *perhaps*
le pharmacien *chemist*
le photographe *photographer*
la phrase *sentence*
le pic *mountain peak*
la pièce *room*; *play*; pièce d'identité *proof of identity*
le pied *foot*; à pied *on foot*
piquer *to sting*
la piscine *swimming-pool*
la pitié *pity*; faire pitié *to arouse pity*
le placard *cupboard*
la place *square*; *room*
la plage *beach*
se plaindre *to complain*
plaire *to please*; se plaire *to enjoy yourself*
plaisant *pleasant*
le plaisir *pleasure*
plan: sur le plan de . . . *at the level of . . .*
la planche *board*
le planton *duty officer*
plein *full*
pleurer *to cry*
pleuvoir *to rain*
la plupart *most*
plus *more*; le plus *most*; ne . . . plus *no longer*; de plus en plus *more and more*; en plus *in addition, moreover*
plusieurs *several*
plutôt *rather*
la poche *pocket*
le poids *weight*

point, point de vue *angle; point of view*
la pointe *point; end*
pointu *pointed*
la poire *pear*
pois: à pois *spotted*
le poisson *fish*
la poissonnerie *fishmonger's*
poivré *spicy*
le poivre *pepper*
poli *polite*
policier *crime* (*adj.*)
la pomme *apple*
les pompiers (*m*) *fire brigade*
populeux (*f* -euse) *crowded*
le port *port*
le portefeuille *wallet*
porter *to carry; to wear*
poser *to place*; *to pose*; poser une question *to ask a question*
posséder *to own, possess*
la poterie *pottery*
le pouce *thumb*
pour *for*; *in order to*; pour que *so that*; pour cent *per cent*
le pourboire *tip*
le pourcentage *percentage*
pourtant *even so, and yet . . .*
poursuivre *to pursue*
* pouvoir *to be able*
pratiquement *in practice*
pratiquer *take part in*
précédent *previous*
préciser *to specify*
les précisions (*f pl*) *precise details*
préféré *favourite*
la préfecture *capital of department, prefecture*
la préférence *preference*; de préférence *preferably*
préférer *to prefer; to like best*
premier *first*
* prendre *to take; to have*
près (de) *near*(*by*); *almost*; à peu près *approximately*
présentement *at present*
presque *almost*
pressé *in a hurry*
le presse-citron *lemon-squeezer*
prêt *ready*
le prêtre *priest*
* prévenir *to warn*
prier *to beg*; je vous en prie *don't mention it*
le principe *principle*; en principe *as a rule*
le printemps *spring*
le prix *price; prize*
probablement *probably*
prochain *next*
proche *near*
le produit *produce, product*
profond *deep*
le projet *plan*
projeter *to project*
la promenade *trip, walk*
se promener *to go for a walk*
proposer *to suggest*
propre *own*; *clean*
le/la propriétaire *owner*
la propriété *land, property*
protéger *to protect*
la protestation *complaint*
la province *province*; en province *outside Paris*
la publicité *advertising*
puis *then*
puisque *since*

Q

quand *when*; quand même *even so, all the same*
le quart *quarter*
le quartier *neighbourhood*
que *than*; *whom*; *which*; *that*; *what*
quel (*f* quelle) *what*; n'importe quel *any*
quelque chose *something*
quelquefois *sometimes*
quelque part *somewhere*
qui *who, which*
la quincaillerie *hardware store*
quitter *to leave*
quoi *what*

R

raccrocher *to hang up* (*phone*)
raconter *to tell* (*story etc.*)
raide *straight* (*hair*)
la raison *reason*; en raison de *because of*
ramener *to take back*
ranger *to tidy up; to leave*
se rappeler *to remember*
rarement *rarely*
le rasage *shaving*
la rascasse *scorpion fish*
ravir *to delight*
ravissant *delightful*

le rayon *department*
la rayure *stripe*
réagir *to react*
la réalisation *carrying out*
rebaptiser *to rename*
le recensement *census*
la recette *recipe*
le receveur des postes *postmaster*
* recevoir *to receive*
la recherche *search*
rechercher *to look for*
réclame: en réclame *on promotion, special offer*
recommencer *to begin again*
reconnaître *to recognise*
récupérer *to pick up, find*
réduit *reduced*
réellement *actually*
réfléchir *to reflect*
réformer *to discharge* (*soldier*); *reform*
regarder *to look* (*at*), *watch*; ça ne regarde pas *it's nothing to do with . . .*
régler *to settle, fix up*
la règle *rule*
se regrouper *to gather around*
regretter *to be sorry* (*about*); *to regret*
rejoindre *to join*
remarquer *to notice*
remballer *to pack up*
remercier *to thank*
les remerciements (*m*) *thanks*
remettre *to present*
la remise *reduction*
Rémois *inhabitant of Rheims*
remplacer *to replace*
remplir *to fill*
remuer *to stir*
rencontrer *to find*
le rendez-vous *appointment*
rendre *to give back*; *to make*; rendre visite *to visit*; se rendre à *to go to*
renouer *to get back in touch*
renouveler *to renew*
les renseignements (*m*) *information*
rentable *profitable*
rentrer *to bring in*; (E) *to go back home, come home*
renvoyer *to send back*
repartir (E) *to go away again*
le repas *meal*
répéter *to repeat*; *to rehearse*
la répétition *rehearsal*
répondre *to reply*
la réponse *reply, answer*
le repos *rest*
se reposer *to rest*
reprise: à plusieurs reprises *several time*
reprocher *to reproach*
la résidence secondaire *country home*
respirer *to breathe*
* ressentir *to feel*
restaurer *to restore*
rester (E) *to stay*; il nous reste *we've sti got*
le résultat *result*
résumer *to sum up*
retirer *to take out*; se retirer *to retire*
le retour *return*; retour de captivité (*see p. 142*) *return from captivity*
la retraite *retirement*
retourner (E) *to go back*
retrouver *to find*; *to get back to*
Le Réunionnais *inhabitant of Reunion Island*; réunir *to bring together*
réussir *to succeed*
le rêve *dream*
se réveiller *to wake up*
le réveillon *all-night party*
revenir (E) *to come back*
rêver *to dream*
réviser *to check, revise*
se révolter *to revolt*
le rhum *rum*
rien *nothing*
rigoler *to have fun*
la rime *rhyme*
rire *to laugh*
risquer *to risk*; *might*
la robe *dress*; la robe de chambre *dressing gown*
le rocher *rock*
le roi *king*
le roman *novel*
la romancière *female novelist*
le rôt *roast*(*ing*) *joint*
rouler *to roll*
la route *road*; la route périphérique *ring road*
roux (*f* rousse) *red-headed*

S

le sable *sand*
le sac *bag*
sain *healthy*
la saison *season*
saisir *to grasp, seize*
la salle de bains *bathroom*

le salon *sitting room*
sans *without*
la santé *health*; à votre santé *good health*
satisfait *satisfied*
la saucisse *sausage*
le saucisson *salami*
* savoir *to know, know how to*
le savon *soap*
le scénario *script, screen-play*
sec (*f* sèche) *dry*
la seigneurie *manor*
le séjour *stay*
séjourner *to stay*
selon *according to*
sembler *to seem*
le sens *direction*; *meaning*; *sense*
sensationnel (*f* -elle) *fabulous*
* sentir *to smell*
*se sentir *to feel*
la serveuse *waitress*
le service *service*; *tip*
* servir *to serve*; servir à *to be used for*; à quoi ça sert *what's it used for*; ça ne sert à rien *it's no use for anything*
seul *alone*; *only*
seulement *only*
le siècle *century*
siffler *to whistle*
signaler *to point out*
la signification *meaning*
signifier *to mean*
silencieux (*f* -euse) *quiet*
simplement *simply*
sinon *otherwise*
le site *site*
la situation *position*; *job, post*
situer *to situate*
la société *society, club*
la soie *silk*
soigner *to look after*
le soleil *sun*
le soin *care*
soit . . . soit *either . . .or*
la sole *sole* (*fish*)
la somme *sum*; en somme *in short*
le sommeil *sleep*
son (*f* sa) (*pl* ses) *his, hers, its*
le son *sound*
sonner *to ring*
le sort *lot* (*in life*)
la sorte *kind*; *sort*; de sorte que *so that*
la sortie *exit, way out*
* sortir *to bring out*, (E) *to go/come out*; *to win* (*prize*)

la soucoupe *saucer*
soudain *sudden*(*ly*)
* souffrir *to suffer*
souhaiter *to wish*
soulager *to relieve*
se soûler *to get drunk*
le souper *supper*
le soupir *sigh*
le sourire *smile*
sous *under*; *sub-*
* soutenir *to support*
soutenu *strong* (*colour*)
*se souvenir *to remember*
souvent *often*
le spectacle *show*
stationner *to park*
la stature *build*
le stop *hitch-hiking*
le stylo *pen*
succéder à *to inherit*
le succès *success*
le sucre *sugar*
le sud *south*
suffit: ça suffit *that's enough*
suffisamment (de) *sufficient*
la Suisse *Switzerland*
suite: par la suite *after that*; tout de suite *right away*; deux fois de suite *twice in a row*
suivant *next*
suivre *to follow*
le sujet *subject*
supérieur *higher*
le supermarché *supermarket*
supporter *to put up with*
sur *on*; *by*; *out of*
sûr *sure*; bien sûr *of course*
sûrement *certainly*
la surface *surface*; les grandes surfaces *big supermarkets*
surgelé *frozen*
surtout *especially, above all*
sympa *nice*
sympathique *nice*
le Syndicat d'Initiative *tourist office*

T

le tableau *picture*
la tache *stain*
la taille *size, height*
se taire *to shut up*
le tambour *drum*
tandis que *while*

la tannerie *tannery*; le tanneur *tanner*
tant mieux *so much the better*; tant pis *hard luck, too bad*
la tante *aunt*
le tapis *carpet*
tard *late*
la tasse *cup*
tel (*f* telle) *such a . . .*
tellement (de) *very much, a lot*
le temps *weather*; *time*; de temps en temps *from time to time*
tendre *tender*
la tendresse *tenderness*
*tenir *to keep*; *to hold*
terminer *to end*
la terre *earth, land*; par terre *on the ground*
la tête *head*; en tête *at the front*
le texte *lyrics*
le thé *tea*
le thème *theme*
la thèse *thesis, dissertation*
tiens! *well, well*
le timbre *stamp*
timide *shy*
le tire-bouchon *corkscrew*
tirer *to pull*; *to win*
le titulaire *holder*
la toile *canvas*
tolérer *to tolerate*
tomber (E) *to fall*
le tombola *bingo*
le total *total*; au total, *altogether*
toujours *always*; *still*
la tour *tower*
le tour *turn*; *tour*
la tournée *round*
tout (*m pl* tous) *all, every*; *very*; tout de suite *straightaway*; du tout *at all*; tout + *adj totally, quite*; tout à fait *yes, right away*; tout à l'heure *just now*; tout le monde *everyone*
le tracteur *tractor*
le traducteur (*f* -trice) *translator*
traduisible *translatable*
train: en train de *in the process of*
traire *to milk*
le trait *attraction*
traiter *to call* (*someone names*); *to deal with*
le trajet *journey*
tranquille *quiet, calm*
* transmettre *to convey*
traverser *to cross*
le tremblement de terre *earthquake*
trépidant *hectic*
le troc *free barter*
se tromper *to be mistaken*
trop *too* (*much*)
le trou *hole*
trouver *to find*; se trouver *to be (situated)*
truffé *with truffles*
tuer *to kill*
le turc *turkish*
la T.V.A. *V.A.T.*
le type *type*; (*fam.*) *bloke*

U

unique *only, sole*
l' union (*f*) libre *living together*
usuel (*f* -lle) *customary*
utile *useful*
l' utilisation (*f*) *use*
utiliser *to use*
l' utilité (*f*) *use*

V

les vacances (*f pl*) *holidays*
la vache *cow*; vachement (*see p. 98*)
la vague *wave, trend*
la vaisselle *washing up*; *crockery*
valable *usable*
la valeur *value*
la valise *suitcase*
vaut: il vaut *it costs, it's worth*; il vaut mieux *it's better*
la veille *the day before*
la vendange *harvest*
la vendeuse *sales-lady*
vendre *to sell*
la vengeance (*act of*) *revenge*
* venir (E) *to come*; venir de *to have just*
le vent *wind*
la vente *sale*
véritable *real*
la vérité *truth*
le verre *glass*
vers *about, towards*
la veste *jacket*
les vêtements (*m pl*) *clothes*
vêtu *dressed*
se vexer *to get annoyed*
vide *empty*
la vie *life*

vieillir *to get old*
vieux (*f* vieille) *old*
la vigne *vine*
le visage *picture, image*
la vitrine *shop-window*
vivant *lively; alive*
* vivre *to live*
la voie *course, path*
voilà *that is; that's it; there you are*
* voir *to see*; rien à voir avec . . . *nothing to do with . . .*; faire voir *to show*
le voisin *neighbour*
voisin *neighbouring*
le vol *flight; theft*
la volaille *poultry*
voler *to steal*
volontiers *willingly; without thinking*
* vouloir *to want, wish*; vouloir dire *to mean*
le voyage *journey, travel*
voyager *to travel*
la voyelle *vowel*
vrai *real, true*
vraiment *really*
la vue *view*

Y

le yaourt *yoghourt*
les yeux (*m pl*) (*sing* l'oeil) *eyes*

Z

zut! *drat*!

Numbers

1 un, une	30 trente
2 deux	31 trente et un
3 trois	32 trente-deux
4 quatre	40 quarante
5 cinq	50 cinquante
6 six	60 soixante
7 sept	70 soixante-dix
8 huit	71 soixante et onze
9 neuf	72 soixante-douze
10 dix	73 soixante-treize
11 onze	77 soixante-dix-sept
12 douze	80 quatre-vingts
13 treize	81 quatre-vingt-un
14 quatorze	82 quatre-vingt-deux
15 quinze	90 quatre-vingt-dix
16 seize	91 quatre-vingt-onze
17 dix-sept	99 quatre-vingt-dix-neuf
18 dix-huit	100 cent
19 dix-neuf	101 cent un
20 vingt	
21 vingt et un	200 deux cents
22 vingt-deux	201 deux cent un
23 vingt-trois	220 deux cent vingt
24 vingt-quatre	
25 vingt-cinq	500 cinq cents
26 vingt-six	550 cinq cent cinquante
27 vingt-sept	
28 vingt-huit	1000 mille
29 vingt-neuf	2000 deux mille

Months of the year

janvier	juillet
février	août
mars	septembre
avril	octobre
mai	novembre
juin	décembre

Days of the week

lundi	vendredi
mardi	samedi
mercredi	dimanche
jeudi	

Acknowledgement is due to the following for permission to reproduce photographs:

M. BAH page 58; FRENCH GOVERNMENT TOURIST OFFICE page 26; POLYDOR page 127; RADIO TIMES HULTON PICTURE LIBRARY page 167.

The remaining photographs were specially taken for the BBC by the following:

M. BUSSELLE front cover; F. DOERLER pages 9, 40, 41, 45, 84, 85, 88, 89, 102, 103, 104, 106, 111, 136, 137, 140, 145, 147, 148, 151, 154, 155, 157, 159, 171, 173, 177, 179 & 185; P. TYS pages 18, 29, 30, 35, 55 & 57.

NOTES

NOTES

NOTES

NOTES